교육사회

– 교육의 사회적 기초 –

조용하

태영출판사

머리말

교육사회(학)는 교육과 사회관계를 거시적 · 미시적으로 분석하고 설명하는 교육학의 기초과목으로 간주될 수 있다. 1960년대 '교육의 사회적 기초'로 개설되었고 1970년대에는 '학교와 지역사회'로, 1980년대 중반부터는 '교육사회'로 지칭되고 있다. 교육사회(학)는 교육현상을 설명하는데 중점을 두고 있다. 뿐만 아니라 학교체제, 학급내 집단관계, 교사와 학생 간의 상호작용을 포함하는 교육내적 측면의 인과적 관계를 설명하고 논의해 왔다.

교육사회(학)의 거시적 관점은 사회라는 전체 맥락과 구조 속에서 교육의 기능과 역할이 무엇이며 그것을 설명하고 논의하는데 초점을 두고 있으며 미시적 관점은 학교조직에서의 과정이나 상호작용에 영향을 주는 관계구조를 분석하는데 관심을 두고 있다. 교육사회(학)는 사회변동과 트렌드 변화에 대응해야 하는 학문이다. 사회변화에 적절한 진단과 처방이 우선적인 관심이요 책무로 보여질 수 있다. 따라서 사회현상을 분석하고 대안적 논의를 하는 것이 교육사회의 소임임에 틀림없다. 아울러 교육실천가로서의 지적 장인정신을 함양하고 사실과 현상들이 외양으로 나타나 보이는 것과는 다르다는 이해방식을 탐색하고자 한다.

이 책은 현대사회의 변화가 교육에 어떤 과제와 영향을 주고 있는지에 대한 최근의 동향을 설명하고 논의하는데 중점을 두고 있다. 구체적인 내용은 다음과 같다.

1장 현대사회와 교육, 2장 교육사회학의 성립과 전개, 3장 교육사회학의 이론과 연구방법, 4장 사회변동과 교육, 5장 학교와 문화, 6장 학교의 발달과 사회의 변화, 7장 교육의 기능과 사회병리현상, 8장 지역사회와 학교, 9장 교사의 직업적 사회화, 10장 교육기회의 평등, 11장 시민사회활동과 볼런티어, 12장 교육개혁과 학교의 미래, 13장 여가사회와 여가교육, 14장 학습사회의 과제와 전망으로 구성되었다.

이 책은 교육사회(학)관련 최근의 논제와 쟁점을 설명하고 논의하는데 도움을 줄 수 있는 다양한 주제를 다루고 있다. 독자 여러분이 각각의 주제로부터 새로운 논쟁점을 발견하여 나름대로의 비판적 시각과 대안적 논의를 하는 장이 되기를 기대해 본다. 이 책은 교육전문가와 교육실천가 뿐만 아니라 교육현상을 이해하고 자녀 교육에 있어서 도움을 필요로 하는 분들이나 교양으로서 교육을 이해하고자 하는 분들께도 인식변화에 일조를 할 것으로 생각한다.

한 권의 책을 낼 때마다 많은 분들의 조언과 학문적 도움을 받게 된다. 교육의 사회학적 기초에 대한 학문적 개안을 인도하신 포트랜드주립대의 Ralph. A. Smith 교수, 그리고 교육사회학의 쟁점과 과제들을 분석하는 기법을 전수해 주신 오레곤 대학의 Toby Edson 교수의 가르침과 학문적 영향을 잊을 수 없다. 원고정리와 자료보완의 일로 수고가 컸던 대학원생들에게 감사한다. 학부와 대학원에서 진지한 토론과 대화의 장은 항상 연구의 원동력이 되었다. 평생학습자로 살아갈 수 있도록 정신적으로, 물질적으로 항상 넘치게 채워 주신 부모님께 감사를 드리며 학문적 정열과 헌신을 유지할 수 있는 힘을 제공해 준 사랑하는 아내와 미혜, 그리고 희제에게도 고마움을 전한다. 그리고 이 책을 출간해 준 태영출판사 김현태 사장님의 후의와 인내를 가지고 교정과 색인 작성을 해 주신 편집실의 직원들에게도 감사를 표한다.

2010년 1월 22일

동아대 승학골 연구실에서

조 용 하

차 례

제 1 장

현대사회와 교육

1. 현대사회와 교육사회학
2. 현대사회의 특징과 교육

1. 현대사회와 교육사회학

교육사회학은 교육을 사회 현상에 주안점을 두고 교육과 사회 관계를 사회학적으로 연구하는 과학이다. 따라서 그와 같은 관점으로부터 세 가지 주된 연구대상을 갖는다.

첫째, 교육의 사회적 기능 분석이다.

학교와 교육기관이 갖는 사회 조직으로서의 기능, 교육제도와 교육과정 등 사회학적 연구가 바로 그것이다. 교육과학기술부나 교육위원회나 학교, 학급도 모두 사회 조직이자 기능적 사회집단이다. 가령, 그 일례로서 학급을 들어 보도록 하자. 학급은 학습 효과와 학력 향상 등과 같은 과제달성의 기능을 갖게 하는 이른바 목적 합리적으로 조직된 제2차 집단이다. 그렇지만 자신의 의지로 선택할 수 있는 회사 및 기업과는 달리 아동 · 학생의 입장에서 보면 자신의 의지로 학급을 선택할 수 없으며 수동적 · 운명적으로 결정되는 집단이다. 게다가 한국의 초등학교에서는 「학급왕국」이라는 말이 있을 정도로 교사에게 어떠한 지식과 기능을 전달할 것인가, 평가를 어떻게 결정할 것인가, 심지어는 선악의 판단마저도 위임되어 있다. 학급 내의 인간 관계의 구조를 살펴보면 교사와 아동 · 학생 간에 존재하는 종적 관계와 어린이(아동 · 학생)상호 간의 횡적 관계가 존재하고 있는데, 전자는 상하적 관계로 학급집단에서의 조절 권한은 징계권을 포함해서 교사에게만 법적으로 부여되어 있는 것이다. 후자는 또래 의식, 귀속 의식, 학급의 응집성과 통합 등을 포함하는 횡적 관계로 집단 유지 기능을 뜻한다.

또한, 학급은 아동들의 하루 생활 중 가정에 이어 장시간 생활하는 장으로 매일 같은 구성원들과 함께 생활한다는 점에서 자연히 가족적인 분위기를 갖게 되는 일도 다반사다. 이렇게 볼 때, 학급은 단순한 제도적 소속집단이 아니라 준거 집단적 성격을 강하게 띠고 있다고 할 수 있겠다. 게다가 학교교육을 받는 한 어떠한 학급 담임과 성격이 맞지 않는다 하더라도, 따돌림을 받는다 하더라도 아동들에게는 학급을 바꿀 수 있는 학급 선택권이 없는 까닭에 반드시 결정되어진 학급에 소속되어야만 하며, 어떤 학급에도 속하지 않는다는 것은 허용되지 않는 것이다. 이처럼 학급이라고 하는 사회집단은 갖가지 문제점을 안고 있어 실로 교육사회학의 중요한 연구 대상 중 하나가 되는 것이다.

둘째, 교육에 대한 사회적 규정, 즉 다시 말해서 사회가 교육에 대해 어떤 영향을 미치고 있는가, 어떤 조건 규정이 되어 있는가 하는 연구다.

사회의 권력 구조 및 계층 구조, 산업 구조의 변화, 경제변동, 정치적 이데올로기, 각 개인의 가치관과 사회 의식의 변화, 매스컴으로부터의 비판, 기타 여러 가지 사회 구조의 변화 등이 교육과정의 개정을 촉진시켜 교육제도의 개혁을 추진시키기도 하고 인간 형성에 영향을 미치게 하기도 하는 것이다. 예컨대, 정치에 대해서는 '배우지 않으면 속할 수 없다'라는 사고 방식이 팽배했다. 유교적 교육관에서 학교 제도는 남녀 차별적 성격이 강했다. 정부 수립 후에 민주주의 사회가 도래함과 동시에 큰 변혁을 맞게 되었다. 70년대에는 제1차 산업의 쇠퇴, 산업구조의 고도화, 고도 경제 성장, 소득 증가, 중산층 의식 팽배 등에 의해 진학률이 현저하게 상승했다. 80년대에는 사회 변화가 고등 교육의 대중화를 초래했다. 이와 같이 사회 변동이 교육에 커다란 영향과 변혁을 야기하는 경우가 있다. 그러한 인과 관계 등을 과학적으로 분석하고 해명하는 것도 교육사회학의 중요한 연구 과제 중 하나다.

셋째, 교육이 사회에 미치는 규제력에 관한 연구다.

교육은 사회의 존속, 통일, 발전에 커다란 규제력을 갖고 있다. 인재 양성, 선발, 배부 등과 같은 교육 활동이 사회의 계층 구조와 직업 구조를 규정하고 있는 측면이 있다. 예를 들면, 인간은 사회적 동물이라고 회자되듯이 인간은 사회 속에서 사회적 인간이 된다. 교육은 개인에 대하여 사회적 적응, 즉 사회화의 기능을 갖고 있다. 그러한 교육의 사회적 규제력을 연구하는 것이 교육사회학의 중요한 연구 과제다. 종종「사회로서의 교육」이라든가,「사회에서 교육으로」라든가,「교육에서 사회로」라고 불려짐으로「사회로서의 교육」의 연구는 둘째 번의 교육에 대한 사회적 규정의 전제가 되겠으나, 교육과 사회와의 상호작용 관계라는 점에서 상기한 3가지 대상을 항상 구별하지는 않는다.

교육사회학은「교육의 사회학」으로서 객관적, 가치중립적인 사회학의 한 분야로 수많은 과학적 성과를 창출한 바, 유효한 성과가 널리 승인됨에 따라 정책과학으로서 사회적 요청을 중시하게 되었다. 현재 교육사회학은 현대사회에서 발생하는 갖가지 교육문제의 해명과 그에 대한 대응책의 제언으로 구성되어 있다. 따라서 교육사회학은 교육을 사회대상으로 간주하고 사회학적 방법으로 연구하고 해명하는 과학이다. 사회과학에 있어 특히, 사회학에 있어서 사회 조사는 중요하다. 사회 조사는 마치 자연 과학의 실험에 해당하는 것으로 실증 과학적 방법을 취할 경우에는 결여될 수 없는 방법 중 하나다. '조사 없이는 발언권도 없다'고까지 말할 정도로 최근의 사회학과 교육사회학에서는 사회 조사가 활발하게 이루어지고 있다.

교육사회학의 현대적 과제

교육사회학의 역사를 아주 간단하게 반추해 보도록 하자. 20세기에 접어들면서부터 교육과 사회 관계에 중점을 둔 실증적 · 과학적 연구가 눈에 띄게 되었다. 그것은 독일의 크리크(Ernst Krieck, 1882~1947)와 프랑스의 뒤르켐(Emile Durkheim, 1858~1917)의 연구로 대표된다.

크리크는 기존의 철학적 · 이념적 교육학을 초월하는 것으로「순수교육과학」을 제창하였다. 교육을 '공동사회에서의 구성원들의 유형적 동일화'라고 정의를 내리고, 교육을 인간생활 속에서 실제로 어디까지나 언제까지나 행해지고 있는 근본적인 기능으로 간주했다. 그리고 인간 형성의 측면을 사회, 법률, 도덕, 종교, 경제 등과 관련시켜서 실증적 · 과학적으로 비교 · 연구하였다. 역시 그들 가운데에는 정치과학의 입장을 위하여 나치즘의 문화 · 교육 정책에 관여했다. 뒤르켐은 「사회적 사실」로서의 교육을 받아들이기 위한 사회학 이론을 구상한 다음 교육사회학의 창시자가 되었다. 그는 교육을 「사회화(Socialization)」라고 언급하고 있다.

한편, 미국에서는 1923년에 미국교육사회학회가 결성되어 교원 양성 관련 학부에서 교육사회학의 수업이 일반화되게 되었다. 게다가 교사를 위한 응용 사회학의 입장에서 사회 현상으로서의 교육 분석 그 자체를 목표로 하는 전문적 특수 사회학으로 발전해 갔다. 이렇듯 교육사회학의 제도화가 미국을 중심으로 발전하게 되어 교육을 실증적으로 연구하는 과학으로서의 지위가 확립되었다.

한국에서도 80년대 중반에 교육의 민주화와 병행해서 교육사회학의 제도화가 대학을 중심으로 전개되어 연구 활동도 왕성해지게 되었다. 현재의 교육사회학의 연구 대상은 (1) 의도적 · 계획적 교육 활동의 사회적 측면, (2) 교육 외의 사회가 교육에 대해 어떠한 영향을 미치고, 교육에 대한 조건을 어떻게 규정지을 것인가 하는 측면, (3) 교육이 사회의 존속 · 통일 · 발전에 어떻게 규제력을 갖고 있는가 하는 측면으로 대별된다. 이들 「사회로서의 교육」, 「사회에서 교육으로」, 「교육에서 사회로」라는 3가지 측면으로의 접근은 거시적이든 미시적이든 아주 다양하다.

오늘날 그와 같은 주류는 구조-기능주의의 입장으로 교육제도 분석에는 위력을 발휘했다. 그러나 1980년대 학생 운동의 고조와 대량 교육체제로 인한 내부적인 교육 황폐 · 교육 병리의 확대는 구조-기능주의적인 접근에 입지를 둔 「교육의 갈등이론」과 「해석적 패러다임」에 입각한 「신교육사회학」의 2가지로 대표된다. 양자 모두 구조-기능주의적인 교육사회학이 사회의 통합을 전제로 하고 있어 갈등과 변동 문제를 이론적으로 올바른 위치 규정이 되어 있지 않다고 비판하는 점에 관해서는 서로 일치하고 있다. 이와 같은 동향 속에서 새로운 이론적 통합을 요구하는 시도가 눈에 띈다. 그 중에서도 교육의 「구조」와 「과정」, 또한 사회체계와 그 하위체계로서의 교육체계와의 통합이론의 확립이 현대 교육사회학의 중요한 과제가 되고 있다.

2. 현대사회의 특징과 교육

이제 우리들이 생활하고 있는 사회는 고도의 물질적 문화가 발달되고, 경제적으로 혜택을 누리게 된 「풍요로운 사회」라고 말해지고 있다. 그러나 동시에 현대사회는 다양하고도 많은 문제점을 내포하고 있다. 우리들이 생활하고 있는 현대사회의 특징을 고찰함에 있어 특히 교육에 어떤 문제가 있는가를 분석해 보기로 한다.

서구의 경우에 있어서는 봉건사회가 붕괴되고 근대사회가 도래했다. 오랜 시간 동안 사람들은 신분제도에 구속을 받아 왔으나 르네상스, 종교개혁과 시민혁명을 통해서 서구 사람들은 모든 인간이 태어나면서 자유롭고 평등하다는 사실에 대한 자각을 심화시켜 갔다. 그리고 그들은 이상적인 정치 양식으로 민주주의 이념을 확립하기에 이르렀다. 사람들은 시민혁명에 의해서 모든 사람들이 자유롭고 평등하다는 것과 같은 근대적 민주주의 사회의 실현을 지향했던 것이다. 근대사회의 특징 중 하나는 「공업화」라 할 수 있겠는데, 농업사회에서 공업화 사회로의 전환을 초래한 요인 중 한 가지로 자연 현상을 합리적으로 이해할 수 있는 것으로 자연을 인간 생활을 위해 이용한다는 실증적인 사고방식을 들 수 있다. 그 성과로서 산업혁명과 과학 기술 혁신이 일어나 공업을 중심으로 하는 자본주의 사회가 도래했다.

자본주의 사회가 출현됨에 따라 생산 수단을 소유하는 자본가 계급과 그 자본가 계급에 고용되어 일하는 정도의 생활 수단을 가진 노동자 계급이 생겨난 것이다. 공업은 도시형 산업으로 많은 사람들이 노동자로 농촌에서 도시로 유입되었다. 도시 인구 증가는 도시의 상업을 발달시켰다. 이러한 결과로 도시의 임금노동자는 농업과 같은 가족적 공동 노동을 더 이상 필요로 하지 않게 되었고 가족의 형태도 핵가족으로 변화하게 되었다. 자본주의적 상품 경제의 발전에 따라 자급자족적 생활은 붕괴되었으며, 대량 생산은 생활의 윤택함과 인구의 비약적인 증가를 가져왔다. 그리고 여러 자본주의 국가는 한층 더 대량생산 · 대량소비를 위하여 더욱더 시장의 확대를 요구하여 세계 각지로 진출하게 되어 많은 국가를 식민지화하였다.

그 반면에, 자본주의 사회는 철저한 시장의 경쟁 원리에 의한 경제 원칙을 고수하므로 수급 불균등과 경기 변동이 발생하게 되고 공황과 불황이 발생하게 되어 사람들에게 실업과 빈곤을 야기했다. 또한 고도로 기계화되고 조직화된 생산은 창조적인 희열을 앗아가는 편이 많다. 거기에는 기계의 톱니바퀴처럼 단조롭고 단순한 노동이 늘어남에 따라 노동 소외 상황이 출현했다. 그것들을 만들어 낸 인간 자신이 기계와 조직에 남용되어 인간다움을 상실해 버리는 상황, 즉 인간 소외 현상마저 생겨나게 되었다. 따라서 사람들은 인간 소외로부터의 해방을 요구하여 사회 복지를 증진시키는 대책을 탐구하고 이상적인 사회의 존재 양식 및 인간 본래의 삶의 양식을 탐구하게 되었다.

현대사회란, 1948년 정부수립 이후의 사회를 말한다. 오늘날 「선진국」이라 불리는 국가에서는 첨단 산업이 급속하게 발달되었다. 70년대 한국에서도 주생산은 제1차 산업에서 제2차 산업으로 이행하게 되어 고도 경제성장 시대 이후에 고도 공업화 사회가 실현되었다. 그리고 최근에 와서는 컴퓨터와 공학 및 생명공학 등과 같은 첨단 과학 기술의 발전을 수반하게 되어 이제는 첨단 과학 기술 산업이 주산업이 되어 가고 있다. 또한, 정보화의 발전에 의해 산업의 중심이 제3차 산업으로 이행하여 산업 전체의 소프트화가 진행되고 있다. 이와 같이 급속하게 발전하는 현대 한국사회는 대량생산 · 대량소비로 물질적으로는 윤택한 사회가 되었다. 한국이 현대사회를 어떻게 받아들이느냐 하는 문제는 다양한 측면, 여러 가지 수용 방법이 있으므로 상당히 곤란한 문제이긴 하나 대략적으로 다음과 같이 분석할 수 있겠다.

기술혁신과 교육

새로운 과학 기술은 기업에게 새로운 생산 방식을 도입하게 해서 신제품을 만들어 냈다. 신제품의 생산은 새로운 판로의 개척을 초래한 한편 자원 개발의 양식과 기업 조직에도 변화를 야기했다. 이와 같이 새로운 과학 기술의 개발에 의해서 생기는 생산에서 판매, 유통까지 일종의 산업 전체가 변화하는 것과 같은 일련의 큰 변혁을 기술혁신(innovation)이라고 한다. 오늘날 우리들의 생활은 20세기 초엽 이래 과학기술의 발달이란 은혜를 입고 있다. 19세기 말부터 20세기 초엽에 걸쳐 중화학 공업이 발전하여 벨트-콘베이어에 의한 생산 방식이 개발되었다. 이 벨트-콘베이어체계는 규격화된 부품을 필요로 하기 때문에 생산의 합리화와 관리화가 발달했다. 1920년대에는 미국을 중심으로 가정 전자제품 및 자동차 산업이 발전하였는데 이들 과학 기술은 제2차 세계대전 중에 군수 산업에 이용되어 레이더와 제트-엔진 등의 개발이 현저하게 발전하였고 원자력의 이용까지도 개발되게 되었다.

제2차 세계대전 후, 이들 과학 기술은 민간 산업에 이용되어 과학 기술의 발전에 큰 활약을 담당했다. 플러스-체크를 비롯한 많은 신소재가 발명되는 한편, 생산설비도 자동화되는 등 자동제어화가 현저한 발전을 하게 되었다. 한국에서도 이들 과학 기술이 도입되어 혁신 발전은 고도 경제 성장의 요인 중 하나가 되었다. 고도 성장은 국민 소득 수준을 향상시켜 「경제대국」이라고까지 불리게 되어 국민의 80%에 해당하는 사람들이 의식하는 수준이 「중류」라고 생각하기에 이르렀다. 소득 향상은 진학률을 향상시키게 되었으며 고등 교육의 대중화를 초래하여「교육대국」이 되었다. 가전제품과 자동차 등과 같은 내수소비재의 대량생산이 가능해졌으며, 가격의 저렴화는 이들의 보급으로 이어졌다. 이처럼 대량생산 · 대량소비는 사람들의 생활 양식을 크게 변화시켰다.「절약」에서「소비는 미덕」이라는 사람들의 가치관마저도 변화시켜 갔다. 또한 대량 소비는 매스컴과 광고 산업의 현저한 발전을 가져왔다. 특히, TV의 보급 · 발전은 학교에 있어서도 교육의 영상화를 비롯해서 다양한 측면에 지대한 영향력을 미쳤다.

고도 경제 성장이 최고조를 넘은 후에도 과학 기술의 개발은 활발하게 발달하여 첨단 과학 기술이라 불리는 분야가 크게 발달했다. 오일-쇼크를 계기로 에너지 기술이 개발되는 한편 고성능 소재가 개발되고, 기계화가 급속하게 발전하였다. 공장에서는 공작 기계 및 산업용 로봇 등이 도입되어 무인화(無人化)가 진행되었다. 기업과 관공서에서는 자동화가 진행되어 이곳에서도 인간을 대신한 기기가 도입되게 되었다. 전자공학과 생명공학 산업의 현저한 발달과 신소재, 신부품 개발 및 생명공학을 기초로 하는 새로운 산업 분야의 발전이 나타나게 되었다.

그러나 대량 자원 · 에너지 소비는 공해의 발생과 같은 자연 환경의 악화를 초래하게 되어 지구 차원에서의 환경 피폐 방지를 고려하지 않을 수 없게 되었다. 지금에 와서는 환경교육은 국제적으로도 중요한 과제가 되어 있다. 또한 컴퓨터 공학과 생명공학 등과 같은 첨단 과학 기술의 발전은 인간의 존엄성과 생명의 안전을 위협하는 문제마저도 제기하고 있다. 인간의 삶의 방식을 인간의 의지로가 아닌 첨단 과학 기술이 결정한다는 사태조차 발생하고 있다. 산업용 로봇의 도입은 단순 작업과 위험한 작업을 하는 노동자의 수요를 크게 감소시키게 되어 인원 축소화 및 무인화가 급진전하게 되었다. 그러한 결과로 저학력자의 구직의 폭이 좁아지게 되었다. 또한 생산성 향상과 함께 주 휴무 2일제를 실시하는 기업의 증가, 주 5일제 학교 수업 실시 등에 따라 여가 선용이 사람들의 과제가 되었다. 그리고 가정의 교육력과 지역사회 교육력의 회복, 평생교육의 필요성이 요청되게 되었다.

정보화의 발전에 따라 산업의 중심이 제3차 산업으로 이행하게 되어 산업이 전체적으로 소프트화 · 지식 집약화가 진행되고 있다. 학교 교육과 아동을 위한 놀이 속에도 컴퓨터가 들어 왔다. 가전제품의 보급은 가사 노동을 경감시켜 주어 일터로 나가는 여성을 증가시켰다. 여성의 사회 참가의 증가는 여성의 고학력화를 유발하여 여성의 자립을 더욱더 발달시켰으나, 다른 한편으로 결혼 적령기의 변화와 독신화, 저 출산의 요인 중 하나가 되고 있어 이는 가족의 존재양식 측면에도 영향을 미치기 시작하고 있다.

이와 같이 기술 혁신과 과학 시술의 발전은 갖가지 사회 변동과 가치관의 변화를 야기한 것이다.

관리사회와 교육

죠지 오웰의 『1984년』이란 소설에 「텔레-스크린」이라는 것이 나온다. 가정내, 직장, 학교, 길거리 등 모든 장소에 텔레-스크린이 설치되어 당시의 모든 사람들이 「정부의 눈」에 의해 감시되는 사회가 묘사되어 있다. 이 소설이 발표된 것이 1948년, 그리고 1984년에는 실제로 텔레-스크린이라는 것이 없었다. 그러나 기술적으로는 충분히 가능한 사회가 되었다. 정보를 정부와 재계의 일부 사람들에 의해 독점되면 정보 조작을 할 수 있다. 그들 정보의 지배자는 유리한 정보만을 공개하고 불리한 정보는 비공개로 한다. 좀 더 극단적으로 말하자면, 정보를 가공해서 발표할 수도 있다. 이렇게 된다면 오웰이 말한 관리사회가 컴퓨터에 의해서 실현되고 만다. 가령, 총 국민 번호제, 총 국민 점수제와 같은 방식이 취해진다. 아동이 태어나면 부모의 직업, 수입, 경력 등이 출생과 동시에 입력되고 성장함에 따라 학교 성적, 일상생활, 자주 보는 TV채널, 독서 경향, 병력, 재산 축적 상황 등이 자동적으로 입력된다.

이러한 사회가 구현되기 위해서는 관 · 재 · 정계가 삼위일체가 된 관리 센터에 의한 사회 지배, 사회의 중간 영역으로의 관리 이양과 제 조직의 조합주의

(corporatism) 형성, 매스 · 미디어에 의한 의식 조직과 정보 기술에 의한 사생활 관리 등의 성립이 필요하다. 한국의 현대사회는 그와 같은 것이 기술적으로는 충분히 가능한 사회가 되었다고 할 수 있겠다. 교육의 경우에도 교과서의 국가 검정, 교육과정 해설서의 법적 구속력에 의한 수업의 획일화와 중앙집권화, 교칙 강화, 단속의 엄격화, 편차치의 일원화 관리 및 단면적인 진로지도 등 소위 말하는 관리 교육이 문제가 되고 있다. 학교 기피 현상도 이와 같은 관리 교육에 대한 저항과 관계가 없지 않다.

정보사회와 교육

현대사회는 산업사회에서 정보 · 지식 집약적 산업을 중심으로 하는 정보사회, 즉 사회 · 경제 활동의 중심이 물건 생산 · 소비에서 정보의 생산 · 소비로 이행하고 있다. 전자공학에 의해 고도 정보 통신 기술이 개발되어 ISDN(통합 서비스 디지털 통신망) 등과 같은 정보사회의 사회 기반이 구축되자, 데이터베이스 구축이 추진되어 정보화가 현저하게 발전할 것이 예측되고 있다. 이러한 정보사회에 대해서는 두 가지 견해가 있다. 한 가지는, 정보화의 발전에 의해서 인간의 지적 창조력이 보다 활발해지게 되어 편리하고 윤택한 사회가 된다는 견해다. 다른 한 가지 견해는 대중이 관리 · 지배를 받아 사회 전체가 기계화 · 조직화된다는 자동화 사회라든가 관리 국가라고 불리는 사회가 도래할 것이라는 견해다. 이것은 위에서 전술했던 바와 같은 사회 문제 · 교육 문제를 야기하게 된다.

또한, 매스 · 미디어는 대부분이 거대한 기업의 영리사업으로 행해지고 있으므로 시청률 및 구매 수의 확대를 도모하여 상업주의로 치닫기가 쉽다. 그런 까닭에 대중의 흥미를 불러일으키기 쉬운 정보가 만들어지고 내보내져 정보의 저속화라든가 정보 공해와 같은 비판의 우려를 낳게 된다. 예를 들어 흥미본의 일관인 포르노 잡지 및 비디오의 범람 등은 부모들의 어깨를 짓누르게 하고 있다.

일본의 효고현 청소년지도협의회의 보고서인 「아동 · 학생 생활 실태조사」에 의하면, 초등학생(4~6학년)의 42%, 중학생의 71%, 고등학생의 87%가 공중전화 및 우편 수신 등으로 포르노를 본 적이 있다라고 응답하고 있으며, 그 중에서 '실제로 전화해서 논 적이 있다'라고 응답한 경우는 초등학생 5%, 중학생 16%, 고등학생 25%로 1/4를 웃돌고 있다. 심지어 전화한 고등학생의 3%가 실제로 '상대를 만났다'고 응답하였다. 이러한 결과로 전화 카드의 자동 판매기 문제 등, 코베시립 청소년지도센터는 PTA협의회와 연계해서 현 의회에 규제 조례의 조기 제정을 요구하는 서명을 벌이고 있다.

또한 매스컴은 동시에 대량 정보를 전달하기 때문에 수신자는 동일한 사고와 행동양식을 표출하게 되므로 주체성과 개성을 상실하게 되어 타인 지향형 인간이 늘어나게 된다. 때로는 잘못된 정보가 진실로 받아들여지는 경우도 있지만 그것을 바로잡기란 아주 어렵다. 정보의 홍수라고 말해지는 오늘날에 있어 정보의 옳고 그름, 진위를 판단하고 자신에게 있어 정말이지 가치 있는 정보를 선별할 수 있는 힘을 길러 주는 것이 학교 교육에 요구되게 되었다.

대중사회와 교육

경제의 고도 성장기를 거쳐 사람들의 소득 향상과 소득 격차의 축소화가 나타나 전반적인 생활 수준이 향상되었다. 물건을 대량으로 생산하고 대량으로 소비하는 것과 같은 경제 구조는 동일한 규격의 상품이 대량으로 나오게 된다. 대량으로 판매하기 위해서는 매스컴을 통해서 같은 정보를 일제히 대량으로 유포할 필요가 있다. 같은 물건을 사용하고 같은 정보를 수신하고, 모두가 사기 때문에 나도 산다, 모두가 가기 때문에 나도 간다. 이렇게 해서 사람들의 생활과 의식과 행동양식이 평균화되고 획일화되어 간다. 주체성과 개성이 없는 타인 지향형 인간이 사회의 다수를 차지하는 대중사회가 출현된다.

학교 교육의 경우에도 교과서에는 교육과학기술부의 검정에 합격한 것이 사용되고 있음에도 불구하고 수업 방식은 교육과정 지침서에 따라야만 한다. 동일한 교과서를 동일한 수업 방식으로 일제 수업으로 학습하고 평가에서는 동일한 정답이 요구된다. 개성의 존중이 강조되고 있음에도 불구하고 학교 교육의 실태는 획일적, 관리적이다. 부모나 교사나 모두 겉으로 드러내지는 않아도 모두가 비슷하게 하길 원한다. 아이가 '고등학교에 가지 않고 취직하겠다'고 말하면 부모는 아주 당황해하며 '반드시 고등학교에 진학하라'라는 식으로 말한다. 고등학교 다음은 대학이 된다. 현재의 대학교 · 대학에로의 진학률을 살펴보면 고등교육의 대중화가 진행되고 있음을 알 수 있다.

학력사회와 교육

전근대적 사회에서는 개인이 장래에 도달할 수 있으리라 여기는 사회적 지위는 어떤 신분에 속하는 가정에서 태어났느냐에 따라 다르다. 즉 다시 말하자면 출생에 의해 결정된다. 근대 이후 서민이 평등해지고 신분과 세습 대신에 학력이 출세의 관건이 되어 왔다. 학교 교육은 「신분을 높이고, 이름을 드높이고」의 입신 출세가 목표가 되었고 개인이 도달해서 얻을 수 있는 사회적 지위가 학력에 의해서 규정되는 비율이 높은 사회를 학력사회하고 말하는데, 한국의 경우에 80년대 사회의 평등화와 민주화는 교육의 기회를 아주 넓게 개방하고 그를 실현시켰다. 학력사회에 있어서는 장래에 도달해서 얻을 수 있는 사회적 지위는 그 사람이 교육을 마칠 때까지 그 결정이 연기된다. 그리고 학교 교육을 받고 있는 동안에는 출신 계층의 높낮이와 관계없이 모든 사람이 평등하게 보다 높은 학력을 갈망해 경쟁에 참여할 수 있다. 그리고 학교 교육이 요구하는 업적(예를 들면 성적)에서 보다 나은 성과를 거두게 되면 그에 맞는 학력이 배분된다. 그러나 일단 특정 학력을 획득하면 그 시점 이후에 그 사람의 경력은 과거에 획득한 학력에 의해 오랜 기간 강한 규정을 받는다. 그래서 사람들은 좋은 학력을 원해 경쟁하게 되고 그것이 하나의 정치적 압력이 되어 중등교육, 고등교육의 양적 확대, 대중화 현상이 출현되었다. 진학률이 높아짐에 따라 가령, 고등학교 진학률이 97%라고 하는 고졸 학력이 되면 중졸과 고졸과 같은 학교 단계의 의한 차이마저 없어진다. 학력 인플레 현상이다. 본래 고졸자가 수험하는 제3종 공무원 시험에 대학 및 대학교졸까지 수험할 수 있는 현상이 나타나게 된 것이다.

영국의 사회학자 도어(Ronald Philip Dore, 1925~)는 「학력」은 현대 문명 사회병으로 진단을 내리고 후진국일수록 학력을 통한 상승 이동의 기회가 증가, 그에 수반되는 학력 획득 경쟁의 격화 현상, 그 결과로서의 학력 인플레하고 하는 과정을 단기간에 거치게 되는 「후발효과론」을 강조하고 있다. 또한, 미국의 사회학자인 콜린즈(Randall Collins)의 연구에 의하면 학력 인플레의 결과로 고용주는 애초 필요로 인정되지 않는 직무에까지도 고학력자를 배치하는 경향이 생기고 있다고 한다. 고용주에 있어 후보자의 학력을 중시하는 관행을 학력주의라 하는데, 이 학력주의의 학교 이력에는 어느 단계인가(학력), 어느 학부인가(전공), 어느 정도의 사회적 지위가 부여된 학교(SES)인가가 고려된다. 학력을 중시하는 이유로는 첫째, 인적 자원의 입장에 의한 것으로 그런 학력의 자진 자가 익힌 지식과 기술이 기업에 유용한 기술이 되어 생산성을 높이는데 기여할 것이라고 보는 견해다. 둘째, 그와 같은 기술은 오히려 직장에서의 훈련에 의해 길러지는 것으로 학력 유지자의 가치는 그러한 훈련 가능성이 높다는 것이다.

이 견해로부터 학력은 지식 · 기능과 같은 실질적인 면보다 장래를 위한 예측을 위한 수단이 된다. 게다가 입사 후의 배치 · 급여 · 승진 등에 있어서도 능력 본위가 아닌 학력을 제도상의 요인 · 조건으로 삼는 인사 관리 체제가 도입되어 여기에서도 선별의 수단이 되는 것이다. 또한, 취직 전 단계에서 직업과 학력이 연결되는 경우도 있다. 예를 들자면 학교 교원에게는 대졸 또는 전문대졸 등의 학력과 교사 자격증이 필요하며 공무원과 사법 시험과 같이 학력 조건이 제도상 정해져 있지 않은 경우에도 사실은 학력이 강한 상관성을 띄고 있다.

이와 같이 학력과 직업은 전체적으로 긴밀한 관계성을 갖고 있으므로 학력은 학교에 입학하는 초기 단계에 머무르지 않고, 양성하고 적재적소에 배분 · 취직시키는 선별 기능을 낳게 된다. 이러한 선별 기능을 지나치게 중시하는 사회적 경향과 사회 구조가 학교의 본래 기능인 사회화 기능을 왜곡시키게 된 것이다. 학력이란 원래 무엇이 가능한가, 무엇을 배웠는가를 나타내는 것이었다. 그런데도 일본에서는 어디 어느 고등학교 및 대학을 졸업했는가 하는 학교 이력을 나타내게 되었다. 그것도 입구평가형이다. 입학 시험은 어려워도 입학해서 공부와 졸업은 그다지 어렵지 않은 가령, 상경 계열 학부에 입학해서 그다지 열심히 공부하지 않아도 경제를 알고, 부기, 회계 등과 같은 실무에 얼마나 유능한지 의문이 있으나, 졸업은 경제학 학사인 것이다. 요컨대 출구평가형이 아닌 까닭에 실력 평가가 아닌 학교 이력에 의한 형식적인 평가인 것이다. 따라서 입학 시험에만 통과하면 그만인 것이다.

그러므로 부모들은 자녀를 독려해서 수험 공부에 매진하도록 한다. 이 학력 획득 경쟁에 「교육 엄마」를 조직화하는 수험 산업의 비대화, 학원 교육의 일상화, 그러한 결과로 편차치가 획일화된 교육 등과 같은 교육 병리 현상이 출현하게 된 것이다. 그리고 수험 경쟁의 출발점은 점점 더 빨라져 지금에 와서는 초등학교, 유치원부터 시작된다고 할 수 있다. 그리고 이 경쟁은 마라톤이어서 도중에 싫어지면 학교라는 경기장에 가기가 싫어진다. 등교 거부 · 왕따 등도 이러한 입시 경쟁의 연장선에 있다고 할 수 있다.

자격사회와 교육

직업자격제도는 산업사회에 따른 기술 · 지식의 고도화에 대응할 수 있는 인재의 확보와 그러한 능력의 적정한 사회적 평가, 직업 · 직무의 적정한 수행 능력의 확보, 지식 · 기술 수준의 유지, 향상 · 균등화, 행정 기구의 효율화 등의 요청에 부응하기 위한 것으로 성립되어 왔다. 그리고 현재에 이르러서는 고학력화에 의한 학력 가치의 상대적 저하, 고령화 사회의 진입과 정년제 연장에 의한 노동인구의 고령화, 산업 구조의 고도화에 의한 전문적인 지식과 기술을 가진 노동력 확보의 필요성, 취업 형태의 다양화, 연공서열 종신 고용제의 재고를 대신하여 직능급과 자격급제의 도입 등 능력주의와 실력주의를 도입하거나 또는 복지사회의 실현을 위하여 복잡화된 행정 기구 등 이른바 사회 정세의 변화가 취직, 승진·승격, 전직, 독립, 개업 등의 수단으로 자격의 필요성 및 중요성을 높이고 있다. 이러한 자격 제도와 학력과의 관계를 살펴보자.

학력사회의 폐해를 없애는 한 가지 방법으로 볼 수 있는 것이 자격 시험제도가 있다. 국가 시험과 지자체·각종 협회 등이 실시하는 자격시험에 합격해서 얻게 된 자격으로 직업이 생기므로 출신 고등학교 및 출신 대학은 그다지 문제가 되지 않는다. 우리들은 의사의 경우, 자격을 획득하고 개업하고 있는 의사의 경우라면 그 누구든지 그 사람의 출신 학교를 문제시하지 않는다. 그렇다면 「자격」이라는 것은 반드시 실력을 말해 주는 것일까? 페이퍼 드라이버는 자주 있는 이야기다. 그러나 운전면허 소지자라면 아무리 실력이 없이 운전해도 상관이 없는 것인가, 어느 정도 실력이 있다 해도 면허가 없는 사람이 자동차를 운전하면 도로 교통법 위반으로 체포된다. 예전에는 면허를 필요로 하지 않았으나 이제는 필요로 하게 된 경우는 상당히 많다. 현재 공적인 면허는 2000여 종에 육박하고 있다.

확실히 면허 제도는 학력을 은폐화시킨다. 그러나 그 자격을 만들어 내는 곳이 또한 학교이므로 자격 제도와 학교 교육은 서로 밀접한 관련이 있는 것이다. 무시험 인정일 경우에도 일정한 학력이 필요시 되고, 시험 인정일 경우에도 수험 자격으로 학력이 필요하기도 한다. 학교를 졸업하면 동시에 자격이 부여되는 경우도 있지만, 학력에 따라 시험 과목의 일부가 면제된다든지 학교에서 공부하고 자격시험을 치르기 위한 단위 자격을 취득하는 것과 같은 형태가 있는 것이다. 그래서 최근 들어 여러 가지 제도 및 시험이 실시되게 되었다. 예를 들면, 고등학교를 졸업하지 않아도 대학 수험 자격을 취득할 수 있는 대학 수험 자격 검정이라든가, 과목별 복수 지원으로 여기저기 대학에서 단위를 취득하여 130학점 단위를 모아서 학위 수여 기구에 신청한 다음 대학 졸업자와 동등한 학위를 취득하는 독학사제도가 생겨났다. 이런 경우에 어느 어느 고등학교 출신이라든가, 어느 어느 대학 출신이라든가 하는 말은 존재하지 않는다. 출신 학교는 없는 것이다. 또한 방송통신대학과 같은 입학 자격은 18세 이상의 연령만으로 규정하는 대학도 있어 학력사회와 자격사회에 변혁을 초래하는 시도도 행해지고 있다.

도시화와 교육

전통적인 지역 공동사회에는 그 핵으로서 「지역성」과 「공동성」이 있었다. 그러나 현대 지역사회에서는 양자 모두가 상실되고 있다. 1970년대에 급속하게 발전한 고도 경제 성장, 과학 기술 혁신에 따라 수반된 사회 주조 변화에 의한 바가 크다. 그것은 주로 공업화에 따른 것이었다. 공업은 도시에서 성장하여 농촌의 노동력을 도시로 유입했다. 또한 공업화의 발전은 경제를 고도로 성장시켜 물질적으로 윤택한 생활을 우리들에게 안겨다 주었다. 그러나 그 반면에 공장에서 배출되는 폐기물은 대기 · 하천 · 바다 등을 비롯한 많은 자연 환경을 파괴하고 공해를 유발했다. 도시화의 진행은 전통적인 지역사회를 해체 · 붕괴시켰다. 또한 격심한 인구의 유동 현상은 과속 · 과밀 현상을 야기했다. 이 현상은 과거의 전통적 지역사회에 존재하였던 「우리 의식」(we feeling)이라고 하는 공동체 의식을 희박하게 하는 요인이 되었다. 농촌의 과소화와 농작업의 기계화, 농촌 인구의 과소와 농업 그 자체의 쇠퇴는 촌락 공동체를 해체시켰다. 인구가 과밀화된 도시의 경우에는 아파트로 대표되는 것처럼 '옆집 사람은 뭐하는 사람인가'하는 무관심한 인간 관계를 영위하는 사회다. 이처럼 공업화, 도시화의 진행을 중심으로 한 사회 구조의 변화는 당연하게도 교육을 둘러싼 「가족」, 「학교」, 「지역사회」 관계에 커다란 변화를 초래하게 되어 가정 환경, 학교 환경, 지역사회 환경 또한 크게 변모시키게 되었다.

후기 중등교육인 고등학교의 과반수, 대학 등의 고등교육기관의 대부분이 도시에 개설되어 있다. 학원 등도 도시에 많다. 교육의 경우에도 도시는 과밀화되는 경향이다. 농촌에서 도시로 지방 도시에서 대도시로 아동 · 학생은 이동한다. 교육도 도시에 집중한다. 그리고 학교를 졸업해서도 도시에 남아 취직하고 도시에 머무른다. 자본 · 정보 · 인재가 도시에 집중되어 「집적의 이익」을 낳게 하여 일거리가 도시에 집중되면서 사람도 도시로 몰리게 되는 것이다.

도시화라고 하는 것은 도시에 사람이 모이는 것을 지칭하는 것은 아니다. 사람들의 생활 양식이 도시적이 되는 것이다. 지금에 와서 어디서라도 TV를 볼 수 있고 에어컨이 있으며 가스가 있어 도시나 농촌이나 모두 같은 생활을 하고 있다. 예를 들어, 농촌의 자녀들은 자연 환경이 풍부하고 교통도 안전하므로 집밖에서 잘 놀 수 있다는데 그렇지 않다. 과소(過疎)로 아이들이 적어져서 아이들 집단이 성립되지 않는다. 집안에서 TV 게임놀이 등에 심취하게 된다. 도시 아이들도 사정은 마찬가지다. 놀 곳이 적다, 교통이 복잡하고 도로는 위험하다, 학원에 가야 하므로 놀 시간이 없다, 설령 논다고 해도 시간이 맞는 경우는 같은 학년, 같은 학원에 가는 것처럼 생활 양식이 딱 들어맞는 또래뿐이다. 예전과 같이 다른 연령의 수많은 사람들과 많은 놀이 집단 성립이 어려워졌다. 결국 2, 3명이 TV 게임이라도 하면서 집안에서 놀게 된다. 그것도 TV화면을 마주하고 혼자 놀고 있어 친구와의 대화는 그다지 없다.

이와 같이 도시에서나 농촌에서나 도시적 생활 양식의 보급과 함께 수험 전쟁의 격화와 함께 아이들이 집밖에서 놀이나 다수의 사람들이 하는 집단 놀이는 쇠퇴되고 말았다. 요컨대 아이들은 놀이 중에 자연히 인간 관계에 대처하는 방법을 배운다. 그러나 그러한 학습의 「장」이 상당히 좁아져 버린 탓에 인간 관계가 점점 희박해져 버렸다. 예전처럼 「갱 집단」이 성립되었던 때에는 두목으로부터 괴롭힘을 받거나, 괴롭히거나 싸움을 하거나, 울거나 해서 자연히 집단 내에서의 인간 관계에 대한 대처 방식과 「내성」이 체험적으로 익혀졌던 것이다. 그 「내성」이 길러지지 않은 채 어른이 되는 상황이 있다. 인간 관계의 소외는 아이들의 인간적 성장에 어두운 그림자를 드리워 왕따와 학교 기피 현상 등과 결코 무관하지 않다. 인간 관계의 소외는 아이들 놀이뿐만 아니라 어른도 마찬가지로 도시생활이 가져다 준 것이다. 도시화는 인간 관계의 소외를 초래하여 그것이 「지역사회의 교육력」을 저하시키고 있는 것이다.

핵가족화와 교육

오늘날의 가족은 부부와 미혼 자녀로 성립되는 핵가족 세대가 증가하였다. 한국에서는 가족의 존재 방식도 크게 변화했다. 민법에서는 가장이 큰 권한을 갖고 다른 가족은 가장의 감독 하에 놓였다. 그 곳에서는 가문을 존속시키는 일이 우선시되어 가문과 「가부장」의 대를 잇는 장남과의 종적 관계가 중시되었다. 새로이 개정된 헌법에 의거해서 민법을 비롯하여 가족에 관한 법률이 개정되어 개인의 존중과 남녀평등을 기본 골자로 하는 가족의 존재 방식이 제시되어져 가족 관계도 크게 민주화되었다. 이전의 「가부장」 제도는 성 · 생식 · 육아 · 교육 등과 같은 가족이 갖는 기본적인 기능에 더해서 생산 · 경제 · 제례 · 방위의 기능을 겸비하고 있었다. 그런데 경제가 고도성장기를 경계로 한국의 산업 구조가 크게 변화되어 산업화 사회로 접어들었을 때, 게다가 그 후에 제3차 산업이 증가되어 인구의 도시 집중, 생활의 도시화 등이 현저해진 결과로 도시의 소주택이 증가하여 부모 세대와 떨어져서 생활하는 가정이 증가함에 따라 핵가족화가 급속도로 진행되었다. 이러한 핵가족화는 가족의 기능을 변화시켰다. 미국의 사회학자인 머독(G. P. Murdock)은 가족의 중심적 기능이 성 · 생식 · 교육 · 경제의 4가지로 이루어져 있다고 했고, 마찬가지로 미국의 사회학자인 파슨스(T. Parsons)는 핵가족이 되어도 잃지 않는 가족의 본질적 기능으로 아이의 기초적 사회화와 성인의 인격의 안정화라고 하는 두 가지 기능으로 좁히고 있다.

핵가족의 경우 가족의 기능에 대한 두 가지 생각에 공통되는 점은 아동의 사회화와 교육의 중요함이다. 그러나 핵가족은 과보호와 지나친 간섭으로 자녀의 사회화와 자립을 저해하는 요소를 갖고 있다. 또한 부모의 질병과 불의의 사고

등에 의해서 가족 기능이 붕괴되기 쉽다는 면과 우리 집만 괜찮으면 된다고 하는 이기적인 사고 방식이 나타나기 쉽다는 면, 고립화되기 쉽다는 면도 갖고 있다. 따라서 자녀의 사회화와 사회적 연대성 등의 육성을 가정에 요구하는 그 자체가 점점 어려워지고 있는 것이 현실일 것이다. 핵가족화 자체가 전술한 바와 같이 도시화와 밀접한 관련이 있는 것으로 인간 관계의 소외와 「지역사회 교육력의 저하」 문제와 함께 「가정 교육력의 저하」도 피할 수 없는 상황에 있다 할 수 있겠다.

한편, 부모들의 관심은 바깥에서 점점 안쪽을 향하여 오로지 관심이 자녀 교육에 집중되게 된다. 이러한 핵가족화야말로 「교육 엄마」 생성의 원천인 것이다. 단지 1명뿐인 아이를 부모가 자신의 목숨보다 소중하게 길러서 부모의 기대를 한 몸에 지게 된 아이들은 태어나면서부터 압박이 가해져 있는 것이다. 여기에 전술한 「학력사회 문제」, 「수험사회 문제」의 커다란 요인이 있는 것이다. 근년에 와서 여성의 사회 참가 증대와 고학력화, 이직률의 현저한 증가 등과 함께 평균 결혼 연령의 상승, 혼인률의 저하가 진행된 결과, 저출산 현상이 나타나게 되었다. 자녀수의 대폭적인 감소는 학교 교육에도 미치기 시작하고 있다. 예를 들면 2000년경까지는 고등학교 졸업생의 총 인원수가 대학 총 정원을 밑도는 현상이 발생하여 정원미달 사태가 발생하는 대학교 · 대학도 예측되어 「얼어붙은 대학 시대」라는 말들이 나오기 시작하여 각 대학교 · 대학들은 「살아남기」를 내걸고 대개혁을 시작하고 있다.

저출산 · 고령화 사회와 교육

한국사회는 인구의 신장률이 계속 밑돌기 시작함과 동시에 출생률이 저하되어 연소자 비율이 감소하고 있다. 다른 한편으로 65세 이상의 노인 인구 비율은 계속 증가하고 있다. 국제 연합에서는 노년층의 인구 비율이 7%를 넘으면 고령화 사회로 간주하고 있어 한국에서는 2000년대부터 고령화 사회가 되었다. 한국의 고령화는 점점 진행되어 2004년 노인 인구가 총 인구의 7%를 차지하고, 2012년에는 14%에 달할 것이라고 말하는 것처럼 세계에서 유래없는 속도로 진행하고 있다. 향후 2020년을 지나면 20%를 넘어, 2040년을 지나면 30%를 넘어 세계 제일의 「초고령사회」가 될 것이라 예측되고 있다.

한편 한 사람의 여성이 일생 동안 출산하는 평균 자녀수는 2004년 인구를 유지시킬 수 있는 2.1명을 밑돌고 있다. 총 인구에서 차지하는 자녀 비율도 14.9%가 되어 저출산의 실태가 부각되게 되었다. 이에 비해서 65세 이상의 고령자의 비율은 현재가 16.5%로 1960년대의 5.7%에 비해서 3배 가까이 상승했다. 이와 같은 경향은 고령자를 부양하는 생산 연령 인구의 부담을 점점 가중시키게 된다. 1950년에는 일하는 세대 12명이 고령자 1명을 부양하면 되었으나, 1999년에는 6.0명이 되었다. 그리고 2040년경부터는 불과 2.4명이 부양해야 할 것으로 예상되고 있다. 이러한 부양 부담의 증대는 전체 사회로 보면, 연금과 의료비 등 사회 보장비의 증대를 야기하고, 젊은 세대가 과도한 부담에 불만을 품고 노인 세대와 대립하는 일이 발생하지 않을까 하는 의구심도 든다. 또한 2050년에는 75세 이상의 후기 노년층이 65~74세의 전기 노년층을 웃돌 것이라 추정되고 있다. 후기 노년층의 증대는 포켓노인과 누운 자리한 노인의 증대를 의미하고 있으므로 이를 위한 의료 시설과 돌봄 문제를 어떻게 할 것인가가 큰 문제가 되고 있다.

한편 가족에 대해서 살펴보면, 4세대가 생존하고 있을 가능성이 높은 고령사회에서는 누가 경제적인 부담을 질 것인가, 누가 돌봄의 책임을 질 것인가가 문제가 된다. 법제상에서는 폐지되었다고 할 수 있는 「가부장」적인 관행과 의식이 잔존해 있어 지금도 역시 노인의 3/4가 자녀와 손자와 함께 살고 싶어한다. 경제적으로는 장남에게, 일신상의 돌봄은 배우자에게 받고 싶다고 생각하고 있다. 그러나 「가부장」적인 의식이 빛바래져 간다는 점, 여성의 사회 참가의 현저한 증가, 핵가족화와 멀리 떨어져 사는 가족의 증가 등 가족에 의한 돌봄은 어려워지게 되고, 특히 노부모의 부양과 돌봄에 대한 세대 간의 의식 차이에는 커다란 괴리가 발생하기 시작하고 있다.

한국인의 평균 수명은 매년 증가하고 있으며 노인들도 될 수 있는 한 자녀들에게 부담이 되지 않도록 건강을 유지하고, 가능한 한 일을 계속하고 싶어하고, 은퇴한 후에도 삶의 목표를 원한다고 생각하고 있다. 여가 시간도 늘어나고 있다. 고령자 교육은 고령자에 국한되지 않고 유 · 소년을 포함한 각 세대의 교육과도 밀접한 관계를 갖고 있어, 고령사회에 적합한 제도와 방식을 창조하는 의식, 태도 형성이 기본 목표가 되어야만 한다. 특히 평생교육의 이념에 의거해서 기존의 교육 체계 전체를 재고하고 각 생애 주기별로 고령 사회에 대한 대응을 위한 교육 양식을 고려할 필요가 생기고 있다는 것이다. 고령자에 대한 교육으로서는 사회 발전, 사회 변화에 대한 이해, 젊은 세대와의 교류와 이해, 건강의 유지, 흥미와 교육의 충실, 적극적인 사회 참가를 위한 새로운 지식과 기술 등 개인차에 맞는 다양한 학습 내용이 요구될 것이다. 고령자가 활기찬 생활을 하기 위해서는 건강도 물론 중요하지만 무엇보다 가장 중요한 것은 삶의 의미를 느끼는 일이다. 나이가 들수록 학습 의욕이 저하된다는 말은 반드시 옳지만은 않다. 예를 들자면 다양한 운영 주체에 의해 개설되는 노인대학의 입학 희망자는 계속 증가하는 추이를 보이고 있다. 평생교육의 이념인 '언제라도, 어디서라도, 누구라도 배우고 싶을 때 배운다'의 누구라도에 해당하는 사람은 젊은 사람뿐 아니라 노인도 관련되어 있음을 잊어서는 안 된다.

국제화와 교육

우리 나라가 경제적으로 선진국에 진입함에 따라 무역 마찰과 경제 협력 등 국제적인 책임을 지게 되었다. 원래 경제라고 하는 것은 국제적인 것이었다. 마찰과 협력의 문제는 무엇을 어떻게 촉구하고, 어떻게 판단하고, 어떻게 타협하고, 어떻게 해결하는가 하는 가치 판단을 요하는 것이다. 바꾸어 말하자면,

문화적 가치 판단의 마찰이기도 하다. 그렇게 되면 한국인의 사고 체계와 가치 판단 양식, 문화 심지어는 교육도 합리적이어야 한다. 그런 중에 2007년에 대통령 직속 교육혁신위원회는 미래 교육의 비전과 전략이라는 보고서를 제출하여 한국 교육을 세계적 시각에서 재고할 것을 요구했다. 이 보고서는 교육의 국제화를 위한 정책적 과제로서 국제사회에서 살아가는 한국인을 육성하기 위한 국제 이해 교육의 개선과 충실, 유학생 승인 체제의 정비, 교사 · 교육 지도자 · 학생 등과의 적극적인 교류, 해외 귀국 자녀를 위한 교육 진흥 및 지원 등을 들고 있다. 여기서 교육에 있어서의 「국제화」의 새로운 의미를 충분히 생각해 둘 필요가 있을 것이다.

여기에서 고려해 두어야 하는 새로운 「국제화」란, 「세계 속의 한국」이라는 사고 방식이다. 세계화한 사고 방식, 세계화된 교육이다. 현재 주권 국가가 주권의 일부를 초국가적인 국제법과 국제기관에 이양하거나 혹은 국가를 뛰어넘은 국제적인 기관과 협정으로 일종의 권위를 인정하고, 적극적으로 협력하기도 하는 적어도 그런 것을 무시할 수 없다는 점도 사실이다. 가령 1966년 국제연합 총회에서 채택된 「국제인권규약」, 1989년 국제연합 총회에서 채택된 「자녀의 권리 조약」(정식 명칭은 「아동의 권리에 관한 조약」)에서 등 국제기관의 여러 합의는 여러 가지 형태로 가맹국들에게 교육 정책을 구속한다고 생각하나, 그 배경에는 각 국가 · 각 국민 사이에 세계 사회의 일원이라고 하는 공통적인 의식이 있는 것이라 할 수 있겠다. 교육에 있어 국제화를 고려할 경우에 이러한 세계적인 관점을 묶어 둘 필요가 있다. 그렇지 않으면 국제화가 경제와 정치적 이익의 관점에서 보거나 국익 밖에 모른다는 윤리에 끌려 다닐 두려움이 내재되어 있기 때문이다.

Journal (1)

제 2 장

교육사회학의 성립과 전개

1. 교육사회학의 정의와 성립

교육사회학은 교육과 관련되는 현상을 사회적 관점에서 연구하는 경험학문이다. 교육사회학이 어떤 학문인가에 대해서는 다양한 설명, 정의가 내려지고 있다. 다음에 대표되는 몇 가지를 열거해 보기로 한다. 에드워드(C. A. Edward)는 교육사회학이란 교육과정과 사회과정의 관계를 모든 측면으로부터 명쾌하게 함을 지향하는 학문이다. 그것은 사회 생활의 교육적 측면에 대한 학문이다고 했다. 브라운(F. J. Braun)은 교육사회학은 개인과 개인이 속해 있는 문화적 환경과의 상호작용을 연구하는 학문으로서, 문화적 환경 속에는 다른 사람들, 사회집단, 인간의 행동양식 등이 포함된다고 했으며 일본의 바바(馬場西郎)에 의하면 교육사회학이란 '사회의 근본적인 기능 중 한 가지로서 교육 행위를 중심으로 갖는 부분의 교육 현상을 인간의 사회적 · 집단적 공동 생활이란 측면에서 사회 관계 · 문화 · 개성과 같은 기본적인 틀의 상호관련성에서 파악하고 설명하고자 하는 경험과학의 일종이다'고 강조했으며 시미쥬(清水義弘)는 교육사회학은 교육 사실 및 교육 문제를 사회학적으로 연구하여 교육의 합리화를 높이고자 하는 과학으로 간주했다.

교육사회학에 대한 기존의 여러 정의를 내용상의 특징에서 정리해 보면, ① 사회와 교육과의 관계를 중시한 것, ② 인간의 발달 과정, 인간 형성의 여러 조건을 강조한 것, ③ 「교육과학」이란 입장에서 교육 현상에 관한 실증과학으로서의 측면을 중시한 것, ④ 교육 실천으로의 응용을 강조한 것으로 분류할 수 있다. 사실, 이상 네 가지 관점이 맞물려 교육사회학이란 학문의 전체적인 이미지를 설명하게 된다. 여기서 교육사회학을 다음과 같이 정의해 두기로 한다 : "교육사회학은 인간의 발달과 이에 의도적으로 작용하는 교육에 관한 현상을 사회적 관점에서 실증적 방법으로서 과학적으로 연구하고, 그 성과를 가지고 교육제도와 실천의 개성, 충실에 공헌하고자 하는 학문이다."

이상과 같이 정의되는 교육사회학은 사회학의 한 분야를 구성하나 연구의 과학성, 경험적 타당성을 중시하면서 사회적 · 교육적 가치를 의식해서 교육과정에의 공헌을 의도하는 것이다. 그것은 「존재의 과학」임과 동시에 「규범적 과학」일 수도 있다. 「존재의 과학」이라는 점을 견지하면서 연구자가 일정한 가치에 관계하는 문제 의식을 강건히 하여 개혁에의 지향을 가질 때 교육사회학은 교육의 정책 과학으로서의 성격이 짙다.

교육사회학은 인간의 발달과 교육을 대상으로 한 고찰로서 사회적 관점과 과학적 · 실증적 연구가 결합하게 되면 성립한다. 인간의 발달과 교육적 고찰에 관해 사회적 관점과 과학적 · 실증적 연구가 결합된 것은 교육의 오랜 역사에서 보면 극히 최근의 일로 19세기부터 20세기 초엽의 일이다. 고대 그리스시대로까지 거슬러 갈 수 있는 교육학과 비교해서 교육사회학의 역사는 아주 짧다.

교육사회학이 교육학과 비교해서 현저하게 늦은 학문의 역사에 등장한 것은 교육을 고찰할 경우에 사회적 관점과 실증적 연구가 결합되기까지 오랜 역사적 과정을 필요로 하였기 때문이다. 보다 더 엄밀하게 말하자면 교육을 사회적 관점에서 조망한 것은 이미 플라톤(Platon)과 아리스토텔레스(Aristoteles)가 행하고 있어 정치이론과 함께 오래 전부터 있었던 것이긴 하나, 교육을 과학적 연구 대상으로서 실증적 방법을 사용한 고찰은 근대에 접어들면서 겨우 시작되었다는 사정에 의한 것이다. 이에 교육을 대상으로 과학적 · 실증적 연구가 이루어지기 위해서는 세 가지 조건 정비가 요구되었던 것이다. 우선 첫 번째는 교육이 사회의 공적 사업으로 중시되어 교육제도가 보급되어 사회적 · 국가적으로 중요한 위치를 차지하게 된 점이다. 두 번째는 이를 배경으로 연구의 관심이 고조됨과 함께 교육제도를 유지 · 운영하는데 있어 과학적인 연구의 필요성이 생겨났다는 점이다. 세 번째는 자연과학 외에도 사회과학, 특히 사회학이 발달함에 따라 연구의 기초가 확립되었다는 점이다. 이들 조건이 구비되어 교육 현상을 대상으로 한 과학적 · 실증적 연구가 시작된 것은 19세기 말 이후부터다.

19세기 말부터 20세기 초엽에 걸쳐 구체적으로 교육사회학을 성립시킨 사례가 미국과 프랑스에서 일어났다. 미국에서는 이 시기에 교육적 필요에서 사회학에 접근하고자 하는 움직임과 사회학 영역에서 교육에 관심을 기울이고자 하는 움직임이 서로 맞물려 교육사회학의 태동이 시작되었다. 듀이(J. Dewey)의 『학교와 사회』(School and Society)가 발행된 1898년, 로스(E. A. Ross)가 스탠포드대학에서 「교사를 위한 사회학」이란 제목의 강의를 한 바 있다. 1902년에는 로스의 후임자로서 스넷딘(Snettdin)이 동 대학에서 「교육의 사회학」을 개강하였다. 교육 실천을 위한 사회학적 견지가 필요하다는 인식이 확대되어 「교사를 위한 사회학」이 요구되었던 것이다. 한편, 프랑스에서는 기요(J. M. Kieyo)가 사회학적 연구라는 부제를 단 『교육과 유전』(Education et heredite)을 19세기 말에 간행하였고 또, 사회학이란 용어를 창시한 콩트(A. Comte)의 실증주의 영향을 받은 뒤르켐(E. Durkheim)이 처음으로 보르드대학에서, 이어 솔본느대학에서 사회학과 교육학을 강의하여 교육에 대한 사회학적 이론을 전개하였다. 뒤르켐은 교육에 관한 현상을 사회적 사실로 이를 「물(物)」로 취급하는 연구의 입장을 주장하여 실천적 이론체계인 교육학과 구별되는 「교육의 과학」을 성립시키게 되었다. 「교사를 위한 사회학」은 교육현상에 대한 사회학적 연구를 자극시키고 촉진시켜 교육사회학에로의 길을 열어 주었으며, 「교육의 과학」이라고 하는 견해는 교육 현상에 접근할 경우의 방법에 대한 자각을 심화시켜서 경험과학으로서 교육사회학의 발전 기반을 이루었다.

2. 교육사회학의 전개 – 미국 · 영국 · 독일 · 프랑스 · 일본의 경우

본격적인 교육사회학의 전개는 1920년에 접어들면서부터다. 20세기에는 교육사회학의 눈부신 발전을 엿볼 수 있는데 이론적으로나 실증적으로도 풍부한 성과를 거둔 국가로서 미국을 주목하지 않을 수 없다. 미국에서는 1909년에 캔서스주립 사범대학에서 교육사회학 강좌를 개시한 스미스(W. R. Smith)가 1917년에 교육사회학이란 제목을 붙인 최초의 서적 『교육사회학 입문』(An Introduction to Educational

Sociology)을 간행하였다. 그 내용은 사회학의 원리, 방법을 교육의 연구, 실천에 응용하고자 하는 관점에 입각한 것으로 교육사회학을 사회학의 응용과학으로 간주한 것이었다. 컬럼비아대학에서는 1910년 동 대학 교육학부 교수로 취임된 스넷딘의 각고의 노력에 힘입어 교육사회학이 개설되고 있다. 1910년 말부터 1920년대에 걸쳐 교육사회학이란 제목을 단 저작물이 연이어 간행되었다.

그 중에서도 페인(E. G. Payne)의 『교육사회학 원리』(Principles of Educational Sociology)에서는 교육사회학이 사회학의 응용 영역으로서가 아닌 독자적인 과학으로 다루어져 행동의 변용에 영향을 미치는 제도, 집단 등과 같은 사회적 관계를 과학적으로 기술할 필요가 강조되어 교육사회학의 체계화와 그를 위한 실증적 방법론의 확립에 노력이 더해졌다. 1932년에는 페인(Payne), 피터즈(Peters) 등의 노력에 의해 미국교육사회학회(National Society for the Study of Educational Sociology)가 설립되었고, 1928년에는 페인이 편집 책임자가 되어 『교육사회학 학회지』(Journal of Educational Sociology)가 간행되었다. 1920년대까지의 교육사회학은 일반적으로 교사를 위한 사회학이라는 성격을 취함으로써 규범적인 경향을 띄고 있었다.

1930년대에 접어들어 세계 대공황과 제2차 세계대전 전후 긴장된 사회 정세를 배경으로 소년 비행, 지역사회 교육의 황폐화 등 교육상의 문제를 대상으로 한 사회학적 연구가 활발해지게 되어 지역사회로의 공헌을 의식한 「교육문제의 사회학」이 발전하였다. 쿠쿤(L. A. Cucun)의 『교육의 사회적 배경』(Community Backgrounds of Education, 1939년 이후 1950년), 『교육에로의 사회학적 접근』(A Sociological Approach to Education)이라 제목을 바꾸고 개정판이 출간되었고, 올센(E. G. Olsen) 등에 의한 『학교와 지역사회』(School and Community, 1945년) 등은 그와 같은 동향을 시사하는 연구의 성과다. 제2차 대전을 전후로 미국의 교육사회학은 문화인류학 · 사회심리학 · 행동과학 등 인접과학의 영향을 받으면서 충실한 전개를 계속해 왔다. 이러한 발전에는 두 가지 큰 조류가 있다. 첫 번째 조류는 문화 인류학적 방법론에 의한 것으로 시카고대학을 중심으로 하는 와그너(W. L. Wagner), 하비거스트(R. J. Harvighurst) 등에 의해서 형성된 것으로 연구 성과는 교육에 대한 계층의 영향이 크다는 점을 명백히 한 『누가 교육을 받아야 하는가』(Who Shall Be Educated)가 대표될 수 있다. 지역사회의 긴밀한 사례 연구로 교육과 다른 사회 현상과의 관련성을 해명한 린드 부처도 이 흐름에 포함된다. 두 번째 조류는, 사회심리학적 행동과학적 방법론에 의한 연구자들에 의해서 형성된 것으로 베이러스(R. Vayrus)의 상호작용분석, 파슨스(T. Parsons)의 행위체계론 등의 영향을 토대로 학교 및 기타 교육집단에 따른 인간 관계, 역할 조직, 행위의 상호작용 과정을 각종 실험, 관찰의 그로스(N. Gross) 등은 이 흐름을 대표하는 연구자다. 사회심리학적 방법론의 흐름의 일환으로 사회 구조와 성격 형성과를 연관시켰다는 관점에서 문명 비평적으로 교육 문제를 고찰한 리즈만(D. Riesman)의 존재도 간과할 수 없다.

사회심리학적 방법론에 의한 연구의 흐름은 구조-기능주의로 집약된다. 사회가 통합되고 유지되기 위한 가치, 규범, 역할 체계를 중시하는 구조-기능주의는 1950년대부터 1960년에 걸쳐 교육에 관한 사회학적 연구에 지대한 영향력을 가졌으나, 1960년대 후반 이후 사회적 불평등의 확대 및 다발적인 분쟁을 배경으로 교육 문제가 심각화되는 가운데 극심한 비판을 받게 된다. 구조-기능주의를 비판하는 입장은 크게 3가지로 나누어 살펴볼 수 있다.

첫 번째는 교육을 둘러싼 대립, 갈등(경쟁, 투쟁)을 강조하는 입장으로 교육의 확대가 부 · 권력 · 위신의 획득을 둘러싼 경쟁에 의한 것이라고 한 콜린즈(Collins)에 의해 대표된다. 두 번째는 사회적 불평등에 주목하여 학교가 이러한 불평등을 고정화하고 재생산시키고 있다는 사실을 지적하여 학교 교육의 존재 양상을 사회의 생산 관계와 대응시켜 파악하는 입장으로 S. 보르즈에 의해 대표된다. 첫 번째와 두 번째의 입장은 마르크스주의의 영향을 받고 있다. 세 번째 입장은 현상학의 영향을 근거로 상호작용 과정에 있어서의 사물, 현상이 갖는 의미에 대한 행위자의 해석, 간(間)주관적인 현실 구성을 강조하는 입장으로 버거(P. Berger)에 의해 대표된다. 이밖에 마르크스주의의 영향을 근거로 교육을 둘러싼 사회적 불평등을 문제로 하여 위계적 관계의 문화적 · 경제적 재생산을 지적하면서 보르즈 등의 대응이론을 초월할 것을 주장한 알프레드(M. Alfred)의 견해도 주목된다.

이상과 같은 입장에서의 비판을 받았다고 해서 구조-기능주의가 무력화되지 않고, 사회체계이론으로 발전하여 교육 연구를 위한 분석틀로서 중요한 역할을 수행해 내고 있다. 미국의 경우 교육사회학의 발전은 단적으로 말해 이론적인 면에서 다양화되었으며, 실증적인 성과면에서도 풍부해졌다고 할 수 있겠다.

20세기에 교육사회학의 전개를 살펴볼 수 있는 것은 근대화가 진행되어 자본주의 경제가 발전한 국가는 전 세계적으로 일본 외에 영국, 독일, 프랑스 등 많지 않은 편이다. 오늘날 모든 유럽연합(EU) 가운데 중요한 위치를 차지하고 있는 영국, 독일, 프랑스에 있어서의 전개를 살펴보기로 한다.

영국에서는 1932년에 럿셀(B. A. Russell)의 『교육과 사회체제』(Educational and Social Order)가 간행된 후, 나치스의 탄압을 받아 독일에서 영국으로 망명하여 런던대학의 교수로 취임한 만하임(K. Manheim)은 1946년 동 대학에 교육학부(Institute of Education)를 창설하고 거기에서 교육사회학의 초대 주임교수가 되어, 스튜어드(W. A. C. Stward)와 함께 『교육의 사회학』(Sociology of Education)을 집필하였다. 맨하임에 의하면 후기 자본주의 단계에서 출현된 대중사회는 불안정하고 비합리적인 충동을 내재화시키고 있어 전체주의에 미치는 위험성을 내포하고 있으며, 이러한 위기를 극복하기 위하여 「자유를 위한 민주적 계획」에 의한 사회 재건이 필요한데 그 과정에서 교육은 중요한 역할을 담당한다. 그는 교육을 사회적 기술의 하나로 간주하여 교육 단위가 개인이 아닌 사회적인 것으로서 목적이 결코 추상적인 인간이 아니라 특정 시대 · 사회에 대응한 인간 형성이란 점, 교육의 목적 · 내용 · 방법이 사회와 연관된 것이라는 점을 체계적으로 명쾌히 하여 교육사회학으로의 기초적 시점을 시사했다.

그 후, 오타웨이(A. K. C. Otaway), 그로스(D. V. Gross), 할시(A. H. Harsey), 뱅크스(O. Banks) 등의 연구 성과가 발표되었는데 1960년대 후반부터 1970년대에 걸쳐 새로운 두 가지 동향이 나타났다. 첫 번째는 영(M. F. Young) 등에 의한 「새로운 교육사회학」의 제창이다. 영거 등은 교육 기회의 불평등과 사회 계층과의 관계를 실증적으로 해명하고자 시도한 기존 연구가 반드시 기대한 성과를 거둘 수 없었다는 반성에서 해석학적 방법론을 세워 지금까지 자명한 사실로 여겨온 학교 내부조직, 교육과정, 지도과정을 연구하는 것을 교육사회학의 과제로 하여 학교에서 지식이 전달되는 과정의 통제 메커니즘을 명확히 하고자 했다. 두 번째는 번스타인(Bernstein)에 의한 사회언어학을 기초로 한 연구 동향이다. 그는 「사회용어 코드」를 주요 개념으로 사회 계층에 맞게 습득되는 「언어 코드」가 차이가 있다는 점, 그 차이점이 학교에서의 교육-학습 성과에 커다란 영향을 미친다는 점을 명확히 했다. 번스타인에 의해서 「코드」의 개념에 토대한 교육과정 교수과정을 분석하고 학교 교육에 있어서의 계층의 영향, 통제 매카니즘을 분명히 하는 교육사회학의 새로운 영역이 열렸다. 1970년대 이후 영국의 교육사회학은 계층 분화가 격심한 사회를 반영하여 계층, 통제, 정치 등을 주제어로 하여 해석학적 방법론에 의해 전개되어 왔다.

독일에서는 교육사회학의 전 역사로서 19세기 후반부터 20세기 초엽에 걸쳐서 교육을 사회 관점에서 고찰한 사회적 교육학이 베르게만(P. Bergeman), 나톨프(P. G. Nartolf) 등에 의해 전개되었다. 이 중에서 「사회 기초에 입각한 의지교육 이론」이라는 부제를 붙인 나토르프의 「사회적 교육학」에서는 인간은 단지 인간 사회를 통해서만 인간이 된다는 전제를 내세워 교육이 사회적으로 제약을 받는다는 점, 사회생활의 양식이 근본적으로 교육에 제약을 받는다는 점 등을 서술하고 있으므로 교육사회학적인 내용을 갖추고 있다. 또한 슈프랑거(E. Spranger)가 주창한 문화교육학도 교육사회학적인 내용을 포함하고 있다. 교육을 문화적 행위라는 슈프랑거는 사회의 구조 · 사회 구성원의 관계로부터 필연적으로 교육적인 관계가 파생된다는 점, 경제의 생산 양식이 복잡해질수록 교육에 의한 전달의 요구가 충실해진다는 점, 경제 조직이 교육 조직을 결정적으로 규정한다는 점, 교육은 신분과 계층과 깊은 관계를 갖는다는 점, 신문 · 잡지 · 서적 · 각종 단체는 그 자체 교육의 담당자라는 점 등, 교육사회학적인 견지를 그의 문화교육학에서 전개하고 있다.

사회적 교육학을 배경으로 하여 1921년에 비제의 『국민교육제도의 사회학』(Soziologie der Voiksbildungs Wesen), 1929년에 바이스의 『교육사회학』(Pädagogishe Soziologie), 게다가 가이거(T. Geiger)의 『사회학의 대상으로서의 교육』(Eriziehiung als Gegenstand der Soziologie)이 각각 발표되고 있다. 또한 교육과학을 제창한 크리크가 기존의 규범적 · 개인적 교육학을 신랄하게 비판하고 교육을 사회적 · 역사적 관점에서 개념적으로서가 아닌 실증적으로 연구할 필요성을 강조하는 면도 간과해서는 안 될 것이다. 독일의 경우, 20세기 후반에 따른 교육사회학의 전개에 특히 주목해야 한다.

프랑스에서는 뒤르켐이 사망한 후인 1922년에 「교육의 과학」을 제창하는 그의 사회학적 교육이론을 명확히 한 『교육과 사회학』(Education et Sociologie)이 간행되었으며, 그의 영향을 토대로 포콘내, 라비, 보그레 등의 연구자가 활약했다. 이들 연구자들에게서 볼 수 있는 공통적인 경향은 역사적 방법에 의해 교육을 고찰하고 있다는 점이다. 즉 교육의 제도적 · 이론적 연구를 특징으로 하고 있어 이념적인 성격이 강했던 것이다.

제2차 대전 후의 프랑스에서는 1960년대 후반 이후로 되겠으나 교육문화사회학 센터를 주재한 적이 있는 부르디에(P. Burudier)의 이론이 주목된다. 그는 사회적 특권의 세습이 금지되어 재산 상속에도 제한을 받던 사회에서 사회적 불평등이 계속되고 있는 점을 문제시하여, 그러한 불평등의 구조가 유지되는 구조를 문화면에 생성하는 불평등의 재생산이라는 점에서 설명하면서 그 과정에 교육의 위치를 규정하고 있다. 사회적 불평등의 재생산이라는 관점을 기본으로 문화적 재생산과 교육과를 관계지어 불평등 사회에 있어 교육의 성격과 과정이 설명되고 있는 것이다. 부르디에는 무릇 교육의 작용은 힘에 의한 문화적인 강압이라고 하면서 학교교육적 작용은 지배적인 문화를 재생산하고, 역관계의 재생산에 기여하는 것이라고 서술하고 있다.[1] 문화적 재생산, 탄생 후에 형성된 행동으로의

1) P. Burudier, *la Reproduction,* 1991, p. 18.

태도, 특성을 의미하는 습관(habitus)을 주제어로 하여 사회적 불평등이 지속되는 메커니즘을 문화와 교육을 관련지어 분명히 하고자 했다는 점에 그의 이론적 특징이 있다.

일본의 경우에 교육을 사회적 관점에서 고찰하고 해명하고자 하는 경향은 독일의 사회적 교육학의 영향을 받은 메이지(明治) 말기부터 살펴볼 수 있다. 1910년에 간행된 호리다(堀田相爾)의 『사회적 · 실험적 교육학』에는 「사회학적 기초」라고 제목을 붙인 구절이 설계되어 교육의 사회학적 연구의 필요성에 대한 설명을 하고 있다. 다이쇼(大正) 시대에는 1915년에 타게베(建部 吾)의 『사회학과 교육』, 1922년에 덴세이(田制佐重)의 『교육적 사회학』이 간행되어 있다. 1925년에는 뒤르켐의 『교육과 사회학』의 내용을 소개한 타나베(田辺壽利)의 논문 「사회학적 교육학설」이 『사회학회지』 12월호에 게재되어 있다. 소화(昭和) 시대에는 종전 전후로 나누어 교육사회학의 계보를 더듬어 보는 것이 적절하다. 전전(戰前)에는 소화(昭和) 초기에 구라우치(藏内數太) 『교육사회학』(1927년), 가이노치(海後宗臣) 『교육사회학』(1930년)이 차차 간행되어 교육사회학이란 명칭이 정착되게 되었다. 이들 가운데 미국의 교육사회학을 열정적으로 소개하였으며, 문화사회학의 관점에서 교육의 위치를 규정한 구라우치(藏内)의 업적은 기억되어도 좋을 것이다.

일본의 교육사회학이 본격적인 발전을 해 온 것은 1945년 무렵이다. 일본을 점령한 미국 측의 지도를 바탕으로 교육 개혁이 추진되었을 때 교육사회학이 새로운 학제 대학에서 교직 교육을 위한 교육과정 속에 도입되어 강의하게 된 것이 발전의 계기가 되고 있다. 새로운 학제 대학에서 교육사회학의 강의 담당자를 양성하기 위하여 미국에서 강사가 일본에 와서 문부성이 주최한 교육지도자 강습회에서 교육사회학에 대한 연수가 실시되어 수강자에게 연구와 교육에 대한 조언을 해 주었다. 강습회에서 교육사회학의 연수를 수료한 사람들을 중심으로 1949년, 일본 교육사회학회가 설립되고, 그 이듬해에는 제1회 연구대회가 개최되었다. 또한 그 다음 해인 1951년, 동 학회의 학술지인 『교육사회학 연구』가

연간 간행되기에 이르렀다. 1953년에는 동 학회 회원을 중심으로『강좌 · 교육사회학』전 9권이 간행되었다.

미국의 학문적 지원을 기반으로 전후 재발행된 '일본의 교육사회학'은 이념적 · 관념적 연구 태도를 배제하고 경험적 현실에 입각한 실증적 연구 태도를 취하여 단시일 내에 많은 연구 성과를 창출해 낼 수 있었다. 그 반면에 현실의 개별적인 주제에 대한 실태 조사 연구는 활발하게 행해졌다는 점, 이러한 연구 성과를 이론화하고 체계화하였다는 점에서 다소 불충분한 면모를 찾아볼 수 있다. 이러한 점은 유럽제국의 이론을 추종하고 있다는 상황과 관련지어 지적하지 않을 수 없다.

오늘날, 인간 발달과 교육을 둘러싼 문제가 심각한 양상을 띠는 가운데 이들 문제를 사회학의 관점에서 연구할 필요가 한층 더 높아지고 있어 교육사회학이 담당해야 할 역할은 과거에 비해 커지고 있다.

Journal (2)

제 3 장

교육사회학의 이론과 연구방법

1. 교육사회학의 이론적 관점
2. 교육사회학의 연구방법
3. 교육의 위기시대와 교육사회학의 과제
4. 교육사회학의 연구 대상
5. 사회적 사실로의 교육
6. 사회통제 수단으로서의 공교육
7. 의미부여 작용으로서의 교육

1. 교육사회학의 이론적 관점

각각의 학문 분야에는 연구의 대상이 되는 현상에 대해 분석하거나 설명하는 가운데 이론이 형성되고 있다. 교육사회학도 독립된 학문 분야로서 다양한 이론을 갖추고 있다. 그러나 연구자 모두가 준거로 삼고 있는 공통적인 이론 체계가 확립되어 있다고는 볼 수 없다. 물론 사회화 등 이론적으로 공유되고 있는 개념도 있으나, 이론의 기본이 되는 대상으로의 관점과 설명을 위한 준거 구조에 있어서나 연구방법론에 있어서도 다양하여 연구자에 의한 견해가 분분하다. 이것은 주로 연구 대상이 자연 과학일 경우와 다르게 변화하기 쉬운 인간의 상호작용으로 도출되는 현상으로 인과 관계가 복잡하게 얽히게 되므로 특정한 사항을 파악하기 힘든 부분도 있으므로 다각적인 관점에서 확인하고 해석하는 것이 필요하다.

교육사회학 연구는 경험과학으로서 경험적 · 타당성과 논리적 · 조합성이라는 두 가지 조건이 충족되어야만 하므로 이러한 요청에 대응하여 하나의 이론 체계로 통일되어야 한다. 실제로 그렇지 않은 것은 연구 대상이 되는 교육 현상이 복잡하고 다양한 측면을 가지고 있어 여러 가지 인식 방법, 고찰, 해석 방법이 허용되고 있으므로 결과로서 교육사회학을 둘러싼 복수의 연구 관점, 이론적 입장, 방법론적 구조가 존재하게 되는 것이다.

과거 교육사회학 연구를 주도해 온 이론적 입장은 우선 연구 대상의 면에서 교육을 둘러싼 ① 행위과정론, ② 기능적 관계-구조론, ③ 동향-갈등 · 변동론의 3가지로 정리해 볼 수가 있다. ①의 행위과정론은 행위를 분석의 단위로 교육 현상에 관한 상호작용 과정을 연구하고자 하는 것으로, 교수-학습 과정과 교원 · 아동 · 부모 관계를 설명하는데 효과적이다. ②의 기능적 관계-구조론은 기능과 관계의 관점에서 교육 현상을 성립시키고 있는 상호작용에 영향을 미치는 요인 관계, 구조를 인식하여 설명하는 것으로 교육을 둘러싼 규범, 조직, 제도, 체제의 분석에는 특히 유용하다. ③의 동향-갈등 · 변동론은 교육을 둘러싸고 있는 현상을 대립, 갈등, 분쟁을 포함하면서 변화하는 동적 측면에 연구의 주안점을 두는 것으로, 변동의 과정과 문제의 소재를 해명하는 데 효력을 갖는 입장이다.

다음으로 이론적 입장을 연구방법론의 면에서 ① 실증적 사실주의와, ② 해석학적 관념주의의 2가지로 나누어 볼 수 있다. 실증적 사실주의는 자연과학 방법을 모델로 한 것으로 교육 현상을 객관적으로 사물을 처리하도록 연구하는 입장에서 교육에 관한 사상을 「물(物)」로서 다루어 분석하는 것을 주장한 뒤르켐의 견해로 대표된다. 이 방법론은 교육에 관한 실증적 연구의 지주로서 많은 연구를 창출해 냈다. 해석학적 관념주의는 인간에 의한 현상 연구에 자연과학적 방법을 전면적으로 적용하는 것을 비판하고 정신과학적 · 인간과학적 방법으로서 이념에 근거를 두는 이해, 해석을 중시하는 입장이다. 이것은 인간 의사에 깊숙이 파고드는 사회적 현상 연구에 「주관적으로 사고된 행위」의 동기 이해를 강조한 웨버(M. Weber)의 견해와 「구성된 현실」의 의미 이해를 역설한 술츠(A. Schultz)의 현상학적 사회학의 영향을 기초로 전개되고 있다. 자명한 것처럼 여겨지고 있는 교육상의 일상적 현실을 대상으로 그 의미를 분명하게 하는 사례 연구를 촉진시켜 왔다.

이상과 같은 사실을 전제로 하고 다음에는 20세기 후반, 격렬한 논쟁을 불러일으킨 이론적 입장의 대립을 수용하여 교육사회학의 기초적 이론의 이해를 심화시키는데 유용하게 하도록 하자.

합의이론(consensus theory)은 사회를 생물유기체와 동일한 것으로 많은 부분이 각각 그 존립에 필요한 조건을 충족시키는 기능을 해냄으로써 상호 관계를 맺고 성립되는 실재로서 이해하고, 사회가 존속되고 사람들이 공동생활을 안심하고 영위할 수 있도록 하기 위해서는 통일과 안정이 결여되어서는 안 된다는 견해에 기초하고 있다. 합의이론에 의하면 기능적 관계가 원만하게 유지되어 통일과 안정이 보장되기 위해서는 공통 이해, 요컨대 그것이 의식적이든 무의식적이든 합의가 형성되어야만 한다. 통일과 안정이 실현되어 있는 사회에는 그와 같은 합의가 넓고도 깊게 존재하고 있다.

합의이론에 입각할 때 교육은 문화에 대해서는 전혀 백지 상태로 무지한 동물로 태어난 아이에게 가치와 규범, 신념을 각종 지식 · 생활양식과 함께 의도적으로 학습을 시키고, 내재화시키고, 사회에 합의를 실현하는 작용이다. 의도적이든 무의식적이든 간에 방대한 문화를 학습시켜 합의 형성을 가능하게 하는 작용을 진행하는 것이 사회화이다. 합의이론에서는 교육이 사회화의 관점에서 파악되고 사회화가 중시된다. 뒤르켐은 교육을 방법적 사회화라고 정의한 바 있으나, 파슨즈도 사회 구조의 유지라는 관점에서 사회화를 중시하고 학급을 사회화의 중핵적 기관이라고 지칭하고 있다. 뒤르켐이나 파슨즈도 합의이론의 입장에 속하는 사회학자다.

합의이론은 질서에 따라 사회화가 원만하게 실행되는 교육과정과 학교의 제도를 설명하는 것이 가능한데, 학교 교육을 둘러싸고 발생하는 대립, 갈등, 싸움 게다가 교육 정책의 입안과 실시에 관해서 야기되는 논쟁, 투쟁적인 운동과 같은 현상을 고찰하기도 하고 설명하는데 유효하지 않다고 비판을 받는다. 합의이론은 정태적, 규범적으로 교육을 사회 질서와 통합을 위한 것으로 이해한다는 것이다.

갈등이론(conflict theory)은 질서와 통합을 중시하는 합의이론을 근본적으로 비판하고 적대와 분쟁을 수반해서 역동적으로 변화하는 교육 측면에 접점을 둔다. 갈등이론에 의하면 사회에는 지배하는 자와 지배받는 자, 그리고 통제하는 자와 종속된 자가 항상 존재하고 있으며 양자 간에는 대립, 투쟁 관계가 보편적으로 존재하여 언제 폭발할지 모르는 혼란의 위험성이 내재되어 있다. 지배자 측은 현행의 질서를 유지하고자 해서 자신들의 가치관, 세계관을 종속자 측에 강요하거나 또는 강권을 행사하여 종속자의 행동을 통제하려고 한다. 지배적 집단의 목표 · 행동 계획과 종속적 집단의 그것과는 이해면에서 서로 일치하지 않으며 상반되는 경우가 종종 있다. 대립, 투쟁에서 야기되는 변화는 이른바 사회의 정상적인 상태로 간주해야만 한다. 교육에 대해서도 예외는 아니다.

갈등이론에서는 교육 정책의 입안, 실시에 관해서 학교 내부의 교사와 아동 · 학생과의 관계에 대해서 교육과정에는 대립, 투쟁 그리고 변화 가능성이 항상 내재되어 있으며 이따금 현실화되고 있다고 본다. 교사와 학생 관계를 지배와 복종의 제도화된 형태로 하고 학교를 위험한 균형 상태에 있는 전제 정치의 장으로 본 바와 자본주의가 가족과 지역 · 교회의 교육 기능을 저하시키고 있다는 점을 지적하여 학교가 지배층의 통치 도구화되어 사회적 불평등을 유지시키는 데 공헌하고 있다고 한 볼즈(S. Bowles)는 갈등이론을 대표하고 있다.

갈등이론은 확립된 교육 체제에 대해 비판적이며, 공격적이며, 투쟁적이다. 그것은 대립, 투쟁이 동반된 교육에 관한 역동적인 변화의 측면을 분석하고 설명하는 데는 효과적인 이론이다. 그러나 그것은 합의이론이 중시한 측면, 요컨대 교육–학습이 실행되기 위해서는 결여될 수 없는 질서와 통일의 측면을 등한시하게 되어 교육에 관한 중요한 국면을 적절하게 설명할 수 없는 어려운 점도 갖고 있는 것이다.

교육, 즉 그것은 인간적이고 사회적인 현상으로 복잡한 구조와 역동적인 과정을 갖고 전개되고 있다. 그러한 현상을 연구하고 설명하고자 할 경우에는 합의이론과 갈등이론을 짝지은 복합적인 이론적 입장이 필요하게 되는 것이다.

구조기능분석과 사회시스템(Social System)

사회시스템에는 사회체제, 사회체계 등의 용어가 있으며 다양한 의미가 부여되고 있는데 여기에서 거론되는 사회체계론은 파슨즈(T. Parsons)에 의해서 확립된 구조-기능분석(구조-기능주의와 동의어이나 이론적 패러다임에 의해 연구 조직이란 의미에서 「주의」가 아닌 「분석」이라고 표현)의 기본적인 개념과 구조를 토대로 이후 사회학 이론의 발전의 성과, 정보과학의 개념 등을 도입하여 구성된 것이다. 파슨즈의 구조-기능분석에서는 행위의 상호작용 상태가 사회체계라고 불리웠는데 그 특징은 ① 행위자가 서로 상대에게 역할을 기대하면서 수행하고 상호 보완(역할 기대의 상보성(相補性))한다는 점, ② 역할 수행에 관하여 정보와 지위 권한 · 자금 등과 같은 사회적 자원이 행위자에게 배분되는 점에 있다는 것이다. 그 기본적인 구조는 사회체계가 균형을 촉진시키고 유지시켜 행위의 상호작용이 안정된 상태에서 지속되기 위해서는 4가지 기능 요건—A(환경에로의 적응), G(목표 달성), I(통일성의 확보), L(패턴=가치 · 규범의 유지) 이 충족되지 않으면 안 된다. 체계의 구조는 이들 요건이 충족되도록 되어 있어 이들 요건이 충분히 충족되지 않게 되면 체계의 균형이 무너져 구조에 변동이 생긴다 하는 것이다.

파슨즈는 사회체계의 균형 유지를 중시하여 가치 · 규범의 의의를 너무 강조하고 또한 기능 요건을 AGIL에 한정하여 도식화해서 기계적으로 분석했다. 이 때문에 구조-기능 분석은 형식적으로 경직된 연구 구조가 되어 행위자에 의한 창조와 변혁에로의 가능성을 보이지 못하게 되어 버려 복잡하고 다양한 사회적 현실 연구에 있어 부적합한 것이 되었다. 구조기능주의가 해석학적 이상주의와 갈등이론에서 규범적이고 현상 고정적이라고 비판을 받아 영(M. F. D. Young)이 교육사회학은 구조-기능주의로부터 해방되지 않으면 안 된다고 주장한 것은 이유가 없지는 않다.

파슨즈에 의한 구조-기능 분석의 전개에 문제가 있다고 하더라도 행위의 상호 관계, 역할의 상호보완성, 구조의 형성과 균형, 체계의 균형을 유지하기 위한 기능 요건의 충족, 역할의 수행과 사회적 자원의 배분, 가치 · 규범의 유지와 그들의 내재화한 개념은 사회의 관점에서 교육에 관한 현상을 분석, 고찰하는데 매우 유용하다. AGIL의 도식에서 해방되어 행위의 상호작용 과정에 따른 행위자의 해석 · 의미 부여 · 구성 작용을 도입하여 정보과학에서 목표 제어 · 피드백 · 입출력 등의 개념, 체계의 자기 조직성의 관점에서 보강하는 구조-기능 분석을 사회체계론으로 구축해서 직시하게 된다면, 교실 차원의 문제에서부터 국가의 교육 정책 차원의 문제까지 교육에 모든 현상의 국면을 종합적인 관점에서 연구하는 것에 기여한다는 점이 있을 것이다.

사회체계론의 구조에 따라 교육에 관한 현상을 연구한다는 것은 다음과 같은 점에 주목해서 분석하고 고찰을 추진하게 된다.

① 사회체계로서의 교육 현상, 그 구조를 구성하는 제요소들 간의 상호작용-의존 관계
② 기능 요건이 충족되어 있는 상태-변화의 필요성과 가능성
③ 목표 달성을 향해서 행위자가 상호 관계하는 과정에서 자기 가능성을 발휘하고 있는 상태
④ 가치 · 규범(규칙)의 성질, 그들이 행위자에게 내재화되어 지켜지고 있는 상태
⑤ 행위의 상호작용에 대한 제어를 위한 정보 및 의사소통 조직
⑥ 목표 달성, 기능(역할)의 수행을 위하여 외부로부터 필요한 자원(사회적 물적 · 정보적 자원)을 투입하고 이들을 처리해서 산출한 다음 산출된 것이 체계의 존립에 영향을 미치는 입출력, 피드백의 관계

이상과 같은 점에서 연구 대상에게 접근할 때 우리들은 그 대상을 보다 전체적으로, 정확하게 파악할 수 있게 될 것이다.

2. 교육사회학의 연구방법

연구방법상의 문제

대상을 인식하는 가운데 근시안적으로 보는 경우와 원시안적으로 보는 경우는 인식의 차이가 생겨난다. 대상의 전체상을 주위와의 관계에서 될 수 있는 한 다각적으로 심도 있고 정확하게 인식하는 데는 근시안적인 것보다는 원시안적인 것에 의한 편이 확실히 낫다는 점은 말할 나위도 없다. 이러한 사실은 특히 복잡함의 증가를 수반하는 교육 현상의 연구에 있어 중요한 단서가 된다. 인간 형성 혹은 교육이란 복잡한 사회 현상의 실상을 인식하는 데에는 근시안적인 편협한 방법에서가 아닌 대상을 보다 전체적으로 정확하게 다룰 수 있는 원시안적인 방법을 사용할 것이 요망된다.

교육이란 사회 현상을 연구하는 데에는 원시안적인 방법이 바람직하다는 것에 관해서 마르크스와 웨버의 사회과학 방법론을 비교해 보는 일은 유익하다. 마르크스는 역사를 형성하는 원동력은 경제적 이해 관계라고 여겨 사회 현상을 생산력과 생산 관계라고 하는 경제적인 관점에서 고찰하는 유물사관(唯物史觀)의 방법론에 보다 더 중점을 두었다. 이 방법론에 의하면, 경제 구조가 사회 전체의 토대를 이루는 하부 구조로 정치, 법률, 문화, 교육 등의 정신적 현상은 그 상부 구조가 된다. 마르크스의 방법론은 이른바 근시안적으로 경제 상태에 영향을 미치는 사회 측면과 물질적 이해의 대립으로부터 야기되는 투쟁을 설명하기에는 유용하다고 해도 원시안적인 정신작용을 영위하는 인간의 상호 관계가 창출해 내는 사회 현상 전체를 설명하기에는 단면적이어서 충분하다고는 할 수 없다.

경제 결정론의 입장을 취하는 마르크스에 비해서 웨버는 경제적인 이해 관계의 중요성을 인식하면서 역사를 움직이는 커다란 힘으로 이념의 작용, 정신작용의 역할을 중시한다. 그는 인간의 행위가 경제적 이해에 의해서 움직여지는 일면을 가지면서 다른 면에서는 이념에 의해 지배되는 것이라고 생각해서 이념이 역사의 방향을 전환시키고 추진하는 중요한 역할을 담당하고 있다고 간주했다. 그의 경우에 이해 관계에 있어서도 외면적 · 경제적인 면뿐만 아니라 내면적 · 심리적인 면도 있다. 웨버에 의하면 역사의 과정과 사회 현상은 외면적 · 내면적 이해 상황과 이념의 역동적인 상호작용이란 관점에서 인식되어야만 하는 것이다.

반대로 인간이 인간에 대해서 일정한 이상형을 그리면서 의도적으로 작용하는 특징을 갖추고 있는 교육과정에서는 물질적 · 경제적 요인과 함께 이념 · 사상 · 정세 · 의사와 같은 정신적 요인이 중요한 역할을 담당하고 있다. 이와 같은 교육 현상을 연구할 경우에는 근시안적인 방법론이 아닌 웨버가 나타내고 있는 원시안적인 방법론에 의해 중점을 두어야 한다는 사실이 분명하다.

연구방법의 구조

교육 현상은 사람 수 · 성적 득점과 같은 양적 특면과 분위기 · 기분 · 의욕과 같은 질적인 측면을 갖추고 있어 양적 파악과 질적 파악이 필요해진다. 양적 파악에는 통계 자료, 통계적으로 처리된 조사 · 검사 결과가 사용되어 수리적 · 계량적 방법이 사용된다. 질적 파악에는 사회조사 · 참여관찰 · 보고서 · 문헌 등의 자료 분석에 의한 내용 이해적인 방법이 사용되게 된다.

교육제도나 내용 · 방법, 그리고 교육에 관계하는 사람이 변화하여 역사적으로 변화하는 것이란 교육 현상의 연구일 경우에는 현상 파악과 함께 역사적 측면의 파악이 행해져야 한다. 현상 파악은 사례를 대상으로 한 현장조사 · 설문조사 · 참여관찰 · 검사에 의하지만, 역사적 파악일 경우에는 문헌 · 과거의 통계 · 관계자에 대한 면접 조사와 같은 방법이 사용되게 된다(그림 3-1 참조).

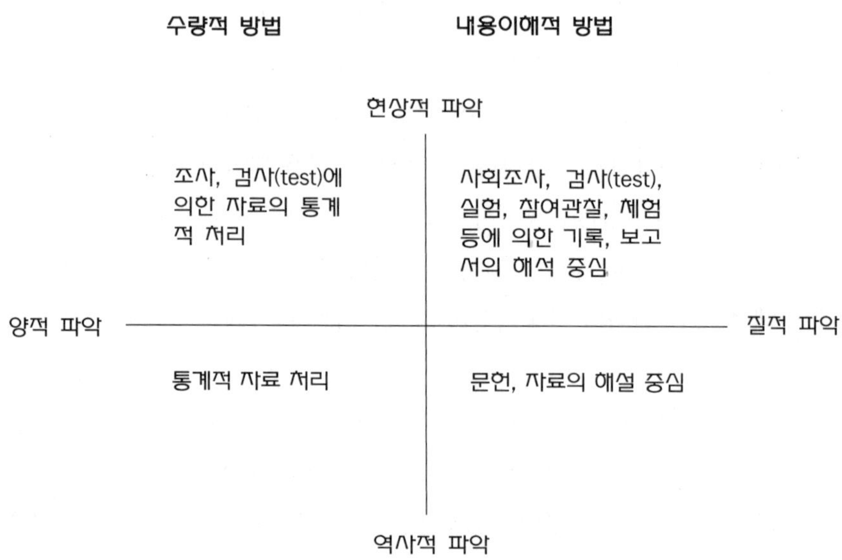

〈그림 3-1〉 **교육사회학의 연구방법 구조**

관행 · 관습의 영향 등을 현장에 깊숙이 파고들어 물어적(物語的)으로 기록하고 구성해서 현상을 특징짓고 있는 의미를 이해하고자 하는 방법이다. 구조-기능분석의 방법에 대한 비판이란 점에서 주목을 받게 되었으나 뒤르켐도 실시한 민속지적인 방법의 흐름으로 사회학에 있어서는 현상의 질적 파악이라는 점에서 중요한 의미를 가지고 있다. 교육사회학의 분야에서는 학교에서의 교육의 생활, 아동 · 학생의 생활, 수업 과정 등을 대상으로 해서 의미 부여 · 해석의 양상, 질서의 작용 등에 중점을 두고 사회학적 방법론이 전개되고 있다.

일반적으로는 분명한 것으로 되어 있는 일상적인 현상에서 볼 수 있는 상호작용의 관계와 수집된 자료는 적절한 방법으로 처리되어야만 한다. 자료처리 방법으로서는 일반적으로 논리적 해석법과 통계학적 수량화법이 알려져 있다. 논리적 해석법은 확립된 공리 혹은 이미 정설이 되어 있는 개념 · 이론을 근거로 비판, 기존의 자료와의 비교에 의한 비판, 이미 설정된 이념형과 가설에 의한 분류 · 추론과 같은 것이다. 통계학적 수량화법은 주로 컴퓨터에 의해서 기계적으로 처리하고 통계학의 공식에 따라 해석하는 방법이다.

이상의 방법 외에 문화인류학의 분야에서 사용되는 발상적 해석법을 들 수 있다. 그것은 대상으로 하는 사상에 대한 개별 자료가 갖는 의미와 각 자료와의 관련을 추론적으로 심화하고 내용적으로 공통되는 것을 결합시켜 새로운 개념을 발상해 내고 통일하는 조작을 거쳐서 최종적으로 자료 전체를 통합하는 해석—통일적인 발상을 유도해 내는 방법이다. 단순한 자료의 상호 관련에 대한 해석을 가해서 새로운 개념을 유도해 낸다는 점에 이 방법의 특징이 있다. 경험에 입각한 추론에 의해서 자료가 갖는 의미를 파악해서 자료의 상호 관련성을 짓고, 발상을 전개시킨다는 것이 이 방법의 기본이다. 카와키타(川喜田二郞)가 문화인류학의 방법으로 개발한 KJ법(아이디어 발상기법)은 발상적 해석법을 매뉴얼화한 것으로 일종의 귀납적 사고법이다. 발상적 해석법은 사회적 방법론의 수단 중 하나로 주목을 받고 있다고 해도 좋을 것이다(川喜田二郞, 1964).

연구방법의 실천

후설(Edmund Husserl)은 현실에 근접한 이론과 보편타당성의 기초로서 '생활세계'를 제시한 바 있다. 그에 의하면 생활세계는 단순한 자연 과학의 법칙이나 논리적 방법으로서는 그 깊이나 의미를 헤아리기 어려운 '의미기반'이 된다. 오늘날 인문사회과학이 규명하고 있는 의미기반의 본질은 대체로 사회 구성원들의 의사소통을 매개하는 언어 양식, 사회적 상호 관계에 참여하는 인간들의 상호주관성(intersubjectivity)에 대한 상호 인식과 태도, 그리고 문화적 전통의 전체에 의해 구성된다.

따라서 행위의 법칙으로서 어떤 목적의 필연성을 도출하기 위해 먼저 이 '의미기반'으로서의 생활세계에 접근하는 것이 요구된다. 이러한 경우에 문제가 되는 것은 무엇을 위하여 사회 과학은 생활세계에 접근하여야 하는가? 로 요약된다(황원영, 1984 : 107).

3. 교육의 위기시대와 교육사회학의 과제

교육사회학은 근대사회와 함께 성립되고 발전해 왔다. 교육사회학의 전개는 근대라고 하는 시대적 특징과 문제에 자극을 받아 방향이 설정되어져 온 것이다. 교육사회학의 방법에는 합리주의와 실증주의라는 근대사회의 특징이 확고히 스며들어 있으며, 그 내용은 근대사회가 안고 있는 교육상의 문제와 격투의 발자취다. 교육사회학의 연구자에 따라 문제와의 격투의 방법은 다채롭다. 어떤 연구자는 경제 성장에 공헌하는 교육의 방안을 연구하여 근대화를 추진한다는 입장에서 문제에 몰두하였다. 또 다른 연구자는 교육을 둘러싼 불평등과 학력주의의 폐해 등과 같은 문제에 몰두하면서 근대화의 과정에 의문과 비판의 화살을 던지기도 했다. 동일한 근대화의 과정에 몸담고 있으면서도 연구자가 제각기 각자의 입장에서 근대사회가 야기하는 문제에 다른 논쟁을 하는 것이 교육사회학의 내용을 다채롭고 풍부하게 해 왔다. 근대사회는 교육사회학 탄생의 모태요, 양육의 어버이라고 해도 좋을 것이다.

그런데 20세기 종반에 와서 교육사회학을 발전시켜 온 근대사회가 내포하고 있는 문제는 심각화의 도를 넘어서서 인류의 종말을 우려할 지경에 이르렀다. 근대사회는 과학 기술의 혁신과 자본주의적 생산 양식에 의해서 지구상 수많은 국가에게 경제적 번영을 안겨 주고 편리하고 높은 수준의 생활을 안겨다 주었다. 그러나 그 반면에 해결하기 어려운 많은 문제를 발생시킨 것이다. 그들 문제를 인간의 생존의 기반인 환경 오염 · 피폐와 인간사회의 존립에 있어 기초적 조건인 도덕의 황폐화로 대표된다고 해도 틀리지는 않다. 이들 문제는 근대화가 적극적으로 긍정하고 경제적 번영을 촉진시켜 온 자연 수확형의 산업유형과 욕망해방형의 생활양식에 대한 경계 신호로서, "기다려 온 메시지"라고 받아들여도 무방할 것이다. 적어도 그것은 18세기 말 이후의 근대화의 존재 방식에 대한 한계점을 시사해 주는 것으로 그 전환점을 촉구하는 것이라 할 수 있을 것이다.

산업과 생활양식의 전환을 촉구하는 근대사회의 상황은 교육의 영역을 침범하고 있어 위기라고 할 만한 사태를 출현시키고 있다. 우선, 근대화가 공동체적 관계를 붕괴시킨 것과 수반되어 가족, 지역사회의 교육력을 현저하게 쇠퇴시켰다. 개인주의적인 생활양식이 침투되고 미디어가 보급된 가운데 아동의 도덕감이 저하되고, 그들의 마음이 황폐화되고 있다. 교육제도가 확충되고 학교 시설 · 설비가 개선, 충실해지는 가운데 교육적 관계가 혼란스럽고, 폭력 사건이 빈번히 발생하고, 등교 거부가 급증하고 있어 수업 붕괴 현상까지 생겨나고 있다. 한편, 아동의 인권이 강조되는 가운데 아동학대도 증가되고 있다. 그 이면에는 아동을 소중하게 여기지 않는 모성과 아이를 출산하고 싶어하지 않는, 아이를 키우고 싶어하지 않는 젊은 여성층의 증가가 있다. 근대사회는 고도로 발전하게 됨에 따라서 교육을 점점 더 필요로 하고 있으면서도 실은 전체로서 교육력을 약화시키고, 미래에 대한 분명한 희망을 갖기 어렵게 하고 있는 것이다. 교육의 위기라 하지 않을 수 없다. 이러한 상황에 대해 교육사회학은 무엇을 해야만 할 것인가? 어떤 과제를 조직해야만 할 것인가? 미래의 교육과 사회에 대한 교육사회학의 과제는 많지만 여기에서는 긴급하다는 점에서 다음과 같은 점을 지적해 두고자 한다.

첫 번째로, 근대사회의 발전과 교육의 위기가 진행되는 것과의 관계를 명쾌하게 해명하는 것이다. 그 결과가 교육사회학을 길러 준 근대사회의 존립에 대한 엄밀한 비판, 고발이 될지언정 그것은 아동과 미래 사회를 위해 하지 않을 수 없다. 두 번째로, 근대화가 붕괴시켜 온 전통과 공동체적 관계의 인간 형성에 대한 역할, 의미를 재고한다는 점이다. 세 번째로, 근대화가 붕괴시켜 온 자연환경과 인간 형성과의 관계를 사회화의 면에서 명백히 하는 것이다. 네 번째로, 이상의 세 가지 점에 대한 검토를 포함해서 현실적인 교육문제 해결에 어떻게 공헌할 것인가? 도덕성이 확립된 공생공존형 사회 구축을 위하여 학교를 포함한 사회의 교육 체계는 어떤 것이 바람직한가와 같은 과제에 대해서 적절한 해답을 찾는 것이다.

전환이 촉구되고 있는 근대사회 속에서 교육사회학은 이상과 같은 과제에 대해서 적절하게 대응하기 위하여 기존의 연구 성과를 존중하면서 새로운 발전을 거듭할 것이 요구된다. 그 방향은 교육의 기초과학으로서의 이론적 · 방법론적 충실을 기하면서 첫째로 교육 현장과 직접 마주 하는 임상적 과학으로서, 둘째는 교육정책의 입안에 기여할 수 있는 정책과학으로서 각각 유용성을 높이는 것이다.

4. 교육사회학의 연구 대상

교육사회학은 일반적으로 「교육 현상을 사회학적으로 연구하는 경험과학」이라고 설명되어지고 있다. 「교육 현상을 사회학적으로 연구한다」라고 하는 것은 교육의 사회적 측면, 말을 바꾸어 한다면, 사회 현상으로서의 교육을 연구한다라고 하는 것을 의미하고 있다.

교육에는 〈그림 3-2〉에 나타나 있는 것처럼 철학적 측면, 심리적 측면, 사회적 측면의 3측면이 있으나, 교육사회학은 이 세 측면을 모두 문제삼지는 않는다. 철학적 측면은 교육철학, 심리적 측면은 교육심리학의 영역이고, 교육사회학은 사회 현상으로서의 교육을 주로 취급하고 있다. 덧붙여서, 교육철학과 교육심리학의 정의를 아래에 언급해 둔다.

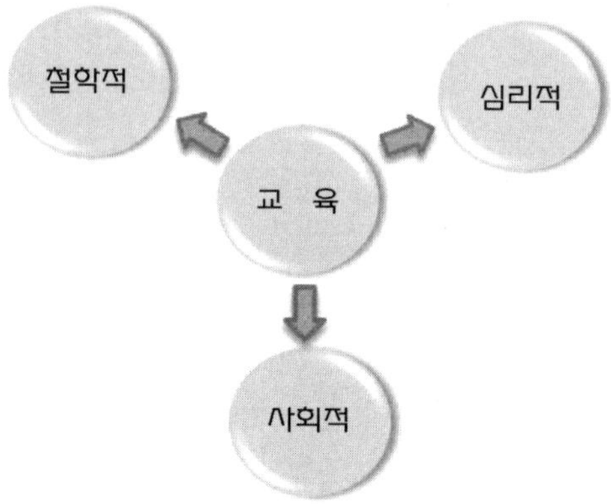

〈그림 3-2〉 **교육의 3측면**

교육철학의 정의

교육학에 있어서 철학적인 부분, 즉 교육의 문제를 철학적으로 조사 · 연구하는 분야다. 철학 일반이 교육학의 바탕을 북돋운다고 생각하고 구체적인 교육의 문제를 취급하는 것은 아니고, 존재론 · 인식론 · 가치론 또는 인간관 · 문화관을 일반적으로 탐구하는 것만으로 그치는 것과, 인간의 영위 혹은 문화 현상 가운데서 상대적으로 독자적인 측면을 교육이 취급하는 것으로 생각, 그것을 구명하는 것에 따라 교육학의 발전에 기여하려고 하는 것 등으로 알려져 있다.

교육심리학의 정의

넓은 의미로 교육과학의 일부이고, 교육과정의 심리적 측면을 연구 대상으로 하는 독자적인 연구 분야를 이루고 있다. 예로부터 교육 실천에 따른 반성적 고찰은 항상 교육과정의 인간 관계에 따른 심리적 측면으로부터의 고찰을 포함하고 있고, 사회적 측면으로부터의 성찰과 나란히 가장 기초적인 입장을 이루어 왔다.

5. 사회적 사실로의 교육

경험과학으로서의 교육사회학

교육사회학은 「경험과학이다」라는 것은, 사회 현상으로서의 교육을 자연 현상을 자연과학이 객관적으로 연구하는 것과 같이, 객관적 · 실증적으로 연구한다고 하는 것을 의미한다. 경험과학이라는 것은 경험에 기초하여 여러 가지의 사실을 관찰하고, 그 관찰 사실을 정리한 위에서 그 사실들의 상호 관계에 따른 가설을 세우고, 그것을 더욱더 경험적 사실에 비추어 검증하면서 일반적인 경험법칙을 수립하는 것을 목표로 하는 학문이다.

프랑스 사회학자 에밀 뒤르켐(Durkheim, Emile. 1858~1917)은 이것을 "교육현상을 사회적 사실의 하나로서 받아들인다"라는 말로서 표현하고 있다.

교육사회학의 과제

첫째, 개인과 사회적 가치

뒤르켐에 따르면, 사회학 고유의 과제는 개인적 사실은 아니고 사회적 사실을 연구하는 것이다. 이 「사회적 사실」이라는 말은 다음과 같은 두 가지 특성을 가진 것으로서 사용되고 있다.

- 개인에 있어서 외재적이다.
- 개인의 행위에 대해 구속성을 가진다.

뒤르켐은 이 사고 방식에 따라, 교육을 "개인의 외측에 있어 개인을 구속하는 일에 따라 사회적 가치를 내면화하는 작용을 지닌 것"으로 받아들이고 있다. 교육에는 교육을 하는 자(주체)와 교육을 받는 자(객체)라는 2가지 주체가 있는데, 뒤르켐 사고에 따르면, 객체를 구속하는 것에 따라 사회적 가치를 객체에 내면화시키려고 하는 것으로 파악하고 있다.

둘째, 사회화과정

사회적 가치를 내면화하는 것을 사회학에서는 「사회화」라고 한다. 뒤르켐은 교육이라는 것은 요컨대 「방법적」이라는 것은, 의도적 · 계획적 · 조직적이라는 의미라고 해석하고 있다.

"교육이라는 것은 성인세대가 사회생활에 미숙한 세대에 대해 영향을 미치게 하는 작용이다. 교육의 목적은 아이가 장래 참가하려는 곳의 사회나, 특정 사회집단 등이 요구하는 일정의 구체적 · 지적 · 도덕적 상태를 아동 중심으로 출현시키고, 동시에 발전시키는 일이다. 한마디로 말하면, 교육이라는 것은 젊은 세대의 방법적 사회화다"(Durkeim, 1922, 49).

셋째, 넓은 의미에서의 인간형성

교육을 단지 인간형성이라는 넓은 의미로 받아들인다면, 주체와 객체에 제각기 의도가 있는지 없는지에 따라, 〈표 3-1〉처럼 4가지 경우가 생각되어질 수 있는데, 뒤르켐은 교육을 주체와 객체의 쌍방에 의도가 있는 경우에 한정되어 있다.

교육사회학의 연구에 있어서도, 뒤르켐과 같이 「교육」이라는 말을 좁게 받아들이는 경우가 많은데, 실제는 〈표 3-1〉의 네 가지 모두가 교육사회학의 연구대상이다.

표 3-1 인간형성에 있어서의 상호작용

	주 체		
객체	의도	있다	없다
	있다	교육지도	감화
	없다	모범	영향

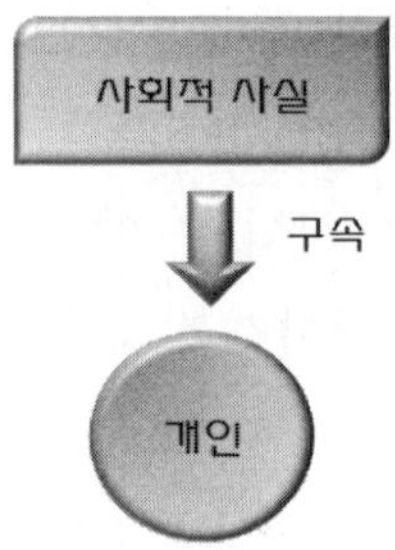

〈그림 3-3〉 **사회학의 과제**

6. 사회통제 수단으로서의 공교육

근대학교와 공교육의 의미

사회적 가치를 계획적 · 조직적으로 객체에 내면화시키기 시작한 것은 근대학교가 만들어지고 나서부터이다. 거듭 말한다면, 사회적 가치가 국가적 가치로서 인식되고, 그것을 국민에게 「방법적으로」 사회화하기 위해 제도화된 것이 근대학교다. 근대학교에서 행해진 「방법적 사회화」로서의 교육은 「공교육(public education)」 등으로 불리 우고 있는데, 「공」이라는 것은 거기서 사회화하려고 하고 있는 가치가 사적인 것은 아니고, 사회적 · 국가적 것이기 때문이다.

「공교육」이라는 것은 공교육의 받아들이는 방식에 있어서, 확정적이 아닌 부분도 있지만(예를 들면, 사립학교에 있어서 교육은 공교육이 아니라고 생각하는 사람도 있다) 일반적으로 다음과 같이 설명된다.

"오늘날은 공(公)의 성질을 가지고, 법률의 규칙에 의거하여 운영되고 있는 교육 조직의 일을 일반적으로 공교육이라 부른다. 그러나 근대에 성립한 공교육을 낳은 근거가 된 사상은 대체로 프랑스 혁명기를 중심으로 생겨난 것이라고 말할 수 있다. 혁명의 주체인 부르주아지 사상의 근원으로 공교육이라는 것은 모든 인간이 권리로서, 교회나 국가의 권력으로부터 간섭받는 일 없이, 진리를 배우면서 발달하는 것을 보장하기 위해 공비에 의한 공공 교육제도라는 의미였다. 하지만 이 사상은 실제로 제도로서 실현되지 않았다. 19세기 후반에 들어서서, 유럽 각국에서 국가주도가 기초가 되어 전국적인 규모로서의 의무 교육제도가 성립하고, 그것이 공교육이라 불려지게 되었는데, 이 경우는 모든 국민이 의무로서, 국민으로서 최저한 필요한 실용적 학력을 사회질서에 적응하기 위한 가르침을 받는 공공의 제도라는 성격이 강하다".

사회통제 수단으로서의 공교육

요컨대 교육이 국가에 의한 사회통제의 중요한 수단으로 근대적인 학문이 성립한 것이다. 역시 이 사회통제라고 하는 말도 교육사회학에 있어서 잘 사용되는 중요한 개념인데, 구체적 설명은 다음과 같다.

「사회통제」라는 용어는 질서와 안전성 유지에 관여하는 사회학적 논의의 한 측면의 것을 넓게 지적한다. 그것은 더 좁은 의미로 사용하여, 예를 들면 '법전 · 재판소 · 경찰'이라 하며, 질서를 유지하기 위해 여러 가지 전문기관의 일을 지시하는 일도 있고, 혹은 사회제도(social institutions)나 사회제도의 상호관련에 있어서

의논할 때, 그것이 특히 사회적 안전성에 공헌할 경우에 한해서 예를 들면 법적제도, 종교제도, 정치제도와 같이 사회제도를 범주화하는 데에 이용되고 있는 것도 있다. 사회통제는 사회학적 논의의 근본적 주제의 하나이고, 안정성과 변동의 성질이나 원인에 따라 논의될 때는 언제나 나오는 용어다. 사회 인류학자들 사이에는 최근 사회통제의 공식기관을 뚜렷이 가지고 있는 경우도 있지만, 단순 사회의 비교에 논의의 초점이 한정되어져 오고 있다.

학교의 역할

공교육의 목적은 위에 기술했듯이, 사회적 · 국가적 의도의 실현이지만, 그것만은 아니다. 즉 학교에 기대되어지는 역할은 국가나 시대에 따라 다르게 되어있다. 그것을 교육목표라는 점에서 받아들인다면 세계 각국에 있어서 학교의 역할은, 저마다 국가의 사회적 · 문화적 전통이나 정치체제, 사회 · 경제의 발전 단계에 따라 대략 다음과 같은 네 가지 유형으로 분류할 수가 있다.

첫째, 개인의 희망이나 적성을 존중하는 것과 함께 실생활의 요청을 고려하며, 사회에서 쓸모 있는 직업인을 양성하는 일

둘째, 모든 국민에게 교육의 문호를 개방하고, 학교와 산업을 밀접하게 결합하여, 국가의 요청에 기초한 생산기능자, 기술자를 양성하는 일

셋째, 지식의 주입과 인격도야를 중시하여 교양인을 양성하는 일과 직접 직업인을 양성하는 일

넷째, 계발된 국민과 경제 발전에 기여할 수 있는 인재를 양성하는 일

이상과 같은 네 가지 유형 가운데, 첫째는 국민의 각층에 교육의 기회를 균등하게 부여할 민주적인 교육제도의 기초에 있어서 학교의 역할이고, 아메리카 합중국이 그 대표적인 예다. 제2차 세계대전 후의 우리 나라 학교도 이 유형에 속한다고 해도 좋을 것이다. 둘째는 소련이 대표적인 유형이다. 셋째는 모든 유럽형으

로, 학교가 다른 역할을 가진 다른 계통으로 분화하고 있는 것이다. 넷째는 선진국 수준에 조금이라도 빨리 도달하는 것을 국가 목표로 하며, 모든 개발 도상국에 있어서의 학교 역할이다.

이러한 유형은 결코 고정적인 것은 아니다. 학교 역할은 그 학교의 주어진 사회나 시대 상황에 따라 다르다. 그러나 교육이 얼마간은 사회적 또는 국가적 의도를 실현하려고 하는 사회적 사실이라는 점에서는 공통되어 있는 것이다.

7. 의미부여 작용으로서의 교육

교육의 주체 · 객체의 상이함

교육은 위에서 기술했듯이, 사회통제의 수단으로서의 방법적 사회화다. 이것은 다른 말로 한다면, 교육은 사회적 · 국가적 가치를 부여하는 작용이라는 것이 된다.

그러나 이것만으로는 교육 본질의 모든 것을 말해 버렸다고는 할 수 없다. 교육이 가치부여 작용이라는 것은 어디까지나 가치를 내면화하는 것이라고는 할 수 없다. 교육의 의도가 A라는 가치를 부여한다고 하더라도, 객체쪽은 그 가치를 꼭 내면화한다고는 할 수 없는 것이다. 무슨 까닭일까.

그것은 예를 들어 A라는 가치의 내면화가 의도되어 있었다고 하더라도 교육을 받는 자들이 그 가치나 가치부여 과정(결국 교육의 과정)으로부터 독해하는 의미나 그것에게 주관적으로 부여하는 의미는 한결같지는 않기 때문이다. 교육이라는 것은, 이렇게 단순히 가치부여 작용인 것만은 아니고, 의미부여 작용도 있는 것이다. 이렇게 받아들이는 방식은 「상징적 상호작용(symbolic interaction)」이라고 불리어진다. 다음에 상징적 상호작용의 설명을 언급하고자 한다.

상징적 상호작용이라는 것

"인간이 사용하는 모든 기호는 의미를 가지고, 또 생활환경을 구성하는 모든 사물에 인간은 의미를 해독하고, 주관적으로 의미를 부여한다. 결국 인간에게 모든 대상은 주관적으로 해석된(의미 붙여진) 의미를 가지고 있다. 모든 것이 상징성을 가진다고 하는 것이다. 역으로 보면, 인간의 모든 행위는 대상과 의미를 교환하는 것에 지나지 않는다. 인간의 행위 가운데서 압도적으로 많은 것은 사회적 행위, 다시 말하면, 인간관계적 행위라고 한다면 결국 인간의 행위는 상징(의미)을 매개로 한 상호작용이 된다. 상징적 상호작용이라는 개념은 이런 인간행위의 특징에 주목했으며, 최근 아메리카의 사회학, 사회심리학의 어떤 새로운 흐름 가운데 이론화된 것이다. 미드(G. H. Mead)를 시조로 하여 로즈, 부르마 등에 의해 발전되어진 이 이론은, 상징을 매개로 하여 한 의미적 행위로서 인간의 사회적 행위를 받아들이고 자아와 사회의 관계형성에 접근을 시도한다. 아메리카에서 뿌리깊은 제도이론, 균형론에 대한 대립명제(Antithese)다".

오늘날, 교육 현장에서 생겨나는 여러 가지의 교육문제는 위와 같은 상징적 상호작용이라는 관점에서 받아들여져 가는 것도 중요할 것이다.

Journal (3)

제 4 장

사회변동과 교육

1. 사회변동의 원인과 과정
2. 사회변동의 효과와 영향
3. 사회변동에 따른 교육의 역할

1. 사회변동의 원인과 과정

사회변동은 사회의 구조(social structure)와 사회관계(social relationship)가 변화해 가는 것을 말한다. 사회관계 혹은 사회구조는 사회를 이룩하고 있는 여러 가지의 요소들이 서로 결합하여 있는 유형이다. 계급구조, 권력구조, 경제구조 등은 그 예들이다. 일정한 연령층의 분포, 출산율의 변화, 노동조합의 출현으로 노동자와 고용자의 관계 변화, 핵가족의 출현에 따른 남편과 아내의 지위 및 역할의 변화 등은 사회의 구조 및 관계의 변화를 나타내는 사회변동의 모습들이다.

사회변동은 발명, 발견 및 이들의 전파에 의하여 일어난다. 발견은 이미 존재하고 있는 사실이나 관계의 인지다. 혈액순환이나 만유인력과 같은 것은 발견이다. 발명은 기존의 문화적 관념을 새롭게 이용하거나 새로이 종합하는 것이다. 20세기에 발명된 것이라도 관념적으로는 이미 오래 전부터 인류사회에 존재하였다. 이런 의미에서 볼 때 새로운 발명이라 할지라도 완전히 독창적인 것은 아니다. 가령 텔레비전은 진공관과 전파 조절장치 등 이미 존재하고 있었던 기술들은 종합적이고 독창적인 사고를 한 결과인 것이다.

발명이나 발견이 한 사람의 개인에서 다른 개인으로 또는 하나의 사회에서 다른 사회로 전달되어 가는 것을 전파(diffusion)라고 한다. 전파는 새로운 발명이나 발견이 전달되는 과정이기 때문에 주는 쪽과 받는 쪽의 이중과정이다. 또 여러 가지의 새로운 것을 모두 받아들일 수는 없고 자기들에게 필요한 몇 가지를 받아들이기 때문에 선택적이다. 미국의 백인은 인디언에게 말과 가축, 무기 등을 주었고 ,인디언으로부터 감자, 담배, 카누 등을 받아서 이와 관련된 기술을 배웠다. 발견, 발명, 전파는 기존의 사회에 새로운 것을 추가한다는 점에서 사회변동을 초래하는 요인이 된다. 이와 같이 타문화가 전파되면 서로 다른 문화가 접촉함으로써 본래의 문화유형이 달라지게 되는 문화접변(acculturation) 현상이 일어나게 된다. 따라서 문화접변 현상이 나타나면 그 사회의 문화는 해체되거나 재구조화된다.

그러나 우리는 아직도 발명이나 발견이 일어나는 원인이 무엇인지 물을 수 있다. 이런 면에서 볼 때, 발견이나 발명은 사회변동이 일어나는 과정이기는 하지만 사회변동의 원인은 아닌 것이다. 원인은 예상하고 있는 결과를 초래하는 필요하고 충분한 조건이다. 그러므로 우리는 다음과 같이 물을 수 있다. 발명과 발견이 일어나는 이유, 즉 사회변동의 원인은 무엇인가? 이 문제에 대하여 학자들은 아직 뚜렷한 하나의 이론을 제시하는데 의견의 일치를 보지 못하고 있다. 프로테스탄트의 윤리와 같은 정신적이고 관념적인 것이 문명발달의 원인이라고 하는 이론으로부터 기후 조건이 사회변동의 원인이라는 이론에 이르기까지 여러 가지다(Weber, 1958; Huntington, 1915). 이런 다양한 이론 가운데서도 사회변동에 관심 있는 학자들이 의견을 모으고 있는 점이 있다. 그것은 사회변동이 어느 하나의 요인에 의하여 일어난다고 보기보다는 복합적인 몇 개의 요인들이 서로 얽혀서 나타나는 현상으로 보는 점이다. 이제 이러한 몇 개의 요인들을 분석하고자 한다(Horton & Hunt, 1968).

외국문명과의 빈번한 접촉은 사회변동을 가지고 온다. 교통의 요지에 위치하고 있어서 다른 사회와 접촉이 빈번했던 지중해와 중앙아시아의 여러 나라들은 찬란한 문명의 꽃을 피웠다. 우리나라 조선시대의 근대화가 늦은 것은 아마도 조선조 말엽의 쇄국정책에도 많은 원인이 있을 것이다.

현존하는 문명의 수준, 즉 과거로부터 내려오는 지식이나 기술의 축적이 변동을 가지고 오는 원동력이 된다. 이 이론은 특히 오거번(Ogburn)의 연구에 의하여 널리 알려졌다(Ogburn, 1922 : 150~190). 옛날 희랍의 아리스토텔레스가 풀지 못했던 수학 문제를 오늘날 평균 수준의 학생들이 척척 풀어 나가지만 그것은 그들이 아리스토텔레스보다 우수해서라기보다 그 동안 축적된 지식의 덕택일 것이다. 사실 라디오가 발명된 사회에서 텔레비전을 발명해 내는 것은 그리 어려운 일이 아니지만 라디오의 발명 없이 텔레비전의 발명은 불가능하다. 이러한 이론은 현재 축적되어 있는 과학 및 문화의 수준이 앞으로 계속적인 변동 원인이 된다는 것을 시사하고 있다.

사회구조와 사회구성원의 태도 및 가치관도 사회변동의 속도에 많은 영향을 준다. 사회의 정치, 경제, 종교, 학문 등 사회의 여러 부분이 구조적으로 서로 얽혀 있는 경우에는 덜 얽혀 있는 사회보다 변화가 느리다. 예를 들면, 종교, 결혼, 직장, 학교, 가족 등이 서로 밀접하게 얽혀 있는 사회에서는 종교나 학교 등이 변하려 해도 다른 요소들이 저항하기 때문에 변하기가 어렵다. 전통적인 인도사회는 사회생활이 계급제도와 얽혀 있었기 때문에 사회변동이 나타나기가 어려웠다. 그러나 미국사회는 요소들이 각각 분화되어 있기 때문에 변화는 그만큼 저항을 덜 받는다.

또 사회구성원의 태도나 가치관이 얼마나 권위주의적이고 폐쇄적이냐? 또는 민주적이고 개방적이냐? 하는 것도 사회변동의 속도에 영향을 미친다. 권위주의적이고 폐쇄적인 사회에서는 새로운 변동이 잘 전파되지 못하는데 비하여 개방적이고 비판적인 민주사회에서는 새로운 변화가 환영받는다. 반면 유교적인 사회는 연령에 권위가 부여되고 과거를 존중하는 과거지향적인 사회이어서 새로운 변화가 나타나기에 적합지 않다.

사회변동은 사회가 새로운 변동을 얼마나 절실하게 인지하느냐에 달려 있다. 사회가 필요를 심각하게 느끼면 느낄수록 주의를 집중하며 사회변동은 촉진된다. 제2차 세계대전 중 맨해튼 프로젝트(Manhattan Project)에 의해 원자탄이 발명되었다. 또 1073년부터 세계를 휩쓸고 있는 석유파동, 산업화의 진전에 따른 화석원료의 과다사용으로 인한 환경오염과 대기오염 등은 새로운 에너지 개발을 위한 법률이 만들어졌으며, 그린라운드(GR : Green Round)에 의한 무역보복이 가속화될 전망이다. 따라서 가까운 미래에 새로운 에너지원이 개발될 것이 기대된다.

이상과 같이 외부문화와의 접촉, 현재의 문화수준, 사회구성원의 가치관이나 태도 및 특수한 문제해결을 위한 사회구성원들의 집중적인 노력 이외에도 자연환경의 변화, 인구의 증가, 새로운 자원의 공급 등이 사회변동을 초래한다. 한발, 수해는 사회를 파멸로 이끌기도 하고, 중동지방의 석유자원은 정체되어 있던 중동세계를 급격하게 변화시키기도 한다. 뿐만 아니라 인구의 증가는 이민, 사회구조, 학교, 상품의 수요공급에 심각한 영향을 미친다.

2. 사회변동의 효과와 영향

위에서는 주로 사회변동의 원인과 그 과정에 대해 고찰하여 보았다. 사회변동과 같이 복잡한 문제는 몇 가지 요인들이 한데 얽혀져 일어나는 다변인적인 현상(multivariate phenomenon)이다. 오늘날 한국사회에서 경험하고 있는 외부문화의 영향, 과학기술의 발달과 보급 및 농업사회로부터 산업사회로, 다시 정보화 사회로의 전환 등으로 미루어 보아 한국사회가 앞으로도 계속 변동을 경험할 것으로 예상된다.

사회변동을 고찰하는 주요한 이유 중 하나는 이러한 급격한 변동이 우리의 생활에 어떤 영향을 줄 것인가 하는 문제다. 사회변동이 부분적으로 나타날 때에는 문화적 지체 때문에 사회에 긴장과 갈등을 초래하고 사회적 및 개인적 해체를 가져오기 쉽다. 또 이미 가지고 있는 지식과 기술을 무용하게 만들어 청소년 문화를 발생시키는 요인이 될 수 있다.

모든 사회변동은 다음과 같은 특징을 가지고 있다.

첫째, 사회변동은 사회의 모든 구성 부분에서 똑같이 일어날 수는 없다. 외부문화의 접촉이나 과학기술의 영향을 많이 받는 부분이 먼저 변하고, 그렇지 못한 부분이 나중에 변한다. 즉, 농촌, 노인, 인간의 정신적인 면 등은 잘 변하지 않고, 도시인, 젊은이 등은 빨리 변한다. 이것을 사회변동의 부분성이라고 한다.

둘째, 사회변동은 부분적으로 찾아오면서도 일부분에 변동이 나타나면 그것은 반드시 다른 면에 영향을 미친다. 경제부분의 변화는 경제에만 영향을 미치는 것에 그치지 않고 예술, 문화, 도덕, 정치 등 여러 부분에 영향을 미친다. 이것을 사회변동의 역동성이라고 한다.

사회변동의 상이한 속도, 부분성 및 역동성으로부터 갈등과 긴장의 원인을 찾을 수 있다. 급격한 사회변동으로 인한 갈등과 긴장의 크기는 변화의 속도와 변화가 얼마나 부분적인가에 달려 있다. 만약 변화가 사회구성원들 사이에 똑같은 비율로 나타난다면 변화로 인한 갈등과 긴장은 심하지 않을 것이나 변화가 부분적이면 의견의 불일치가 생기고 긴장이 싹틀 것이다. 그러므로 변화가 부분적이면 부분적일수록 갈등은 커진다는 가설을 세울 수 있다.

다음은 변화의 속도다. 변화의 속도가 빠르면 빠를수록 변화로 인한 갈등과 긴장은 커진다. 변화는 가치관이나 행동양식, 의견이 달라진다는 것을 의미하기 때문에 변화가 빠르면 빠를수록 의견의 차이도 커질 것이기 때문이다. 그 예로 우리는 경제 성장의 속도를 들 수 있다. 경제 성장이 이룩되는 과정에서 그 자체가 사회불안이나 불만의 한 원인이 될 수 있다. 사회구성원의 경제 능력은 동일한 비율로 성장하지 않고, 대개의 경우 일부층에서 먼저 빠른 소득의 증가가 나타나고 그것이 사회로 전파된다. 그러므로 적어도 경제가 성장하는 과정에서는 빈부의 차이가 더 커지고 이로 인한 갈등과 불만이 커지기 쉽다. 그리고 속도가 빠르면 빠를수록 더 심할 것이다. 올슨(Olson)은 경제 성장이 사회불안에 미치는 요소를 다음과 같이 적절히 요약하고 있다.

- 경제 발전은 가족, 씨족 및 계급과 같은 전통적인 사회집단을 붕괴시키고, 가족과 씨족의 속박에서 벗어나서 혁명이 용이한 환경에 놓인 개인을 증가시키고,
- 현존하는 사회질서에 불안정하게 동화되고 적응해 있는 벼락부자를 만들어내는데 이들은 대개의 경우 그들의 경제적 능력에 상응하는 사회적, 정치적 권력을 장악하려 하므로 긴장이 따르고,
- 사회적 유대를 약화시키는 지리적 이동성을 증가시키는데 특히 농촌에서 도시고 이동이 촉진된 결과, 소외와 정치적 극단주의의 한 원인이 되고,
- 생활수준이 낮은 사람의 수를 증가시킴으로써 빈부의 차이를 증가시키고,
- 많은 사람들의 수입률을 절대적으로 증가시키거나 상대적으로 감소시키므로서 현존 질서에 대한 불만을 증가시키며,
- 투자의 증가를 위하여 일반적으로 사회는 소비절약 운동을 벌리는데 이것이 대중의 불만의 한 원인이 되고,
- 문자해독률, 교육, 매스컴에 대한 노출이 증가하는데 이는 그들의 능력을 넘어서

는 꿈을 꾸게 하고,

- 투자와 소비의 분배에 있어서 지역적, 인종적 갈등을 증가시키고,
- 집단조직이 강화되어 정부에 대한 여러 집단의 요구는 증가하지만 정부는 그들의 요구를 충족시킬 능력이 없는 경우가 많다(Olson, 1963 : 532; Huntington, 1968 : 290).

급격히 변하는 사회에서 구성원이 직업과 관련하여 과거에 배웠던 기술이 새로운 이론과 기술의 출현 때문에 무용하게 되는데, 이때 신기술을 재빨리 습득하지 못하는 사람은 무능한 인간이 되어 버리기 쉽다. 급격한 변화가 없었던 사회에서는 어렸을 때 배운 것들이 머지않아 낡은 것이 되어 버리는 경우를 흔히 볼 수 있다. 가장 간단한 예로서 최근 초등학교의 개정된 교육과정에서 배우게 된 집합의 이론이나 컴퓨터 언어에 필요한 선형대수학(lineal algebra)의 도입, 사회과학에 자연과학적 연구 방법의 도입 등을 들 수 있는데, 이러한 내용을 배우지 못한 기성세대는 사회나 자신이 속한 집단에서 무능한 인간으로 취급된다.

사회변동에 따라서 소용없이 낡아지는 것은 기술적인 것에만 한정된 것은 아니다. 어렸을 때, 배운 가치관이나 행동과 관련된 사고방식 등 정신적인 면도 변화되는 사회에서는 유용한 것이 되지 못하는 경우가 많다. 환경의 변화는 필연적으로 정신생활의 변화를 가져오기 마련이다. 농업사회에서는 연륜이 쌓임에 따라서 생기는 교육수준의 향상 등이 인간의 자율성과 병행되기 때문에 자율성이 사회질서 유지의 기초가 되었다. 따라서 복종을 높이 평가하는 교육자가 자율성을 존중하는 시대의 학생들과 대화할 때 긴장과 갈등이 발생하는 예를 주위에서 가끔 볼 수 있다. 자율을 위한 권위에의 도전은 우리 주위에만 있는 현상이 아니다. 1960년대에 세계의 거의 대부분의 지역에서 새로운 세대는 대학교, 가정의 부모들, 미국의 법질서, 구소련의 공산당, 심지어 로마 가톨릭 교회에 이르기까지 기존의 권위라고 생각되는 모든 것에 대하여 의문을 제기하고 도전하고 경멸하며 거부하였다(Benson, 1968 : 17).

우리는 이러한 현상을 단순한 무질서라고 해석하기보다는 여러 가지 명분으로 사회의 구성원들을 명령하고 통제하고 하는 방식에 대한 항거를 해석해야 할

것이다.

문화의 여러 가지 측면들은 서로 밀접한 관련을 가지고 얽혀 있기 때문에 그 중 한 부분이 변하면 문화의 유대관계가 약하게 된다. 이것을 사회적 해체(social disorganization)라고 한다. 사회적 해체상태 아래서 사람들은 사회가 나아가야 할 방향 의식과 인생의 일관성있는 목적 의식을 상실한다. 또한 사회의 규범이 약화되어 통제력을 잃고, 보통 때에는 억제하고 있는 욕망을 비정상적인 방법으로 달성하려는 등 도덕적 의식이 희박하게 된다. 이러한 상태를 아미노(anomie)현상이라고 말한다.

미국의 인디언과 물소와의 관계는 흥미 있는 사례다. 물소는 인디언들에게 있어서 먹이와 은신처로서의 집과 옷감을 위한 가죽을 제공할 뿐 아니라 물소의 사냥은 인디언 세계의 영웅을 만들고, 입신출세의 경로가 된다. 또 물소는 종교생활의 의식과도 깊은 관계를 가지고 있다. 물소가 없었다면 인디언들은 물질적으로 고통을 받았을 뿐 아니라 정신적으로 생활의 의의를 잃게 되었을 것이다. 이 점에 착안한 미국의 백인들은 물소를 없앴으며 결국 인디언 사회를 붕괴시켰다(Sandoz, 1954). 사회변동은 사회적 해체를 유발하기 쉽다. 사회적 해체는 전통적 통제의 약화, 역할갈등, 도덕적 혼란을 수반한다. 사람들은 일관성 있는 가치체계를 내면화하는데 실패했고 행동에 대한 통제력을 상실했다. 이렇게 해서 멸망한 사회는 인디언 이외에도 세계 역사상 얼마든지 있을 것이다.

3. 사회변동에 따른 교육의 역할

사회변동은 가치관의 변동, 사회적 해체 및 문화적 지체 등으로 안정적인 사회생활을 방해한다. 변화가 가하는 충격을 되도록 적게 받으면서 단기간에 적응할 수 있는 교육을 실시함으로써 변화가 미치는 바람직하지 못한 영향을 어느 정도 극복할 수 있을 것이다.

교육은 변화의 충격을 줄이기 위하여 되도록 전통적인 것과 새로운 것의 균형을 취하여 가르칠 필요가 있다. 급격히 변동하는 사회에서 학교가 너무 전통적인 가치관만 고집하는 경우 혁신이 말살되어 변화에 적응하지 못하게 되고, 사회구성원들은 갈등을 느끼게 되어 사회는 불안과 긴장에 휩싸이게 된다. 이러한 문화적 지체가 매우 심각해지면 사회는 점진적 수정이 불가능해질 정도로 전통적 규범 및 가치관과 새로운 것 사이의 갈등이 증폭되어 사회는 혁명과 반혁명의 연쇄적 악순환 상태에 돌입하는 경우가 생긴다. 한편 변화에 적응하지 못한 사회는 외부의 압력으로 문호가 개방되었을 때 붕괴되기 쉽다. 조선왕조가 망한 것은 이러한 예로 볼 수 있다. 조선왕조가 망한 이유를 적절한 사회화 과정의 결핍이라는 교육사회학적인 면에서 고찰하면 퍽 흥미 있는 연구가 될 것이다.

그러나 반대로 사회가 갑자기 새로운 것만 강조하는 경우에도 사회화의 결핍이 발생하여 사회조직이 붕괴할 위험성이 있다. 사회에는 사회구성원 대부분이 동의하는 기본적인 규범과 가치관이 있어 이질적인 개인을 사회의 지배적인 행동양식이나 가치관으로 끌어들여 개인을 통제하고 통합할 수 있다. 전통적인 규범과 새로운 규범 사이의 단절은 이것을 불가능하게 한다.

학교는 기본적인 사회화의 역할이 흔들리지 않을 만큼 전통적인 문화유산을 전달하고, 한편으로는 문화적 지체가 나타나지 않도록 현실적인 것을 가르침으로서 변화의 충격을 줄일 수 있다. 학교가 문화유산의 전달과 변동의 촉진이라는 두 개의 상반된 기능 면에서 적절한 균형을 취할 때 교육은 현존하는 체제 속에서 점진적인 변화를 모색하는데 도움이 된다. 부분적으로 일어나는 변화를 되도록 사회에 전반적으로 일어나게 전파시킴으로써 변화에서 오는 갈등을 최소화시킬 수 있다. 갈등은 변화하는 과정에서 오는 의견의 차이에 주로 기인한다고 보는 것이므로 변화가 급격하게 나타나지 않는 전통사회에서나 또는 근대화가 달성된 서방국가에서는 변동이 심한 사회보다 갈등이 작다.

변화가 전 사회에 전파되게 하기 위해서는 매스컴의 역할이 크다. 신문, 라디오, 텔레비전 등은 어떤 변화가 일어나고 있는가를 전체 사회구성원에게 알려줌으로써 부분적인 변화가 사회 전체의 변화로 되도록 해 주므로 긴장과 갈등의 해소에 도움이 된다. 여기에서 우리는 결국 사회교육의 중요성을 인정하게 된다.

교육은 변화에 적응할 수 있는 능력을 기르는 데에 힘써야 한다. 사회가 급격하게 변하는 경우에는 하나하나의 사실이나 구체적 지식을 가르치는 것은 별 도움이 되지 않는다. 그러한 지식은 변동이 없는 농업사회에서 유용하다. 지식의 본질은 과거에 경험한 것을 그대로 재생하는 것이므로 지식의 활용은 그 지식이 필요했던 환경이 그대로 나타나지 않을 경우 활용할 수 없다. 또 망각하기도 쉽다. 따라서 구체적인 사실에 대한 지식보다는 생각하는 힘을 길러 주어야 한다. 이것을 일반적으로 비판적 사고력 또는 문제해결력(critical thinking or problem solving ability)이라고 부른다. 이를 위해서는 구체적 사실이나 지식, 특수한 가치나 행동양식보다도 일반적인 원칙(generalization), 기본적 가치(basic values norms) 및 개념(concepts), 의사결정력(decision making) 등을 가르쳐야 한다(Hunt & Metcalf; Banks, 1990; Martorella, 1991). 이러한 수업의 형태가 발견학습법(discovery method), 탐구학습(inquiry learning), 개념학습(concept teaching)으로 불려진다.

가장 급격한 변동의 한 예로 자동차를 보자. 자동차의 보급은 청소년들에게 어른의 감독으로부터 쉽게 벗어나는 기회를 가져와 청소년의 프라이버시를 증가시켰는데 이는 전통사회에서는 찾아보기 어려운 일이다. 이러한 상황이 청소년의 성에 대한 자유분방한 태도를 발전시키는 한 원인이 되었으며 이러한 경우에 전통적인 남녀관계의 엄격한 규범을 강조해도 소용이 없다. 그 대신에 남녀관계에 대한 기초적 규범의 가치를 이해시켜 학생들로 하여금 바람직한 남녀관계를 스스로 체득하게 하는 것이 필요하다.

변동하는 사회는 새로운 학교의 출현을 요청하고 있다. 학교에는 두 가지의 개혁이 시도되기 시작했다. 하나는 학교 안에서의 개혁(reform within formal schooling)이요, 또 하나는 정규의 학교를 도외시하려는 개혁(reform without formal schooling)이다. 학교 안에서의 개혁은 다시 개념학습, 모방학습 및 일반적 원칙의 교수, 공개학교 및 초학과 조직의 개편을 들 수 있다. 이들 중 개념학습, 모방학습 및 일반적 원칙의 교수는 과거에 중요시되었던 구체적 사실의 공통점이나 차이점을 분류하여 범주화시킴으로써 몇 개의 개념을 가르치거나 (사회계급, 국가권력의 정당성 등) 문제의 파악-가설의 설정-자료수집-자료분석-결론의 절차를 걸쳐 일반적 원칙의 파악에 중점을 두는 수업의 형태다.

초학과별 조직은 특히 고등교육기관의 개혁이다. 학문적 영역을 중심으로 학과별로 조직되어 있는 학과단위(departmentization)는 학과별 그 사이에 존재하는 장벽 때문에 학문적 고립을 가져올 뿐 아니라 현대사회가 당면하고 있는 문제를 다루기가 적합하지 않다. 따라서 변동하는 사회에서의 문제를 해결하는 능력을 기르기 위해 학제적 연구방법(interdisciplinary approach)이나 초학과별 연구소(trans-departmental institute), 학부제 중심으로 대학을 개편하려고 하는 것이다. 개방학교(open school)는 비공식학교(informal school) 또는 자유학교(free school)라고도 하는데 학교에서 하는 획일적 교육 대신 개인학습과 교육과정의 적합성(relevance)에 중점을 두어 자유로운 분위기에서 학습하는 형태를 취한다. 영국의 닐(A. S. Neill)에 의한 섬머힐(Summerhill)이나 오늘날 미국에 있는 많은 자유학교들은 이러한 경향을 나타내고 있다(Neill, 1960).

자유학교가 그 교육의 원리로 내걸고 있는 원칙의 하나는 명령과 지도 대신에 대화를 통한 학습이다. 학교는 학생이 스스로 적극적으로 참여하지 않는 한 충분한 교육적 효과를 거둘 수 없다. 대화는 바로 이러한 적극적인 참여를 뜻한다. 대화는 교사와 학생의 쌍방이 평등해야 한다. 불평등한 경우 대화가 성립할 수 없다. 또 대화는 대화를 하는 양쪽이 모두 관심 있는 문제를 가지고 있을 때에 성립한다. 한쪽에만 관심 있는 문제는 대화를 성립시키기 어렵다. 대화는 사랑과 이해를 기본으로 해야 하며, 사랑과 이해가 없는 어떠한 관계도 마음속으로부터의 협조를 기대하기 어렵다. 대화는 비판을 전제로 한다. 비판이 허용되지 않는다는 것은 이러한 민주사회의 기본적인 가치관을 무시하는 것이다. 이런 상황에서는 대화가 성립할 수 없다.

끝으로 전통적인 학교교육을 떠난 교육개혁운동으로 탈학교운동(deschooling movement)과 사회교육(adult education)을 들 수 있다. 멕시코에 있는 일리치(Ivan Illich)의 연구소(CEDOC)에는 세계 각국의 많은 교육 비판가들이 모여 약 6주간의 세미나를 개최하면서 형식적인 학교교육체제가 지양되어야 한다고 주장했다(Illich, 1970;

1~36). 또 정규의 학교교육을 보충하거나 정규 학교교육에서 하지 못한 부분을 위하여 가정교육, 직장의 재교육, 매스컴, 노동자교육, 청소년교육, 부녀교육 등을 내용으로 하는 사회교육 또는 평생교육의 중요성이 커지고 있다.

Journal (4)

제 5 장

학교와 문화

1. 문화이론과 교육의 과제
2. 문화와 학교문화

1. 문화이론과 교육의 과제

문화와 문화이론

문화라는 것은 "상징 행위"(White, 1979), "전 인류의 기억"(Bierstedt, 1963), "사회의 성원으로서 획득한 지식 · 신앙 · 예술 · 도덕 · 법률 · 풍습 및 기타의 기능, 관습 등을 포함하는 복합적 전체"(Tyler, 1871), "상호작용하는 사람들이 소유하는 의미 · 가치 · 규범의 전부와 이러한 의미들을 객관화하고 사회화하고 전달하는 매체의 전부"(Sorokin, 1947)라고 정의된 반대로, 개념 정의 자체가 문화라는 문제해결의 실마리를 풀어 내기 위한 한 매듭으로 수렴한다기보다는 오히려 도저히 풀어 내기 어렵게 헝클어진 실꾸러미와 같은 것의 존재에 대한 인정과 긍정으로 이어지는 문제의 확산으로 귀착되고 있다.

그러면 문화란 무엇인가? 문화가 개인과는 어떤 관계에 놓여 있는가? 흔히 혼용되고 있는 문화와 사회와의 차이는 무엇이며, 양자는 어떤 관계에 놓여 있는가? 이러한 질문들은 무수한 학자들이 해답을 구하려고 노력해 온 것으로서, 삼자, 즉 문화 · 개인 · 사회의 각각의 개념과 관계들에 관한 논의는 문화인류학을 논의하는데 필요하고도 지극히 유용한 것이라고 생각된다.

문화를 보는 서로 다른 입장들을 살펴보면 크뢰버(A. Kroeber), 베네딕트(R. Benedict)의 유형론(통합체론)과 말리노브스키(B. Malinowski), 기어츠(C. Geertz)의 맥락론(contextualism)으로 나누어 생각해 볼 수 있다.

먼저 유형론(configurationalism)의 입장에서 문화의 개념을 파악하는 작업들을 전개해 보기로 하자. 유형론자들은 일상 생활에서 일어나는 제반의 사건들에 관심을 두기보다는 역사적으로 도출될 수 있는(Kroeber), 또는 심리적으로 무의식의 상태에까지 소급이 될 수 있는(Benedict), 또는 심층적인 사고의 구조에서 표출될 수 있는(Levi-Strauss), 구체적이 아닌 추상적인 덩어리로서 문화를 규정하고 있다.

즉 크뢰버의 초유기체(superorgnic) 베네딕트의 유형, 그리고 레비-스트로스의 구조의 개념들이 바로 인간상 또는 문화의 보편적인 측면을 추구하려는 입장에서 추상적으로 통합된 이미지를 문화로 설정하고, 그 속에 내재하고 있는 규칙 또는 문법적 질서들을 이해하고 파악하는 작업을 바로 인류학자들의 일이라고 판단하는 것이다. 정도에 따라서 약간의 차이가 있긴 하지만 유형론자들은 대체로 인간 행동과 사고의 심층구조를 문화로 규정하는데 의견의 일치를 보이고 있다. 이 입장은 문화를 문화로 설명해야만 하는 동어 반복의 문제점을 남기고 있다.

맥락론자들은 거대한 심층 구조보다는 일상 생활에 나타나는 구체적인 삶의 모습에 관심을 갖고 표층적인 인간 행동과 사고에서 나타나는 생활들을 문화로 규정한다. 사피어는 다양할 수 있는 가변적인 삶의 모습 속에서, 말리노브스키는 도저히 풀어 헤쳐 볼 수 없는 삶의 현상 속에서, 그리고 기어츠는 인간 행동의 미묘한 차이들이 의미하는 상징들 속에서 문화의 의미를 찾으려고 노력하고 있다. 이들에 의하면 문화란 맥락적이고 상황적인 것이다. 그러나 맥락론자들이 처해야 하는 끊임없는 상황들은 천문학적인 숫자의 지면을 동원한다고 하더라도 충분하게 정리해 볼 수 있는 정도에서 머물러 주지 않을 것이기 때문에 , 상황이라는 정보의 홍수 속에서 헤어나지 못하고 될 것이다.

유형론자와 맥락론자는 문화라는 실체를 서로 다른 측면에서 관찰하려는 입장을 견지하는 것으로 파악된다. 이 두 입장을 절충이 아니라 통합하려는 또 다른 입장을 다음과 같이 파악해 볼 수 있다. 즉 문화를 보는 입장은 인간행동과 사고를 개념화할 수 있는 "유형의 맥락적 일습(一襲)"(a contextual set of patterns)이라는 준거 틀로 받아들여질 수 있겠다.

문화인류학을 학문적 성립과 형성의 사상적 기초의 대전제를 세 가지 측면에서 고찰해 볼 수 있을 것이다.

어떤 종류의 사람이 요즘의 사람이라면 공통적으로 다 구비하고 있다고 생각되는 마음의 측면에 관한 대전제로서, 마음이 표현되는 방향과 방법에서는 다를지언정 사람의 마음은 동일하다는 것이다. 즉 슬픔, 기쁨, 노여움 등의 여러 가지 형태로 나타나는 마음의 표현은 다를지언정 그런 내용을 구비하고 있는 인간의 마음은 하나라는 생각이다. 18세기 풍미했던 서구의 자연법 사상이 곧 바로 19세기에 인류학을 창시케 한 타일러(E. Tyler)의 심리적 제일성(psychic unity of mankind)과 바스티안(A. Bastian)의 기본적 사고(elementar gedanken)에 심대한 영향을 주었던 것으로 생각된다. 끔찍한 잘못을 저지른 사람에 대한 꾸짖음으로 흔히 사용되는 "사람의 탈을 쓰고 어떻게……"라는 것이 바로 심리적 제일성이라는 척도에 맞춘 표현이라고 하겠다.

인간의 마음은 다 똑같다는 대전제를 규정하고 있기 때문에 정치적 목적으로 흔히 이용되고 있는 인종의 개념은 허구적인 것으로 밖에 받아들여지지 않는다. 이 심리적 제일성이 대전제로 가정되어 있기 때문에 진화론자들은 각기 다른 종족의 진화적인 문화 발전의 단계를 설정해 볼 수 있고, 전파론자들은 어떤 문화특질이 한 문화에서 다른 문화로 수용될 수 있다고 설명하기도 한다. 심리적 제일성의 관념은 우리들로 하여금 인류 문화의 보편성과 특정 민족 문화의 특수성을 논의하도록 하는 근거를 마련해 주고 있다.

상대성이라는 것이 주 내용은 인간의 특수한 차원에 대한 의식이며, 특수성의 차원에서 볼 때 사람은 다 다르다. 어떤 문화의 요소이건 인간의 행동이건 간에 다 그러한 요소와 행동이 존재해야 할 이유가 있는 것이며, 어떤 특정한 기준에 의해서 문화의 우열을 정한다든지 어떤 문화 요인의 좋고 나쁨을 논할 수 없다는 입장이 바로 문화 상대주의다. 즉 당굿은 미신의 범주에 속하고 기독교의 예배절차는 고급 기성 종교에 속하기 때문에, 전자는 나쁘고 후자는 좋다는 식의 논리는 성립하지 않는다. 기독교의 예배 절차가 기독교 의식에서 필수적으로 요구되는 것과 마찬가지로, 당굿은 당굿이 존재하고 있는 문화 복합에서 존재의 가치가 부여되고 있다. 미국의 슈퍼마켓 저온실에 비닐로 싸여 있는 쇠고기를 못 먹을 음식으로 생각하는 동아프리카 출신의 학생은 눈앞에서 공희를 위하여 도살된 쇠고기를 좋은 음식으로 간주한다.

예절바른 공손한 태도도 문화마다 다르다. 일본 여자는 '꿇어' 앉지만, 한국 여자는 두 다리를 수직 교차시키는 ㄴ자의 앉음새에 대해서 성적 충동을 자극하는 것으로 생각하고, 한국사람들에게 있어서 일본인은 '꿇어' 앉음 자세는 야단맞는 모양인 것이다. 이렇듯 자민족중심주의(ethnocentrism)에 입각한 타문화의 관찰은 끊임없는 편견의 결과만을 초래할 뿐이다.

문화가 내포하고 있는 통합성 자체가 총체적 시각을 요구하고 있으며, 인류학의 범위를 보여주는 정도를 학문 구분의 영역에 따라서 표시해 보면 더욱더 인류학적 사고로서 총체성이 뚜렷해진다. 즉 인문학적인 측면으로서의 인류학, 사회과학적인 측면으로서의 인류학, 그리고 자연 과학적인 측면으로서의 인류학 등이 각각이 아닌 통합성의 추구 속에서 인류학의 총체적인 시각은 더욱 진가를 발휘하게 된다. 최근에 학제적(interdisciplinary) 연구와는 궤를 달리하는 통합과학(unity of science)의 이념이 거론되고, 체계적 사고(systemic thinking)의 중요성이 인류학의 주변에서 고조되고 있는 것도 인류학적 사고가 요하는 총체성 때문이라고 생각된다.

다음으로 '문화를 어떻게 이해할 것인가?'라는 것은 방법론적 문제라고 생각한다. 전통적으로 문화인류학의 방법으로 비교연구, 현지연구, 질적연구로 요약할 수 있을 것이다. 현지 연구 방법과 질적 연구방법 등이 갖는 미시적이라는 약점을 보완해 주는 비교 연구 방법은 인류학은 학문을 시간과 공간으로 연결시켜 주는 방법론일 뿐만 아니라, 나를 성찰하고, 너를 이해하고, 나와 남과의 관계를 배우려는 관점으로서의 인류학에도 기초적인 방법론적 근거를 제시한다. 왜냐하면, 인류학자는 어떤 입장을 견지하건 간에 이미 어떤 문화의 산물이라는 측면을 갖고 있기 때문이다. 현지 연구와 질적 연구 방법은 연구 주체와 객체 사이의 본질적으로 개입되어 있으면서도 의도적이건 비의도적이건 간에 무시되어 온 윤리 문제를 환기시킨 장본인들이기도 하다. 참여 관찰에 의하여 객체의 입장이 되어 보려는 인류학자는 인간과 인간이 누리는 삶의 문제들이 내포되어 있는 딜레마 속에서 현지 연구의 중요성과 함께 난해성 그리고 윤리 문제들을 경험하고 느끼게 되는 것이다.

학제적 연구의 수준을 넘어선 통합과학의 이념에 대한 갈구가 점점 고조되고 있는 반면에 인간 소외를 포함하는 개인의 문제가 중시되고, 국가라는 단위가 인간의 생활에 더욱더 깊이 관여되고 있는 상황 속에서 인간의 생존이라는 미래를 안고 있는 인류학은 학문이라는 차원뿐만 아니라 관점의 차원에서 인간에게 더욱 중요한 쟁점으로 대두할 것으로 생각된다. 문화의 개념은 그 개념의 다양성에도 불구하고 여전히 다음과 같은 기본적인 문제들에 대해 답변하는데 노력하고 있다. 문화들은 어떻게 발전해 가는가? 문화를 형성하는 힘은 무엇인가? 문화는 어떻게 학습되는가? 공유된 상징체계가 어떻게 개개인의 사고 유형을 초월하는가? 문화들은 어떻게 독특함을 갖는가? 다양성 안에 내재하는 보편적 유형은 어떤 것인가? 문화를 서술하는 것이 어떻게 가능한가?

문화의 특성

첫째, 적응체계로서의 문화

인류학이 하나의 학문으로 시작된 19세기 말의 사상적 기반은 진화론이었으며, 진화라는 개념이 인류학의 주된 지침적 개념인 문화의 사상적 기반이 되었다. 이러한 영향하에 초기 진화론의 전통을 승계한 문화 진화론자들은 문화와 그 문화가 변화해 나가는 현상의 측면에 관심을 갖고 다음과 같은 질문들을 하게 되었다. 즉 '문화 변동을 유발시키는 동인은 무엇인가'하는 문제들이었다. 이러한 문제들은 결국 대전제로서 진화하고 있는 문화가 어떤 요인에 의해 주로 변화를 경험하게 되는 것인가, 또는 문화로 하여금 변화함과 동시에 계속성의 측면을 갖게 하는 주 메커니즘은 무엇인가 하는 질문에 대한 작업을 통하여 해결이 가능하다는 결론이 주어지고 있다.

인간의 문화를 단계적 질적 변화의 측면에서 보는 것은 마르크스주의 뿐만 아니라 19세기의 타일러(Tyler)와 모르간(Morgan)식의 진화론, 화이트(White)의 일반진화론, 살린스(Sahlines)가 구분하는 특수-일반진화론을 들 수 있다. 타일러와 모르간의 진화론은 인류 문화를 통시적으로 구분하여 단계를 설정하였으나, 다만 그들의 임의대로 추측하여 단계를 설정한 것일 뿐 단계가 이행하는 인과 관계가 명확하지 않다. 화이트의 경우에는 일인당 연간 동력화된 에너지의 양이 기준이 되는데, 그의 주장대로 인류 진화의 일반적인 것만을 파악한 것인 만큼, 에너지의 양이 늘어났고 그에 따라 사회가 복잡해지고 규모가 커졌다는 사실뿐이지, 어떤 과정으로 어떤 조건하에서 어떤 자연 · 문화의 관련성 하에서 에너지 양이 증가하였는가에 대한 언급을 할 수 없다. 문화의 환경은 상호작용한다는 가정 하에서 문화를 극대화하는 것인데 이때 극대화(maximization)란 문화의 내적 구조와 환경의 외적 압력의 벡터(vector)를 의미하는 것이다(Sahlins, 1946 : 369). 문화를 적응체계로 이해한다는 입장은 앞에서도 지적한 바와 같이 종래의 일반적인 단선진화의 시각과는 현격한 차이가 있다. 역사적 맥락을 특수 상황으로 고려하는 다선진화(multilinear evolution)의 입장에서 적응을 따져 보는 상황은 문화의 내적 역동성에서 설명의 목적을 구하는 것이 아니고, 문화와 그 외부와의 관계를 고려하자는 것이다.

적응체계라고 할 때, 체계라는 것은 상당히 포괄적인 의미다. 문화를 적응체계로 고려할 때 우리는 두 가지의 개념을 좀 더 구체화함으로써 이 입장을 더욱 세련시킬 수 있는 것으로 생각한다. 즉 적응 전략과 적응 과정에 관한 분명한 조작적 개념 정의가 필요하다. 적응 전략이란 것은 사람들이 자원을 획득하고 사용하기 위하여 그리고 그들에게 직면한, 즉 시적인 문제를 해결하기 위하여 고안된 시행착오적 조정에 의하여 형성된 유형이다. 적응 과정은 그러한 적응 전략의 반복적인 사용에 의하여 장기간 축적된 변화를 이룬다. 이러한 개념적 차이는 연구자들에게 한 사회 성원들의 의식적인 개인적 결정이 자원 이용의 표준화된 집단 유형에 관계된다는 준거틀을 제공한다. 문화를 적응체계로 보는 입장이 저지를 수 있는 결점들은 지나친 생물학적 논증의 매력에 빠진 나머지 문화의 관념적인 측면에 대한 소홀함이라고 지적할 수 있다.

둘째, 구조체계로서의 문화

문화 인류학적 사고가 궁극적으로 지향하게 되는 인간의 심성과 그 심성이 모습을 일반화해 보려는 시도는 사회 구조론자들 사이에서도 강렬하게 표출되고 있다. 레드클리프-브라운(Redcliffe-Brown)과 말리노브스키(Malinowski)에 의해서 충실하게 이행된 초기의 사회 구조적 관심은 1930년대부터 1940년대에 활동한

에반스-프리차드(Evans-Pritchard)에 와서 커다란 변화를 경험하게 된다. 구조한 관찰될 수 있는 분절이 아니라 하나의 논리적 질서, 즉 모델 속에서 현상에 대해 기능적으로 동등한 것으로서 증명될 수 있는 일련의 수학적 방정식을 의미하는 것이다. 레비-스트로스의 구조적 사고와 그가 확립한 구조의 개념에 영향을 끼친 경험들을 열거해 보는 직업은 우리들로 하여금 그 '방정식'이나 대수와 같은 논리에 한층 쉽게 접근하도록 유도할 수 있을 것 같다. 그는 스스로 언급하기를 구조의 개념은 지질학의 층위, 프로이드 심리학의 의식 · 무의식, 마르크스의 상부구조 · 하부구조의 논리로부터 착안된 것이라고 설명한다.

문화적 환경의 침전물로서 형성된 형이상학적인 초자아의 아래에는 무의식 세계를 지배하는 이드(id)가 하부의 심층 구조로 존재한다는 프로이드 심리학의 가르침과 하부 구조가 결정적으로 상부 구조를 지배하여 경제적 현상과 모든 사회 현상을 설명하려는 마르크스로부터 도출된 구조의 개념은 그가 마르셀 모스(M. Mauss)의 『선물』(The Gift)을 읽고서 브라질 아마존 유역의 원주민 속에서 현지 연구를 행할 때 적용된 것이다. 모스는 원시체계의 의례적 교환(예를 들면 쿨라와 포틀래취)을 사회적 행위의 본질이라는 차원에서 광범한 일반화를 시도하고 있고, 사회적 관계라는 것은 구체적인 것으로부터 도출된 하나의 추상이며, 이 관계는 시간과 공간을 초월하여 보편화된 전체계의 한 부분이라고 인식하고 있다.

셋째, 인지체계로서의 문화

말리노브스키에 의해 기본적인 관점이 제시되었고, 그 후 언어학에서 아이디어를 제공받은 사람들이 한 문화에 공유되고 있는 인지체계(cognitive system)를 언어와 언어 행위로부터 표출되는 것으로 파악하게 되었기 때문에, 용어 분석이 이 분야의 중요한 수단이 되고 있다. 언어 행위의 기저에 깔린 개념적 부호(conceptual code)를 통하여 그 언어 행위의 주체자들이 인지 지도(cognitive map)를 파악하는 것이 주된 과정이기 때문에, '사물에 대한 주민의 명명법을 찾아 내고 그것을 통해 그 집단성원들이 어떻게 그들의 경험 세계를 구축해 나아가는가'를 규명하는 것이 인류학자들의 임무라고 평가되는 것이다.

이 입장의 가장 기본적인 전제는 인간이 근본적으로 인지하는 존재, 즉 일종의 논리적 기계라는 것이다. 인간이 인지하는 존재, 즉 일종의 논리적 기계라는 것이다. 인간의 인지 능력은 일종의 부호(code)와 같은 상징체계를 만들어 내며, 이것이 변형되어 나타나는 것이 여러 가지 형태의 문화 요소인 것이다. 그리하여 민속지 서술자들의 작업 목표는 관찰하는 기본 태도는 관찰자의 입장에서가 아니라 행위자의 관점에서 분석하려는 것이다. 언어 행위에 의존하는 이유는 문화적으로 중요한 인지 특질을 그 문화의 표준화된 상징체계 속에서 의사소통되어야 하며 그 특질들은 가장 훌륭한 의사소통의 도구인 언어 속에서 부호화되어 표현될 수 있기 때문이다. 그러한 분석에 의하여 그 사회의 문화적 문법을 찾아내고 인지세계로 간주하는 입장의 기본 목적이기도 하다.

문화를 인지체계로 고려하는 이 입장에도 문제는 있다. 첫째, 인간의 모든 행위가 언어 행위로서만 관찰 가능한가의 문제 뿐만이 아니라 부호화의 작업에서도 한계점은 분명하다. 둘째, 행위자의 인지 구조를 밝히는 작업은 결국 행위자의 두뇌 작업에 의거하지 않으면 궁극적 목적을 달성하기가 힘들다. 현재까지 제시된 인간 두뇌에 관한 연구의 수준도 문제지만, 두뇌 구조에 대한 연구 업적이 인지인류학에 소개된 것도 극히 조잡한 차원임을 인정해야 할 것이다.

넷째, 상징체계로서의 문화

문화라는 것이 실제로 관찰 가능한 것이라는 질문에 유물론적 입장을 취하는 사람과 관념론적 입장을 취하는 사람 사이에는 커다란 관점의 차이가 존재한다. 후자는 부정적인 답변을 제기할 것이며, 문화란 것은 사회성원들의 머리 속에 또는 연구자들의 머리 속에 존재하는 관념일 뿐이라고 주장할 것이다. 관념론자들은 문화를 개개인이 갖고 있는 관념들의 집합체로 보기 때문에 문화란 것은 구체적으로 관찰된 행위 유형이 아니라 그러한 행위를 규제하는 규칙의 체계라고 설명한다. 따라서 문화란 사람들의 경험을 해석하고 행동을 유도, 규제하는 규칙의 체계라고 설명한다. 따라서 문화란 사람들이 경험을 해석하고 행동을 유도, 규제하는 의미와 상징의 체계로 정의한다. 인지인류학자들이 문화를 관습 또는 전통 등에서 유래하는 실재적인 행위 유형의 총체로서 간주하는 반면에 상징 인류학자들은 문화를 행위를 지배하는 조절 기제(프로그램, 레퍼터리 등)의 집합이라고 생각한다.

기어츠에 있어서 종교나 이데올로기는 하나의 문화체계다. 이때 문화란 것은 상징으로 구체화하고, 역사적으로 전승되는 의미의 유형이며, 사람들이 그들의 생활과 세계에 대해 갖고 있는 지식을 발전시키고, 의사소통을 가능하게 하는 상징적 형태의 개념체계다. 상징(symbol)이란 것은 개념적 수단으로 기능하는 어떤 대상, 행위, 사건, 관계를 지칭하는 것이며, 그 개념은 상징이 안고 있는 의미인 것이다. 문화적 행위는 공적인 것으로 인식되기 때문에 관찰 가능한 실재로 등장한다. 그러므로 사회적 사건의 상징적 차원은 경험적 총체성으로 구현된 사건으로부터 추상화의 과정을 통과하여 모형으로 생성이 가능하게 된다. 기어츠는 이 실재를 다시 두 가지 차원에서 구분하고 있는데, 하나는 실재의 모형이고 다른 하나는 실재를 위한 모형이다. 상징적 차원은 그 두 가지를 중첩적으로 지니면서 두 가지 모형의 역동적 과정 속에서 한 사회의 역동적 변동과 갈등요인을 문화체계 내에서 수용하게 되는 것이다.

다음으로 최근에 활발히 전개되고 있는 생태인류학에 대해서 살펴보고자 한다. 생태인류학의 이론적 준거 틀을 구성하고 있는 기본 개념과 환경을 다루어 온 인류학자들의 입장들을 통시적으로 정리해 보면 기본 개념에는 환경, 적응, 체계가 있고 생태인류학의 주요 흐름에는 문화생태학과 신진화론, 인류생태학과 신미속지 등이 있다. 환경이란 개념은 첫째, 생물 물리적 환경(자연환경) : 환경과 인간의 관계를 문화라고 보는 시각으로 인간이 획득한 환경에 대한 적응 기제 혹은 적응 전략이라고 개념화되는 문화를 연구하는 입장과 둘째, 심리 사회적 환경(인지환경) : 한 인간 집단의 구성에 영향을 미치는 사회 문화적 제조건과 그 현상을 인지하는 과정과 결과를 표출하는 사람과의 관계까지도 포함하는 개념이다. 적응이란 사회 생활의 기회를 극대화하는 것으로 이 때의 극대화란 문화의 내적 구조와 환경의 외적 압력의 벡터를 의미한다. 즉, 적응이란 환경과 문화간의 호혜성 혹은 대화라고 요약할 수 있다. 그리고 체계란 상호작용하고 있는 요인들의 복합체이며 그 현상은 "모든 것은 다른 것과 얽혀 있는" 상태로 파악된다.

문화연구로서의 비교문화

문화연구의 과제로서 문화 비교에 대해서 살펴보고자 한다. 인식론적 차원의 비교 개념에 관한 논의의 필요성이 기존의 학문 공동체 내에서 깊이 이해되지 못하는 현실에서 '비교 연구' 또는 '비교'라는 것이 방법론적인 차원에서 많이 논의되고 있다. 여기서는 주로 사고 양식으로서의 비교와 분석 과정으로의 비교에 문제를 다루었고, 비교 과정에 개입되는 사고 양식으로서의 기능적 상사(analogy)와 구조적 상동(homology)에 관한 문제를 인류학적 차원에서 조명해 볼 수 있다고 본다. 분석 과정의 차원에서는 인류학사의 흐름이라는 틀 아래서 진화론적 입장과 구조기능론적 입장에 비교 연구사의 규모 문제를 접합시킴으로써 인류학 내에서 시행되어온 비교 방법의 모형들과 미래 지향적이고 개발 가능한 비교 방법의 모형에 관해서 논의하고 있다. 문화 비교에 적용되는 적정 수준을 정리해서 구체적인 모형으로 제시해 보면 다음과 같다.

표 5-1 문화 비교의 규모와 수준

	진화론적 접근	구조기능론적 접근
대 규 모	Ⅰ : EL	Ⅲ : SL
소 규 모	Ⅱ : ES	Ⅳ : SS

첫째, EL(Ⅰ)은 문화진화론에서 발전시킨 진화론적 아이디어가 주된 관점으로 인식된다(Julian Steward, Elman Service의 대규모 비교연구방법과 진화론적 수준에 초점).

둘째, SS(Ⅳ)는 구체적 주제와 사회 집단을 중요한 연구 주제로 삼는 경향이 있다. 구조기능주의적 소규모 비교 연구는 통제적 비교 연구라고도 하며, 여기에 초점을 맞춘 학자로는 나롤(Naroll), 에간(Eggan)을 들 수 있다. 예를 들면, 유교 이념이라는 대전통에 의해 깊은 영향을 받은 동아시아의 소전통들 속에서 행해지고 있는 조상 제사의 구조 비교를 들 수 있다.

셋째, SL(II)와 ES(Ⅲ)의 범주는 아직은 부차적인 관심 분야로만 자리잡고 있지만 앞으로 주된 관심 분야가 될 가능성이 있다. 구조주의적 대규모 비교 연구에 중점을 둔 머독(George Murdock)은 사회 구조의 연구를 위해 비교 문화 자료로 HRAF(Human Relations Area Files)를 사용했다. 이것은 민속지적 자료를 수집하고 문화의 전 영역을 서술하는데 있어서 세계적인 비교 연구를 시도하고 있다. HRAF는 가설의 비교 문화적 검증에 도움을 준다. 그리고 문화적 자료의 보관소로서, 그리고 정보 검색 시스템으로서 비교 문화자료는 기술 발전의 진로를 따라 대규모 비교 연구를 함으로써 특정한 문화요소를 검증하는데 있어 강력한 도구가 될 수 있다.

마지막으로, ES(Ⅲ)은 두 가지 상이한 방향을 내포한다. 한 방향은 미시진화론적 사고와 연관된 것으로 사회와 문화에 관한 역사적인 접근 방법이 여기에 속하고 다른 방향은 인류학적 사고의 저변에 흐르고 있는 전체로서의 문화와 개인의 문제에 대한 논의를 포함한다. "모든 시간과 공간의 전 인류에 적용되는 일반화와 비교 문화론적인 탐구에 있어서, 우리는 우리가 비교하는 사회들간의 광범위한 차이가 각각의 사회 속에 있는 개체들 사이의 큰 차이들을 무시해서는 안된다"는 드리버(Harold Driver)의 경고를 상기시키고자 한다.

문화와 교육의 과제

교육을 넓은 의미로 바라볼 때 한 사회가 요구하는 구성원을 길러 내는 활동으로 볼 수 있다. 그럼에도 교육의 기능이나 역할, 목적이나 내용, 그리고 교육의 과정은 사회와 문화와 밀접하게 관련되어 있는 것이다. 이러한 문화의 교육적 의의는 교육과 문화와의 몇 가지 관련을 통하여 찾아볼 수 있다.

우선 교육의 기능이 바로 문화의 전달이라는 점이다. 한 사회에는 그 구성원을 길러 내기 위한 여러 가지 사회화의 기관과는 달리 표준화된 절차와 방법에 따라 교육을 전문으로 하는 교사들에 의하여 그 사회의 공적 문화를 전달한다.

다음으로 문화는 교육 목적과 내용의 자질이 된다는 점을 들 수 있다. 교육의 과정이 문화의 전달이라고 볼 때 교육의 목적과 그 내용이 추출될 수 있는 자원은 그 사회의 문화일 수밖에 없다. 문화가 역사적으로 축적한 사회의 유산을 포함하는 것도 사실이지만, 그 시대에 생성하고 미래의 구성원들에게 공유하기를 기대하는 생활의 방식을 포함한다고 볼 때 문화는 교육의 목적과 내용의 원천이 된다.

또한 교육적 과정은 본질적으로 사회, 문화적 과정이다. 이는 또한 인간의 사회적 상호작용에 의하여 이루어지는 사회적 학습 과정을 이끌어 가는 규칙이나 그에 부여하는 의미는 그 사회의 문화에 따라 결정된다. 다시 말해서, 교육적 과정은 그 본질에 있어서 문화 전개(enculturation) 과정과 문화 접변(acculturation)이라 할 수 있다.

문화 전계는 한 개인이 그 집단의 문화를 내면화하는 과정을 의미하며 문화 접변은 다른 문화에 접촉하여 문화가 변용되는 것을 지칭하는 것으로 교육의 과정은 바로 이러한 문화 변용의 과정이라고 할 수 있는 것이다. 문화는 변동한다. 만일 문호가 불변하고 고정되어 있는 것이라면 교육의 과정에 문화의 아이디어를 빌려 쓸 가능성은 훨씬 줄어들 것이다. 왜냐하면, 교육은 변화를 전제로 하지 않고는 성립될 수 없는 것이기 때문에 고정되어 있는 문화를 놓고는 그것과 관련되는 교육을 생각할 수 없기 때문이다.

2. 문화와 학교문화

문화와 학교문화

"문화(文化)"는, 원래 독일어의 "크루쓰와"의 약어로서 쓰여지게 된 것으로서 풍부한 것, 지적인 것, 교양 등을 의미하고 있다. 문화 국가, 문화 생활, 문화인 등의 말에 있어서의 "문화"는 이 뜻으로 사용되고 있다.

그러나 사회학이나 인간학 등에서의 사회 과학에 있어서는 문화는 보다 포괄적인 개념으로서 사용되고 있다. 가령, 영국의 문화인류학자 타일러는 문화를 "어떤 사회의 일원으로서의 인간에 의해서 획득된 지식 · 신앙 · 도덕 · 법 및 기타의 능력이나 습관을 포함한 복합체" 라고 정의하고 있다. 또 미국의 문화인류학자 클락혼은 "문화란 후천적 · 역사적으로 형성된 외면적 및 내면적인 생활양식의 체계이고, 집단의 전원 또는 특정의 멤버에 의해서 공유되는 것이다."라고 말하고 있다.

이러한 유명한 정의에서 문화에는 다음과 같은 세 개의 특질이 있는 것을 알 수 있다.

- 학습에 의해서 취득된 행동형이다.
- 사회나 집단에 의해서 연마되고 있다.
- 전체로서 통합된 체계다.

이상과 같이 문화는 사회나 집단이 학습에 의해서 형성되어 왔다는 뜻에서, 자연(본능적 행동형)과 대립하는 존재다. 물론 인간의 행동도 자연의 법칙(유전적 · 생물학적 요인 등)과 무관한 것은 아니다. 그러나 인간의 사회나 집단은 후천적 역사적으로 형성된 행동형으로서의 문화에 의해서 그 지속이 가능하게 되는 것이다.

이상과 같이, 인간의 사회와 집단에는 자연과 대립하는 것이라고 하는 의미에서 추상적인 "문화"가 존재한다. 그러나, 구체적인 모습은 사회나 집단에 따라 다르다. 즉, 개개의 사회나 집단 — 개별 사회 — 은, 각각 고유의 문화를 지니고 있다. 일본 사회, 미국 사회 등 어느 나라에 있어서나 성원은 식사, 수면, 배설, 생식이라고 하는 행동을 취한다. 그러나 구체적인 양식은 사회에 따라서 다르다. 일본 사회에 있어서의 식사의 행동양식과 미국 사회의 그것과는 다른 것이다.

그러나 이와 같은 차이는 어디까지나 일본 사회와 미국 사회를 전체로서 비교했을 때 나타나는 상위이고, 일본 사회로 시선을 돌리면 일본 사회의 인간이 모두 동일한 행동 양식을 취하고 있지 않는 것을 알게 될 것이다. 여기서 사회학적으로 중요한 것은 개개인간의 상위가 아니고 집단간의 상위다. 즉 계층이나 세대나 지역 등에 의한 상위다. 일본이라든가 미국이라고 하는 하나의 전체 사회의 문화 속에는 더 나아가서 개별의 문화가 존재하는 것이다.

이와 같이 하나의 사회 혹은 집단의 행동 양식은 전체로서의 문화로 보았을 때 그 내부에 있어서 어느 정도까지 구분되는 행동 양식을 하위문화라고 한다. 가령, 유스 컬쳐, 즉 청년 문화라고 하는 것은 성인이 지배하는 전체사회에서의 하위문화다.

그런데, 학교도 사회 속의 하나의 사회 또는 집단이고, 거기에는 전체사회와 공통되는 부분도 있으나 그것과는 다른 독특한 문화가 있다. 식사를 보기로 들면, 학교 급식은 많은 어린이가 책상에 앉아서 일제히 먹는다고 하는 점에서 일반 가정에서의 식사의 행동 양식과는 다르다. "학교문화"라고 하는 말은 학교라고 하는 사회에 나타나는 전체사회의 문화와는 다른 고유의 문화에 착안하여 만들어진 것이다.

모든 문화가 각각 서로 관련된다고 인정되는 요소, 즉 문화의 공통분모라고도 할 수 있는 요소를 "문화 항목"이라고 하고 있으나, 학교에는 일반 사회에서는 볼 수 없는 문화 항목도 많이 볼 수 있는 것이다. 입학식이나 졸업식과 같은 의식이나 행사, 생도들의 다양한 그룹 활동 등은 그 한 예다. 학교 문화는 이와 같이 전체사회에 있어서의 상위 문화에 대한 하위 문화의 하나다.

하위문화로서의 학교문화

그러나, 학교문화를 하나의 갖추어진 전체문화라고 파악한다고 하면 거기에는 몇 개의 하위 문화가 포함되어 있다. 그것은 일반적으로 제도적 학교문화(또는 교육문화), 교사문화, 학생문화의 셋으로 대별되고 있다.

첫째, 제도적 학교문화

제도적 학교문화라고 하는 것은, 제도로서의 학교 또는 학교에서의 교육에 특징적으로 나타나는 문화로서 교육의 목적, 목표를 실현하기 위하여 교육의 대상인 아동 · 청소년의 발달 단계 등에 상응해서 조직된 교육 내용으로서의 교육 과정, 그것을 효과적으로 가르치기 위해서 특별히 편성된 교과서, 기타 입학식, 졸업식, 운동회, 소풍 등 학교가 계획 · 실시하는 행사, 청소년들의 자주성에 의해서 실시되는 그룹 활동 · 부활동 · 청소년회 활동 등 모두 국가나 사회에 의해서 공인 혹은 규정된 문화라고 하는 뜻에서의 제도적 문화다. 또 교칙 등의 규칙이나 약속도 제도적 학교문화에 포함된다.

이러한 제도적 학교문화는 학교 단계나 종별에 의해서도 또 지역에 의해서도 달라지고 있다. 즉 학교문화의 하위문화로서의 제도적 학교문화는 더 나아가서 다양한 하위문화로 구분할 수가 있다. 이 일은 교육과정의 기준을 나타내는 학습 지도 요령이 초등학교 · 중학교 · 고등학교 각기 따로 작성되어 있고 또 교육 과정은 학습 지도 요령에 기저를 두고 각 학교가 편성하도록 되어 있는 것으로 생각해 보더라도 쉽게 이해할 것이다.

둘째, 교사문화

교사문화라고 하는 것은, 교사 집단이 갖고 있는 다른 직업에 속하는 사람들과의 상이한 행동 양식을 말하는 것이다. 교사의 행동 양식에 대해서는 교육 내용의 경우와 같은 구속성을 가진 제도적인 규제는 없다.

그러나, 교육 지도자로서의 역할 및 학교라고 하는 사회의 질서를 유지해 갈 역할을 기대되고 있고, 어린이로부터는 모든 점에서 권위자이고 가치의 구현자로 인정되고 있는 교사에는 스스로 타의 직업의 사람들과는 상이한 독특한 행동 양식이 나오게 되는 것이다. 교사에는 다른 부류의 사람으로부터 교사라고 인정되는 말버릇이나 행동 습성이 몸에 붙어 있다. 교사는 어린이들과의 관계에 있어서는 기업에 있어서의 상사의 부하에 대한 경우와는 비교될 수 없는 강한 권위자다. 학교문화의 하위 문화로서의 교사문화는 교사에게 주어진 이와 같은 제도적 상황 속에 형성된 것이라고 해도 좋을 것이다.

이와 같이 교사에는 교사에 공통되는 무언가의 행동 양식이 있는데 모두가 다 공통된 것은 아니다. 교사의 행동 양식은, 관리직인가 아닌가, 주임인가 아닌가, 조합원인가 아닌가 등 그 처해진 입장에 따라서 또한 젊은층인가 장년층인가, 교직 경험이 많은가 적은가 등에 따라서 다를 것이다. 교사를 이념적으로 "성직형", "조합형", "샐러리맨형", "출세형" 등으로 나눌 수도 있으나 이와 같이 교사문화는 교사의 의식이나 가치에 따라서도 분화되고 있을 것이다. 또, 제도적 학교문화의 경우도 마찬가지로 학교 단계에 따라서도 다를 것이고, 동일한 학교 단계에서도 담당하는 교과에 따라서 상이할 것이다. 이야기가 약간 벗어나지만 필자가 소속해 있는 대학에는 분야별로 스포츠의 대항 시합을 하면, 자연계의 그룹이 상승하는 경향이 있다. 이것은 인문과학계, 사회과학계가 언제나 서적과 씨름하지 않으면 연구가 안 되는 것에 대해서, 자연과학의 경우에는 실험 기간 중은 기분 전환을 하는 시간적 여유가 있기 때문이라고 추찰되고 있다. 이것이 진실인가 아닌가는 별문제로 하고 교사문화도 제도적 학교문화와 같이 다양한 하위 문화로 분화되고 있는 것이다.

셋째, 학생문화

학생문화라고 하는 것은 학생 혹은 그 집단의 특징적으로 나타나는 태도 · 가치관 · 행동 양식으로서의 문화를 말한다. 학생문화에는 아동 · 청소년의 심리적 · 생리적 발달 단계에 대응해서 일어나는 학생 전원의 어느 정도 공통되는 측면과 학생이라고 하는 지위나 선발 등의 제도 등이나 혹은 학교 격차 등에 대응해서 분화되는 측면이 있다. 즉 학생문화에도 다양한 하위문화가 존재하는 것이다. 발달 단계에 규정되는 측면이라고 하는 것은 활동성 · 적극성 · 미숙함 등에 의해서 특색지워지는 측면이다. 학생문화의 하위문화에 대해서 미국의 사회학자 클라크는 이념형으로서 "놀이 하위문화", "학업 하위문화", "비행 하위문화"라고 하는 세 가지의 유형을 들고 있는데, 현실에서는 어떻게 분화되고 있는가. 또 각각의 유형은 상호간에 어떠한 관계가 있는 것일까. 다게우 츠키요시는 조사연구의 결과에 따르면 초·중·고교생의 문학에 대해서 그 구체상을 아래와 같이 고찰하고 있다.

① **초·중학교** : 초등학교 3년생의 단계에서 성적이 좋은 어린이는 공부가 즐겁고 학교에 가는 것이 즐거우며, 담임선생님과도 이야기를 잘 나누고 친구한테도 호감을 갖게 되며 밝은 학교 생활을 보내고 있다. 한편 성적이 나쁜 어린이는 수업에서 모르는 것이 많고, 공부가 싫어지고 선생님으로부터 꾸중듣는 일이 많고 친구들에게도 소외된다. 학교에 가는 일은 별로 즐겁지 않다고 비관적인 견해를 가지고 있다. 학년이 나아감에 따라 어린이의 성적과 학교 생활과의 관련은 더욱 심해진다.

성적의 상하에 따라서 4년제 대학 진학 희망률에도 차가 있다. 그 차이는 초등학교 3년 때와 2할에 못미치는데 대해서 초등학교 5년에서 3할이 넘고 중학교 2년에서는 4할이 넘는 것으로 발전된다.

② **고등학교** : 한국의 고등학교의 특징의 하나로서 고교생의 행동 양식의 문화가 성적의 상하나 학교 격차에 따라서 이루어진다고 하는 일이 있다. "처음부터 지금의 고교에 입학하고 싶었다.", "일류 대학 졸업의 학력을 얻는 것에 공감한다.", "수험은 생활의 절반 이상의 비중을 차지한다.", "학교 생활에 만족하고 있다.", "부모로부터 기대되고 있다." 라고 학교 생활이나 성인의 기대에의 적응에 관해서는 진학교는 비진학교에 비해서 높아 있다.

진학교에 비해서 비진학교의 학생들의 많은 의식으로서 "지금의 고교에는 입학하고 싶지 않았다.", "일류 대학 졸업의 학력에는 공감하지 않는다.", "수험은 생활 가운데 커다란 비중을 갖지 않는다.", "학교의 규칙에 불만이 있다.", "학교의 쉬는 시간의 잡담이 중요하다.", "부모에게서 기대되고 있지 않다." 등 수험이나 부모로부터의 기대에는 부정적인 해답이 현저하다. 그러나 한편, 학급에 애착을 느낀다. "친구의 성적이 떨어지면 도와 준다.", "친구로부터 신망을 받고 있다." 친구관계에 만족하고 있는 친구집단 청년문화에의 연계성의 깊이는 비진학교(특성화 계열)의 학생이 높다. 경쟁 중심의 학교문화에서 탈피해서 친구와의 연대를 지향하는 학생들의 비진학교에서 자라고 있다.

소위 말하는 성적순의 선발에 의해서 상위에 뽑혀진 학교에는 "사회나 학교로부터의 기대를 솔직하게 받아들여서 열심히 공부하는 것을 장려하는 공부형의 학생문화가 지배적인 것에 대해서 하위에 모여진 비진학교에서는 진학경쟁에서 떨어지고 자존심을 상한 학생이 많이 모여져서 업적 가치를 부정하는 저항문화가 만연하다."로 되는 것이다(그림 5-1).

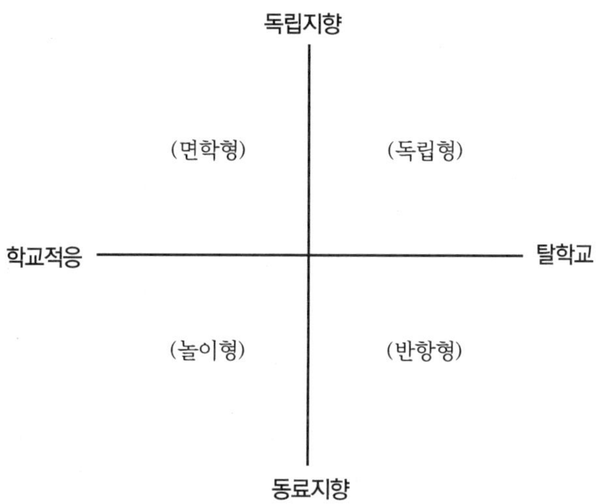

〈그림 5-1〉 **고교에 있어서의 학생문화의 유형(수량화 Ⅲ류에 의한)**

학생문화에 주목하는 이유

학교에서는 성적이나 진학이 학생문화에 분화를 끼치고 있으나 학생문화라고 하는 개념을 최초에 제기한 미국의 사회학자 우올라는 대항적인 학생 문화의 발생에 대해서 다음과 같이 말하고 있다. "교사는 성인 사회의 문화의 구현자로서 그 문화를 청소년들에게 강요하려고 하는데 대해서 학생은 청소년 집단의 특유한 문화의 대표자로서 이에 대항하는 것이다."

우올라는 성인문화와의 대항 관계에 의해서 학생문화가 생겼다고 하고 있다. 그러나, 학생문화는 성인문화에 대응하고 있는 것이 아니고 그것을 반영하고 있는 것이라고 하는 관점도 있다. 미국의 고등학교에서는 콜먼(J. S. Coleman)이 명백히 하고 있는 바와 같이 거의 모든 학교에서 성인의 가치와 크게 유리된 놀이 지향의 하위문화가 우위이고 그것이 운동 그룹에 의해서 뒷받침되고 있으나 이에 대해서 메르거는 "미국의 청년이 학업을 희생하고 운동 경기나 사회생활에 전념하고 있다고 하더라도 그것은 미국의 성인의 문화에 반항하고 있는 것이 아니고, 그것을 반영하고 있는 것이다."라고 말하고 있는 것이다.

위에서 살펴본 대로 일본과 미국의 고교생에게서 나타나는 생활문화에서 나타나는 커다란 차이점이 있다고 추측되는데 이에 대해서 다음과 같이 지적하고 있다. "미국의 고교에는 공부의 평가체계와는 별도로 운동 경기의 그룹을 중심으로 한 학생의 하위 사회가 성립되고 있다. 그리고 그것이 학교의 동인을 얻어서 하나의 평가체계를 만들고 있다. 학생들 사이에서는 단지 공부를 잘하는 공부벌레 타입보다는 운동선수로서 인품이 풍부한 학생에게 인기기 집중되고 있다."

일본의 고교가 처해진 상황은 미국과는 다르다. 일본의 경우는 학력사회 상황을 반영하여 학업 성적이 좋고 조금이라도 더 편차치가 높은 대학에 입학하는 것이 제일이고 공부와는 격리된 분야에서의 학생의 활약이 정당하게 평가되는 일이 적다. 따라서, 일본에 있어서는 학생문화를 지탱하는 확고한 하위 집단은 존재하지 않고 문화는 학생끼리의 상호작용에 의해서 형성되는 하위 문화라기보다 사회나 성인으로서의 기대를 그대로 받아들이는 역할 기대나 사회의 주요한 가치의 부적응에서 형성되는 반항 문화로서의 성격을 띠고 있다. 바꾸어 말하면, 일본에 있어서 학생문화는 지배적인 속물 공부에 대한 반속 혹은 탈 속으로서 비형식적 형태를 취하여 학문 혹은 놀이로서 자립하는 일은 적은 것이다. 그렇다고 하더라도 최근 고오시엔 전국 고교 야구 대회장이나 전국 고교 선수권 대회를 목표로 하여 운동부에 도전하는 학생이나 부를 중심으로 차츰차츰 변화의 징조가 보여지고 있다.

이상에서 진술한 것으로도 알 수 있는 바와 같이 현대의 사회나 학교상을 생각함에 있어서 학교문화 더욱이 학생문화에 주목하는 일이 중요한데 그 이유는 다음과 같이 요약할 수 있다.

첫째로, 현대는 타인지향형 사회라고 하여 동배집단의 영향력이 증대되고 있다. 학생들에게 있어서 학교의 전통이나 교육 방침 혹은 부모나 교사보다는 동일세대의 동료들에게 어떻게 인정되고 있는가가 중요하게 되어 있다.

둘째로, 94%라고 하는 고교 진학률은 청소년기를 대부분 학교에서 지낼 것을 강요받고 있다. 따라서, 현대의 청소년의 하위문화는 학교라고 하는 장에서의 동료와의 집단 생활을 통해서 형성된다. 청소년 문화의 중핵에 학생문화가 위치하게 되어 있는 것이다.

셋째로, 현대 학교의 교육과정관은 교재 중시와 학습자 중시와의 통합이 꾀하여지고 있으나 학생을 학교 조직의 단순한 대상이 아니고 한 구성원으로서 생각하는 관점에서 학생의 내적 욕구, 비형식적인 자기 형성이 중시되어 그러한 의미에서 학생문화가 주목되게 되었다.

넷째로, 학생문화는 본래 주류에 대한 비주류, 표리 관계를 갖는 존재에 있다. 비공식적인 학생문화는 공식적 학교 조직의 모순 · 대립 · 갈등 · 긴장을 해소할 수 있도록 작용하고 있다.

Journal (5)

제 6 장

학교의 발달과 사회의 변화

1. 관행으로서의 학교와 제도로서의 학교
2. 공교육제도의 원리와 구조
3. 학교제도와 사회의 변화
4. 조직으로서의 학교
5. 학교조직의 특성
6. 교육과정의 유형과 학교조직의 유형

1. 관행으로서의 학교와 제도로서의 학교

"폐쇄된 제도"로서의 학교

동물세계에서 공통되는 유아의 양육이라든가, 한 사람이 성장하기 위하여 필요한 훈련이라고 하는 넓은 의미에서의 교육은, 원시적인 사회에서도 볼 수 있다. 그러나 이것은 반드시 명료한 목적의 의의와 구체적인 방법을 갖추고 있는 것이 아닌 생활과 일체였다. 그러나 사회의 발달에 수반해서 여러 집단이 분화하자, 각 집단은 그것을 유지하고 발전시키기 위하여 명료한 목적과 방법을 기저로 교육을 행하게 되었다. 그래서 그 때까지 생활의 일부였던 교육기관이 생활에서 분리되어 교육을 행하기 위한 장, 즉 학교가 성립했다. 예를 들면 승려계급의 승암학교, 무사계급의 번교, 서민을 위한 사자실 따위가 그 것이다. 이들의 학교의 특징은, 그것이 각각의 집단의 필요에 의거한 것으로서 타 집단과는 개방적인 관계를 갖지 않는 말하자면 "폐쇄된 제도"였다는 점이다.

제도로서의 학교

위에 기술한 바와 같은 학교는 의식적, 의도적으로 또는 어느 정도 조직적, 계획적으로 행해졌다고 하는 의미에서 "교육제도" 였다고 할 수 있겠다. 그러나 그것은 일정한 항구성을 지닌 사회적인 관행이라든가 조직이라고 하는 소위 사회학적인 의미에서의 제도였고, 공법학적인 제도는 아니었다고 하는 점에서, 전 근대적인 제도였다. 그런데도 근대에 이르러 국민 국가가 성숙되자, 사회의 각 부분에서 발생하여 병존하여 있던 각종의 교육 조직을 국권을 근거로 장악하고 일정한 법령에 따라 그들 간의 관련과 통일을 하고, 국민 모두에게 공통적인 교육을 실시할 것을 기획하게 되었다. 이리하여 근대적인 의미에서의 교육제도인 공교육제도가 생겨난 것이다.

2. 공교육제도의 원리와 구조

근대적 공교육

공교육은 처음에 절대주의국가에 있어서 지배 권력의 목적 실현을 위한 수단으로서 성립되었는데 근대적인 의미에서의 공교육은 19세기 중엽 이후 시민혁명에 의한 인권사상의 확대 강화와 산업혁명에 기인한 교육 요구 중에서, 교육권의 보장을 목적으로 하여 발전되어 왔다. 따라서 기회균등, 의무제, 중립성, 무상제를 기본 원리로 한다.

공교육제도의 확립

공교육제도가 확립된 것은 1872년에 발포되었던 최초의 총합적 교육제도 법령인 "학제"를 직접적인 계기의 발판으로 삼는다. 이것은 구미 선진제국의 교육제도를 모범으로 하여 부국강병의 전제로서 계몽되었던 개인을 육성하는 것을 그 교육이념으로 하고 특히 초등교육건설에 역점을 두었다. 당시 일본의 실정에 맞지 않았던 점도 많았고 실시 후 7년만에 폐지되었는데 이보다 우리나라의 근대 학교제도가 발족되었다는 의미에서, 일본의 교육사상은 획기적인 일이었다. 그러나 교육권이라는 이념을 기초로 한 현대적인 의미에서의 공교육제도가 실현된 것은 제2차 세계대전 후의 일이었다.

현대 공교육제도의 기본 원리

오늘날 교육의 기본적인 실체는, 교육기본법에 나타나 있다. 이것은 제2차

세계 대전 후 신헌법의 취지를 기본으로 삼고, 신교육의 기본이념을 확립하여 신교육제도의 기본을 명시하기 위해 제정되었던 것인데, 여기에는 위의 현대적 공교육의 기본 원리가 규정되어 있다.

공교육제도의 구조와 과제

공교육제도의 구조는, 사회체제에 따라 혹은 발전 단계 등에 따라 다르다. 유럽제국에 있어서는 사회의 계층성을 반영하여 복선형적인 학교제도가 발달해 왔고, 아메리카합중국에서는 단선형의 학교체제가 기본으로 되어 있다. 사회주의국가연합에서는 노동과 교육과의 일체화를 겨냥한 교육체제가 구축되어 있다. 또한 많은 개발도상제국은 현재 각각의 나라의 사회적, 문화적, 역사적 등의 제 조건에 적합한 공교육제도의 확립을 목표로 하여 노력을 경주하고 있다. 또 한편 선진제국에 있어서도, 각각의 국가의 사회변화에 대응한 교육개혁을 하고 있다. 유럽제국에서는, 복선형에서 단선형에로의 학교체계의 민주적 개조가 진행되어 오고 있고, 역으로 미국에서는 단선형의 테두리에서의 다양화가 교육제도의 특질로 되어 있다.

그러나 체제나 발전 단계를 지나서 공통적으로 볼 수 있는 일은 데모크라시의 사상에 기저를 둔 "교육의 기회균등"의 원리와 근대산업의 발달, 근대화라고 하는 두 가지 요인에 의해서 교육 인구가 급격하게 증대되고 있다고 하는 것이다. 현대가 "교육폭발의 시대"라고 불리워지는 까닭이다. 우리나라의 경우에도 제2차 세계대전의 종료를 경계로 하여 학교체제가 복선형에서 단선형으로 변하고 교육의 양적 보급이 현저하게 진행하였다. 텔레비전의 교육에의 도입, 티칭머신 등에 의한 프로그램학습의 개발은 교육의 효과를 높이는 것을 목적으로 새로운 교육방법의 일례다.

한편 여기서 우리들이 따져 보지 않으면 안 될 문제는 교육의 양적 확대를 무한적으로 인정할 것인가 아닌가, 또 그것이 가능한가 어떤가, 바람직한 일인가 아닌가라고 하는 것이다. 고등교육의 양적 보급은 아직도 당분간은 계속될 것이다. 대학원의 더한 층의 확충이 행해질 것이다. 또한 대학원보다 위의 단계의 대학원 수료 이후 코스가 발달할 것이다. 미국에서는 이미 이의 제도화가 나타나고 있다.

그러나 이러한 고등교육의 고도화의 과정이 한없이 이어졌다가는 끝이 없다. 그래서 이와 같은 관점에서 학교제도 전체를 재검토하는 일이 중요한 과제로 되어 있다. 지금 세계 각국이 교육의 개혁에 힘을 쓰고 있는데, 그것은 국민의 교육 요구의 고양을 제도라고 하는 차원에서 어떻게 받아들여야 좋은가라고 하는 과제의식에 기저를 두고 있는 것이다.

3. 학교제도와 사회의 변화

학교제도에는 초등교육, 중등교육, 고등교육이라고 하는 세 개의 개념이 존재한다. 이것이 일반적으로는 일직선으로 단계적으로 연속하는 교육제도라고 생각되고 있다. 즉, 이들은 일반적으로 "단계개념"이라고 생각되고 있다. 그러나 역사적으로 보면, 이들 세 개의 교육개념은 연속적 과정의 일부를 구성하는 것이 아니었다는 것이다. 근대적인 교육제도를 세계에서 가장 일찍 발달시킨 유럽제국에 있어서는 이들은 단계성이 아니고 계통성을 나타내는 개념이었다. 즉, 초등교육은 대중을 위해서 설정된 하나의 타입의 교육제도이고, 고등교육은 엘리트를 위한 교육제도, 중등교육은 고등교육의 예비부분이였다.

유럽제국에 있어서의 학교제도는 이와 같이 대중을 대상으로 한 초등교육의 계통과 엘리트를 대상으로 한 중등, 고등교육의 계통이 병렬하는 형태로 발달을 시작한 것이다. 복선형의 학교체계라고 하는 것은 이와 같은 제도를 가르치고 있다.

분기형

그러나 오늘날에는 이와 같은 완전한 병렬형의 복선형은 거의 볼 수 없다. 유럽에 있어서는 19세기 후반에서 20세기에 걸쳐서 병렬하는 두 개의 계통을 단계적으로 결부시키는 학교통합운동이 일어나고 그 결과 초등교육은 중등교육의 아래에 연속하여 모든 국민을 대상으로 하는 기초적 단계로서 자리잡게 되었다. 그러나 그것은 완전한 단선화이지는 않았다. 고등교육의 예비부분이었던 중등교육은 초등교육과 고등교육의 중간 단계에 위치하게 되고 고등교육에 접속하지 않는 완성교육의 코스로 분화된 것이다. 중등교육의 복선화다. 이와 같은 학교체계도 광의로는, 복선형이라고 부르는데, 특히 완전한 병렬형과 구별하기 위해서 분기형이라든지 포크형이라고 하는 일이 많다(그림 6-1 참조).

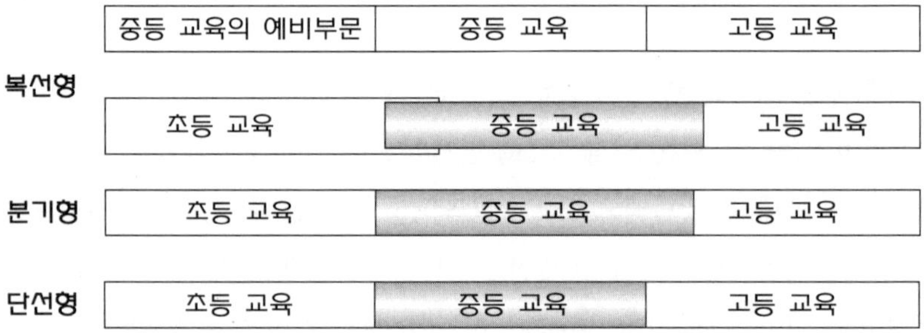

〈그림 6-1〉 **학제의 유형**

일본의 경우에 공법학적인 의미의 제도는 존재하지 않지만 그 형태는 서민의 교육기관인 데라고야의 무사계급 자제를 대상으로 한 한교우가 병존하고 있었다고 하는 의의에서 복선형이었다고 할 수 있다. 메이지기 이후에 발달한 학교제도는 분기형이었다. "학제"에 있어서는 단선형이 구상되었으나 당시의 사회경제의 발전 면에서는 너무 이상적이었고 현실적으로 제도화된 학교제도는 분기형이었던 것이다. 이것이 제2차 세계대전 이후의 교육개혁에 의해서 단선화되었다.

이와 같은 단선화는 유럽제국에 있어서도 진행되고 있다. 가령 영국에서는 1944년의 유명한 바트라교육법에 의해서 복선형에서 분기형으로 교육제도가 이행되고, 중등교육은 그래마스쿨, 테크닉스쿨, 모던스쿨 세 종류로 분화되었다.

고등교육

이상에 진술한 것으로도 알 수 있는 바와 같이 세 개의 학교제도는 단선형이 중심이 되고 이에 의해서 교육의 양적 보급이 나타나게 되었는데 이 교육제도를 그대로 유지하면서 교육의 양적 보급의 경향을 장차에도 지속하는 일에는 한계가 있다는 것은 이미 지적한 바이다. 이러한 상황에서 고등교육이라고 하는 개념이 지금 문제로 되고 있다. 고등교육이라고 하는 것은 고도의 전문교육을 가르쳐서 사회의 지도자층의 훈련을 함과 동시에 학술연구를 행한다고 하는 것을 이념으로 하는 교육제도 개념인데, 고등교육의 대중화는 고등교육의 그와 같은 엘리트적 성격의 수정을 요청하고 있다. 고등교육은 단지 엘리트의 양성만을 목적으로 하는 것이 아니고 대중의 다양한 학습요구에 적응하는 것이 아니면 안 된다고 하는 상황이 생겨나고 있다.

이와 같이 고등교육이 다양화하게 되면 그것은 이미 고등교육이라고 하는 개념에는 부적합한 것이 되고 만다. 그래서 고등교육에 대체되는 새로운 개념이 등장하게 되었다. 포스터 세컨더리 교육이 그 것이다. 이것은 중등 후 교육이라고 번역되고 있다. 즉, 중등교육의 연장으로서의 교육이라고 하는 것이다. 고등교육은 이 중등교육의 일부로서 간주되게 된다.

학교제도는 이상에 진술한 바와 같이 사회의 구조, 사회의 발전과 밀접하게 관련되고 있다. 학교제도는 사회제도의 하나인 것이다. 따라서, 학교제도를 성립시키고 있는 기반에는 사회의 여러 가지 기대, 요청, 관념이 반영되고 있다. 인간의 발달에 대한 관념도 그 하나다.

가령, 1940년대에서 1950년대까지의 유럽제국에 있어서는 높은 지적 능력은 국민의 극히 일부에만 축적되어 있고, 교육 — 적어도 지적교육 — 은 그와 같은 부분에만 주어져야 할 것이다 라고 하는 관념이 지배적이었다. 이와 같은 생각은 "능력의 저수지관"이라고 불리워졌다. 이것은 지능지수가 일정한 레벨 이상이 아니면 아카데믹한 교육의 효과는 기대할 수 없다고 하는 이론을 배경으로 하고 있었다. 영국이 1944년 그래머, 테크니칼, 모던이라고 하는 세 종류의 중등 교육제도를 도입한 배경에도 이러한 생각이 있었다. 즉 아카데믹한 교육을 행하고 장래 엘리트가 되는 코스인 그래머스쿨에는 높은 지적 능력이 축적되어 있는 국민의 일부에게 주어질 것이다 라고 하는 것이다. 이 3종의 중등교육에의 분류에는 지능테스트가 사용된 것도 위와 같은 까닭에서다.

여기서 중요한 것은 위와 같은 교육정책은 민주적이다라고 생각되었던 것이다. 즉 지능테스트는 선천적 지능을 측정하는 것이므로 일반대중의 자녀라도 능력이 있는 사람은 엘리트코스를 타는 기회가 많아질 것이라고 생각되었다.

그러나 현실은 기대와는 크게 벌어졌다. 일반대중의 자녀로서 그래머스쿨에 진학하는 자의 비율에는 그다지 현저한 변화가 보이지 않았기 때문이다. 이 일은 사회적으로 혜택받지 못한 조건에 처한 사람은 측정된 능력이 저하된다. 즉, 테스트에는 사회적 바이러스가 주어져 있다고 하는 것을 의미하고 있다. 그러면 어떠한 시책이 구체적으로 취해지고 있는가 또 취해지려고 하고 있는가를 전형적인 것에서 보면 다음과 같은 것을 들 수 있다.

보상교육

보상교육에는 취학전과 초등교육 단계가 있다. 전자는 학교교육이 시작되기 전에 어린이를 적절한 환경에 둠으로써 될 수 있는 대로 빨리 가정의 환경요인에 의한 가정의 영향을 제거하는 것을 목적으로 한 것으로서 미국의 헤드스타트는 그 좋은 예의 하나다. 초등교육 레벨의 보상교육은 전통적인 교육내용, 방법이나 학교조직의 수정, 사회적 불우아가 학교 외의 커뮤니티와 접촉할 수 있도록 하는 교육서비스의 도입 등을 행하는 것으로 이들의 관련에서 전 교과의 학력을 향상시키는 선행조건으로서 언어발달의 중요성이 강조되고 있다. 이것을 번스타인의 영향을 강하게 받은 시책이다.

보상교육은 미국의 경우에는 인종간 격차의 시정, 유럽제국에서는 사회계층간의 격차의 시정이 문제되고 있다고 하는 다른 점이 있는데, 어느 것이나 지금까지의 경우 특필할 성과를 올리고 있다고는 할 수 없다. 결론을 말하는 것은 물론 시기상조이겠지만 "단지 추가적인 서비스에 의해서 빈곤과 차별의 누적적 효과를 보충하려고 할 따름이며 기본적인 교육시스템에는 손을 대려고 하지 않는다"라고 하는 비판이 있다. 여기에 보상교육에 근본적인 문제가 있다고 해도 좋을 것이다. 즉 교육의 질을 바꾸지 않고 양만 증가해서는 효과는 기대할 수 없다고 하는 것이다.

종합제 중등학교

종합제 중등학교라고 해도 그 형태나 취지는 나라에 따라서 다르지만 기본적인 원리는 진로의 선택 시기를 늦춘다고 하고 하는 것이다. 교육에는 야심을 높이는 "가열기능"과 야심을 규제하는 "냉담기능"이라고 하는 서로 모순되는 두 개의 기능을 다하는 일이 기대되고 있으나 중등교육의 종합제와는 "냉각기능"을 다하는 시기를 늦추려고 하는 것이다. 이것은 인재수용과 민주화에의 요청의 증대에 대응해서 발전하고 있다. 보상교육은 단지 서비스를 추가하는 것뿐, 즉 질을 변하지 않고 양만 증대시키려고 하는데 대해서 종합적 교육은 교육제도의 구조적 개혁을 의미하고 있는 점에 의의가 있다. 그러나 커다란 문제가 있다. 그것은 12년 또는 16년의 교육을 6세에서 18세 또는 22세 내에 부여하려고 하고 있는 일이다. 될 수 있는 대로 많은 양의 교육을 인생의 될 수 있는 대로 이른 시기에 집어넣으려고 하는 전통적 교육관에서 일보도 더 나아가고 있지 않는 일이다.

순환교육

순환교육(recurrent education)은 위와 같은 전통적인 교육관에 대한 도전으로서 경제협력개발기구(OECD)에 의해서 제창되게 된 것이다. 즉, 순환교육은 예를 들면 16년의 교육을 6세에서 22세까지가 아니고 30세 또는 40세까지로 확대해야 된다고 하는 생각을 기본적 원리로 하고 있다. 그 목적에는 ① 공평의 목적, ② 직업적 유연성의 목적, ③ 통합의 목적의 세 가지가 있다.

공평의 목적은 급속한 교육발전에 의해서 일어난 세대 간의 교육 격차를 해소(높은 교육을 받을 기회를 얻지 못한 연장자의 교육의 기회를 보장한다)하는 잠정목표와 연장자가 될수록 교육에의 의욕이 높아진다고 생각되는 것에서 교육을 중지한 상태에서 계속할 기회를 연장자에게 보장한다고 하는 항구적인 목표가 있다.

직업적 유연성의 목적은 급속한 기술변화에 수반된 직업구조에의 대응이고 통합의 목적은, 근년에 볼 수 있는 학교교육기관의 연장에 수반되어 생기는 사회와 유리된 젊은이의 가치체계와 사회의 가치체계와의 사이의 커다란 갭의 축소다. 순환교육의 실시는 이제부터이고 그 효과는 금후의 과제다.

디스쿨링(De-schooling)

다음으로 디스쿨링(탈학교론)에 대해서 고려할 중요한 의문을 한 가지 지적해 두기로 한다. 즉 디스쿨링은 학교에의 기대를 포기하고 사회의 안에서 기대를 이으려고 하고 있으나 사회의 교육력에 기대하는 이상 사회 그 자체에 여러 가지 구조적 문제가 있어서는 안 될 것이 아닌가라고 하는 의문이다. 디스쿨링을 주장하는 디스쿨러(탈학교론자)는, 학교의 번영은 기회의 균등화를 초래하지 않고 있다고 하는 인식에서 학교를 해체해야 된다고 하는데 과연 그러한 기대가 현실적인 것일까. 학교의 해체는 학력 이외의 가령 혈연, 지연 등의 능력 이외의 요인에 의한 선발의 부활에 연계될지도 모른다. 학교의 발전이 기회의 균등을 가져 온다고 하는 기대가 환상적이었다고 하는 지적에는 어떤 면에서는 진실성이 있다. 그러나 학교의 해체가 기회의 균등화를 가져올 것이라고 하는 것에는 그 이상의 환상일지도 모른다. 결국 해결의 방도는 학교의 해체에 있는 것이 아니고 학교의 구조적 개혁에서 추구해야 할 것이다.

4. 조직으로서의 학교

"특정한 제목표를 달성하기 위하여, 제 개인 및 전문분화한 제 집단의 활동을 동원하고 통정하는 시스템"을 일반적으로 조직이라고 하는데, 이러한 의미에서 학교도 일종의 조직이다. 학교를 이와 같이 조직이라고 하는 면에서 볼 때 "학교 조직"이라고 하는 것이다.

일반적으로 조직이 성립되기 위한 구성요건으로서는, ① 목표, ② 참가협동 의욕, ③ 양자를 매개로 실현해 갈 구체적 활동으로서의 커뮤니케이션의 세 가지를 들 수 있다.

또한 조직이 존속해 가기 위한 기능적 요건으로서, ① 목표의 달성, ② 성원의 욕구충족의 두 가지를 들 수 있다. 이와 같이, 조직을 조직으로서 성립시키고 존속시키기 위한 가장 중요한 요소는 "목표"다. 어떤 일정한 목표를 실현하기 위하여 조직이 존재하는 것이므로, 목표가 다르면 당연히 조직의 양상도 달라지게 된다. 역으로, 조직의 양상이 달라지면, 그 성과(기능)에도 차이가 생겨난다.

에치오니는, 조직성원에 대한 통제의 원천이라고 하는 시점에서, 조직을 ① 강제적 조직, ② 공리적 조직, ③ 규범적 조직이라고 하는 유형으로 분류하고 있다.

강제적 조직

강제적 조직이라고 하는 것은, 물리적 강제력에 의한 통제에 따라서 성원을 조직에 관여하도록 하는 조직이다. 물리적 강제력이라고 하는 것은, 자신이 바라는 대로 다른 사람(개인 또는 집단)을 행동하게 하기 위하여, 상대가 아무리 하여도 그렇게 하지 않으면 안 된다고 하듯이 직접적으로 그 신체 생명을 향해서 발동시키는 권력 및 그 수단이다.

이 타입의 조직의 목표는 뭔가 적극적인 가치를 창출해 낸다기보다도, 일탈자를 격리하기도 하고 구금시키기도 하는 소극적인 사항이 많다. 형무소, 강제수용소, 경찰, 군대 등을 강제적 조직의 전형적이라고 할 수 있겠다.

공리적 조직

공리적 조직이라고 하는 것은, 보수를 배분하는 권력에 따라서 성원을 통제하고, 성원의 조직에로의 관여가 타산적 혹은 합리적인 조직이다. 계약적인 조직이라고 할 수도 있겠다. 많은 산업조직을 그 예로 들 수 있겠다.

규범적 조직

규범적 조직이라고 하는 것은, 규범적 권력 상징적 가치를 배분하는 능력에 의해서 성원을 통제하고, 성원은 조직에게 도덕적으로 관여하게 하는 조직으로서, 일반적으로 종교단체, 문학그룹, 학회 등을 그 예로 들 수 있다.

그리고, 학교조직은 이 세 가지 중에서 어디에 해당되는 것일까.

에치오니는 학교는 교회등과 마찬가지로 가치규범에로의 귀속에 의해서 조직의 질서를 유지하는 것을 의도하고 있다는 것을 의미하므로 규범적 조직이라 하고 있다. 그러나, 학교조직은 단순하게 규범적 조직이라고 할 수 없는 복잡한 면을 지니고 있다. 그것은 다른 조직과는 달라서, 학교가 교육의 대상인 어린이를 그 성원으로 하고 있기 때문이다. 적어도 의무교육의 단계는, 어린이와 그 부모에게 있어서는 학교는 강제적 조직으로서의 성격을 가지고 있다. 우리나라에서는 메이지시대의 의무교육을 강박교육이라고 부르고 있는 것은 이 점을 여실히 나타내고 있다. 확실히, 현대에 있어서는 의무교육은 국민 측에서 보면 권리라고는 되어 있는데 현실적으로는 학교가 강제적 조직으로서의 측면을 내포하고 있음은 부인할 수 없다 하겠다. 학교의 성원으로서 아동 · 학생이 학교조직에게 도덕적으로(다시 말해서, 학교의 가치에 공명하여)가 아니고, 법률과 규칙 등 일종의 물리적 강제력에 의해서 귀속되어 있는 점이 많은 것은 등교거부나 중도 퇴학자의 현상을 생각해 보면 잘 알 수 있다.

또한, 아동학생과 병행해서 학교조직의 중요한 성원인 교사의 면에서 보면, 법률에 규정된 근무시간을 초과하여 밤늦게까지 교재연구 등에 몰두하는 교사집단에 의해서 구성되는 학교도 있는 한편, 정해진 근무시간이 되면 기계적으로 학교에서 돌아와 버리는 교사집단을 성원으로 하는 학교도 있다고 하는 사실에 주목한다면, 학교조직은 공리적 조직이 되는 경우도 많음을 알 수 있다.

5. 학교조직의 특성

다음으로, 뒤르켐이 "사회분업론"(1893)에서 전개한 "기계적 연대"와 "유기적 연대" 라는 결합의 유형론에 기반을 둔 학교조직의 성격을 고찰해 보기로 한다.

기계적 연대라고 하는 것은 상호 유사한 그리고 동질적인 성원이 기계적으로 결합한 사회의 결합 형태를 의미하고 있다. 뒤르켐은, 이와 같은 연대를 기초로 하는 사회를 "환질적 사회"라고 명명하고 있다. 이것은, 지렁이와 같은 환계동물의 각 절이 서로 유사하다는 사실에서 착안한 것이다.

한층 더 유기적 연대라고 하는 것은, 독립된 인격을 소유한 이질적인 성원이 스스로의 개성을 능동적으로 살리면서 분업에 기인하여 상호적으로 결합하여 형성하는 사회의 결합 형태다. 뒤르켐은, 이와 같은 두 가지의 사회적 결합 형태를 진화론적 사회변동 론의 입장에서 고찰하였던 것이다. 요컨대, 그는 사회적 분업이전의 기계적 연대에서 분업에 기초한 유기적 연대로 진화해 갔다는 도식을 나타내려고 하였던 것이다.

그런데 여기서 중요한 사실은 뒤르켐이 생각하였던 분업이, 기술적 분업(자동적인 기계 기술이 공장에 파급됨에 따라서 생기는 노동자의 분할을 의미하는 용어로서 마르크스가 사용했던 것)과 경제적 분업에서가 아닌 사회적 분업이었던 것이다. 그가 주목하였던 사실은 분업이 능률과 경제효율 향상을 초래한다는 측면이 아닌, 분업이 서로 자신의 개성을 능동적으로 살리고 있는 복수의 개인 간에 도덕적 연대를 살려내는 쪽이었다. 뒤르켐은, 분업의 발달에 따라서 사회적 결합의 형태는 기계적 연대에서 유기적 연대로 전학하고 그것이 도덕적 연대를 낳게 된다고 생각하였던 것이다.

이와 같은 연대에 기인한 조직은, 에트죠니가 말한 규범적 조직이라고 하는 것이 될 것이다. 물론, 분업이 반드시 도덕적 연대를 초래한다고는 할 수 없다. 뒤르켐은, 그와 같은 분업을 무규제적 분업을 이상 형태로 간주하여 이를 비판하고 있다.

그러면 학교조직은 기계적 연대, 유기적 연대에 기인하여 있다는 것인가. 에트죠니는 학교를 규범적 조직이라고 했는데, 만약 그렇다고 한다면, 학교조직은 유기적 연대가 토대로 있다는 것이 된다. 과연 그러한가.

현대 학교조직의 특성

현대 학교는 실제로 교육에 임하는 개개인의 교사가 현실적으로는 매우 이질적임에도 불구하고, 동질이라고 하는 전제하에 조직화되어 있다. 인사행정상 교사는 연령, 경험 등의 면에서는 각각 다르다고 하는 존재로서 여겨질는지도 모르겠으나(각각의 학교 내에 있어서의 교육체제지도에 있어서는) 동질적인 존재로 간주 되고 있다. 나이 젊은 교사도 베테랑교사도 같은 자격으로 교실에서 수업을 하고 있다.

초등학교의 경우에는 학급담임제(전 교과담임), 중학 · 고등학교의 경우에는 교과담임제라고 하는 차이는 있으나, 어느 쪽에 있어서나, 원칙으로서 하나의 학급을 단위로 하여 지도한다는 의미에 있어서 마찬가지로 취급되고 있다.

이 사실은 학교라고 하는 조직체가, 분업 이전의 기계적 연대가 지배적인 환절적 사회에 머물고 만다는 것을 의미하고 있는 것은 아닐까. 확실히, 각 교사는 다른 학년과 학급을 분담하고는 있는데, 이것은 교사의 동질성을 전제로 한 것이므로, 어떤 교사를 다른 교사로 교체하는 일은 가능하다. 이것은 어디까지나 분담이었으며 분업은 아니다.

이는 하나하나가 전부 동질적인 환(원형질)에서 성립되어 있는 환형동물이, 각 환이 동질이기 때문에, 어떤 환을 다른 환으로 바꾸는 것이 쉬운 것과 마찬가지다.

요컨대, 학교는 일반적으로 환형동물과 마찬가지로 유사한 부분이 환절로서 연결된 것만의 사회인 것이다. 사회를 구성하는 부분의 대체 가능성이 높은 것, 다시 말해서 동질적인 부분이 다만 기계적으로 연결되어 있을 뿐이라는 사실은, 부분과 부분과의 사이에 협동관계, 상호적인 관계가 존재하고 있지 않다는 것을 의미하고 있다. 부분은 대체할 수 있는 자유스러운 존재이며, 전체로의 발언력도 책임도 매우 약하다. 부분과 부분의 상호의존 관계를 통해서 전체로서의 기능을 높이려는 계기는 이와 같은 사회에게는 기대할 수 없다.

유기적 연대형

학교가 교육이라고 하는 본래의 목표를 보다 더 잘 달성하기 위해서는, 학교라고 하는 사회를 "기계적 연대형"에서 "유기적 연대형"으로 전환을 꾀하여야 한다. 뒤르켐 팀 티칭(협력교수조직)의 도입에 의한 교수조직의 개선은 그를 위한 한 가지

방법으로 생각되는데, 조직의 양상과 그 교육적 기능과의 사이에는 어떠한 관계가 있는 것일까. 다음에, 이 점을 영국의 언어사회학자 번스타인의 이론에 의거하여 고찰하여 보기로 한다.

6. 교육과정의 유형과 학교조직의 유형

교육과정의 유형

교육과정의 유형화는 일반적으로 교육내용을 어떠한 것으로 할까 하는 관점에서, 또한 각 교과 상호간의 관련을 어떻게 할까 하는 관점에서 행해진다. 교과중심 교육과정과 경험중심 교육과정이라고 하는 분류는 전자의 관점에 입각한 것이다. 또한, 병례형과 통합형이라고 하는 분류의 방법도 있는데, 이것은 후자의 관점에 입각한 것이다.

번스타인은 교육과정을 "콜렉션 코드"와 "인테그레이트 코드"로 분류하고 있는데, 이것도 위의 병례형과 통합형과 같은 원리에 입각한 분류라고 생각된다.

콜렉션이라고 하는 것은, 우표와 곤충콜렉션(수집)과 마찬가지로서의 의미로 "수집형"이라고 할 수도 있겠다. "수집형 교육과정"이라고 하는 것은, 수업의 단위시간(번스타인은 유니트라고 부르고 있다. 길이는 짧은 경우도 긴 경우도 있다.)에 의해서 구별된, 교육내용이 서로 폐쇄된 관계에 놓여 있는 교육과정으로, 학습은 어떤 일정한 평가기준에 비추어서 얼마 정도 독립된 교육내용(번스타인은 콘텐츠라고 부르고 있다.)을 수집하지 않을 수 없으므로, 이처럼 이름 지워지게 되었을 것이다.

한편, "통합적 코드"라고 하는 것은, 여러 종류의 교육내용이 독립되어 있지는 않고, 서로 개방된 관계에 놓여 있는 교육과정으로 "통합형"이라고 해도 좋겠다. "수집형 교육과정"에 있어서는, 교육적 지식, 다시 말해서 가르쳐야 할 지식이 명확한 경계선에 의해서 분류되어 있음에 대해서, "통합형 교육과정"에 있어서는 그와 같은 경계선이 명확하지 않다.

교육과정은 상기한 바와 같이 "수집형"과 "통합형"으로 분류할 수가 있는데, 이와 같은 형태는 어디까지나 이념형으로서, 현실적으로는, 학교의 종류와 단계에 따라서 다르다고 할지라도, 기본적으로 "통합형 교육과정"이 순수한 형태로 존재하고 있는 것은 아니다. 실제로는 "수집형 교육과정"이 어느 나라에 있어서나 지배적이다. 그러나 최근의 각국의 교육과정의 개혁은, "통합형"을 지향하고 있다. 이러한 "수집형"에서 "통합형"으로의 지향은 "창조적이고 여유 있는 교육과정"에로의 지향이라고 할 수 있다.

"수집형 교육과정"에서는, 교육내용이 고정된 일정한 한계에 의하여 구분되어 있으며, 그것들 속에서 몇 가지로 편성하여 학습하는 것인데, 구분이 고정되어 있고, 그 수가 한정되어 있기 때문에, 그 속에서 창조적인 여유가 생겨날 여지는 극히 적다.

이에 대해서, "통합형 교육과정"에 있어서는, 교육내용을 구분하는 한계를 걷어치우기 위하여, 창조적인 여유를 만들어 낼 소지는 크다고 생각된다. 따라서, "창조적인 여유"를 창출해 내기 위해서는, 교육과정 안에 "통합형 교육과정"의 요소를 도입할 필요가 있다고 하는 것이 된다. 1977년의 교육과정의 개정에 있어서는, 개개의 학교가 자유롭게 사용할 수 있는 소위, "자유재량 시간"이 설정되게 되었는데, 현재의 "수집형 교육과정"을 "창조적인 여유가 있는 교육과정"으로 변혁시키기 위해서는, 자유재량 시간에게 "통합형 교육과정"의 도입을 생각해야만 할 것이다. 단순하게 "수집형 교육과정"의 연장선상에 자유재량 시간을 올려 넣는 것은 "창조적인 여유 있는 교육과정"이라고는 할 수 없다.

통합형 교육과정과 학교경영

그러면 "통합형 교육과정"의 도입은 학교경영에 대하여 어떠한 의미를 지니고 있는 것일까.

"통합형 교육과정"에 있어서는, "지식의 분류"(번스타인은 "분류"라고 하는 단어를, 콘텐츠 상호간의 관계를 표시하는 개념으로 사용하고 있다.)가 붕괴되고 말기 때문에, 기존의 권위구조라든가 기존의 특정한 교육적 아이덴티티라든가, 사유 개념 등도 파괴되게 될 것이다.

"통합형 교육과정"에 있어서는, 각각의 콘텐츠는 일정한 상위개념으로서 통합되어 있으므로, 각각의 콘텐츠 권위는 저하된다. 이것이 기존의 권위구조에 여러 종류의 영향을 미치는 것이다.

"수집형 교육과정"의 경우에는 여러 가지의 콘텐츠는 서로 독립하고 있기 때문에, 콘텐츠마다 다른 교육방법과 평가 시스템이 허용된다.

그러나, "통합형 교육과정"의 경우에는, 그것과는 대조적으로 공통적인 방법과 평가 시스템에로의 지향성이 강하다.

즉 다시 말해서, "통합형 교육과정"의 경우에는, 교사의 수준에서는 교육 실천의 동질성이 향상되지 않으면 안 된다. "수집형"에서는 교사 개개인의 재량이 확대되고, "통합형"에서는 교사 개개인의 재량은 축소되는 것이다.

한편, 교사의 재량의 확대는 학생의 재량의 축소를, 또한 교사의 재량의 축소는 학생의 재량의 확대를 초래한다. 즉 다시 말해서, "수집형"에서 "통합형"에로의 전환은, 교사와 학생 사이에 있어서, 교육적 권한 관계의 역전을 의미하고 있다. "수집형"에서는 교사의 학생에 대한 교수가, "통합형"에서는 학생의 집단학습 또는 자기학습이 중시되기 때문이다.

교육과정의 유형과 학교의 조직구조

이상과 같이, 교육과정의 "수집형"에서 "통합형"에로의 전환은 교사 사이의 관계와 교사 학생 사이의 관계의 전환, 심지어는 학생 사이의 관계의 전환을 가져온다. 요컨대, 학교 내에 있어서의 사회관계의 전환을 초래하는 것이다. 이것을 학교의 조직 구조에서 좀 더 상세하게 고찰해 보기로 하자.

지식이 "수집형 교육과정"에 의해서 가르쳐지는 경우에는, 그 지식은 서로 독립된 일련의 교과에 의해서 조직되고, 배분되고 있다. 이와 같은 구조는 교과 주임과 교장과의 공식 및 비공식 회의에 의한 과두지배와 연결된다. 즉 다시 말해서, 고참의 교원은 다른 고참교원과 수평적 관계가 강하고, 또한 자신의 전문교과 내에서는 젊은 교원과 수직적 관계가 강하다. 그러나 젊은 교사에 대해서는 전문교과 내에서의 수직적 관계만 강해지기 쉽다. 이것은 "수집형 교육과정' '의 경우에는 각 교과에 대한 교원의 아이덴티가 강한데 따른 것이다. 따라서, 젊은 교원의 수평적 관계는 본래의 직무 이외의 영역에 있어서만 볼 수 있게 되는 것이다.

한편, "통합형 교육과정"의 경우에는, 여러 교과의 교원이 서로 사회관계를 갖는 것이 요청된다. 요컨대, 교원 상호간의 관계가 수평적이 될 것이 요청되는 것이다. "수집형 교육과정"의 경우와 같이 각 교원이 자신의 전문이 되는 교과의 특색 안에 빠져 있는 것은 허용 안 된다.

이와 같은 일은 아동 · 학생의 수준에 대해서도 말할 수 있다. "수집형 교육과정"에 있어서는, 아동 · 학생 특히 고교단계의 학생의 지적 학습면에 있어서의 상호의 관계는 수직적이 되고, 수평적 관계는 그룹 활동 등의 영역에 한정된다. 한편으로 "통합형 교육과정"에 있어서는 아동 · 학생 전체가 공통의 과제 안에 학습을 하는 것이므로 지적 학습면에 있어서의 상호 관계도 수평적인 것이 된다.

"수집형 교육과정"을 도입한 경우와 "통합형 교육과정"을 도입한 경우와는 학교 경영조직이 이상에서 말한 바와 같이 다르게 되지 않으면 안 되는데 이 두 개의 타입의 교육과정에 대응한 학교 경영조직을 번스타인은 〈그림 6-1〉과 같이 나타내고 있다. 실선은 강한 관계를, 점선은 약한 관계를 나타내고 있다.

교육과정을 "수집형"에서 "통합형"으로 바꾸기 위해서는, 즉 교육과정을 "창조적인 유연성"이 있는 것으로 하기 위해서는 학교 경영조직을 위에서 말한 바와 같이 바꾸지 않으면 안 되는데 학교 경영조직을 위와 같이 변혁하는 일은 단지 "통합형 교육과정"을 위한 것에만 중요한 것은 아니다. "수집형 교육과정"에 있어서도 학교 경영조직의 변혁은 필요한 것이다. 가령, "국어"라고 하는 "수집형 교육과정"에 있어서의 하나의 콘텐츠에 있어서는 문장을 논리적으로 이해하거나 논리적인 문장을 구성하는 능력을 기르는 일이 하나의 중요한 목표라고 생각되는데 이와 같은 능력을 기르기 위해서는 단지 "국어"라고 하는 교과의 지도방법을 개선하는 것만으로는 충분하지 않을 것이다. 평소에 교사와 학생과의 사이에 또 교사 간에 있어서 논리적인 문장을 가지고 언어생활이 영위되고 있는 것이 필요시 되고 그를 위해서는 그와 같은 제 관계가 수직적 명령관계가 아니고 논리에 의해서 상호의 이해는 수평적 관계가 존재하지 않으면 안 될 것이다.

요컨대 "창조적인 유연성이 있는 학교경영"이라고 하는 것은 "창조적인 유연성이 있는 인간의 형성"을 목표로 한 "창조적인 유연성이 있는 교육과정", "통합형 교육과정"을 학교에서 기능을 발휘시킬 수 있는 경영을 하지 않으면 안 된다고 하는 것이다. 그리고 그와 같은 학교경영을 창조하기 위해서는 교원상호간의 관계, 학생 상호의 관계, 교원 학생 관계를 수직적인 것에서 수평적인 것으로 변형시키지 않으면 안 된다고 하는 것이다. 곧, 유연성 있는 자유재량 시간을 충실하게 하려면 "유연성"의 시간을 "통합형 교육과정"에 의해서 지도할 필요가 있고, 그러기 위해서는 그와 같은 시간에 있어서의 다양한 사회관계를 "수집형 교육과정"에서의 그것으로부터 역전시키지 않으면 안 되는 것이다(이미 지적한 팀·티칭 등 이미 이상의 역전의). 가능성을 가진 실천이 각지에서 행해지고는 있으나, 전체로서는 금후의 과제일 것이다.

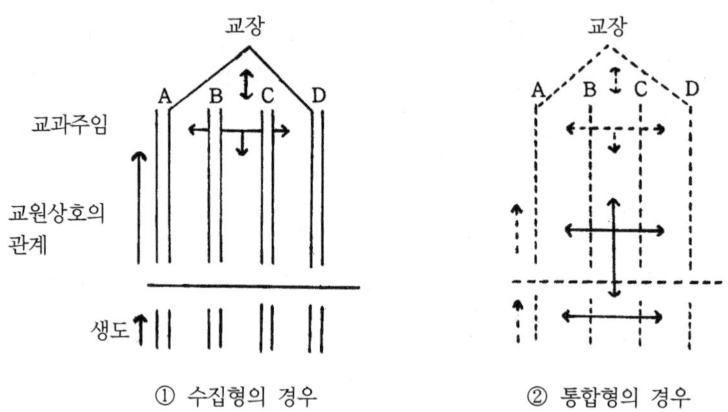

〈그림 6-2〉 **교육과정의 유형과 학교의 조직 구조**

Journal (6)

제 7 장

교육의 기능과 사회병리현상

1. 교육의 기능
2. 교육병리의 접근방법
3. 사회적 병리현상

1. 교육의 기능

교육의 순기능과 역기능

오늘날의 교육에는 이상한 현상이 너무나도 많다. 수험지옥이라고까지 진학 경쟁과 입시학원의 문제, 편차치중의 교육, 테스트주의, 등교거부, 교내폭력, 청소년비행, 심지어는 최근의 "괴롭히기"의 문제 등 일일이 셀 수가 없을 정도다. 이들의 현상은, 그 원인과 대책을 모두 궁극적으로 현재의 사회와 사회풍조에서 구하지 않으면 안 되기 때문에, 이는 사회문제이며, 사회병리다. 원래 교육은 사회기능의 한 가지이기 때문에, 사회병리 현상으로서 교육을 문제삼을 경우, 머톤(Robert Merton)이 제기한 순기능과 역기능이라고 하는 시각에서 분석이 매우 중요하다.

우선, 교육이라고 하는 동일의 기능내부의 문제가 생각되어진다. 사회의 내부에, 권력지배를 둘러싸고 대립과 계급대립 따위가 존재하는 이상, 학교나 교육을 각각 자기에게 유리하게 기능하도록 하는 대립, 경쟁이 유발되는 것은 피할래야 피할 수 없는 것이다.

가령, 전전의 교육은, 봉건적 · 제국주의적인 지배체제를 유지하는 장치로서 순기능을 담당하였는데, 민주적인 체제와 평화를 염원하는 민중에게 있어서는 역기능으로서 작용하였다. 1910년 말기부터 1920년 초기에 걸쳐서, 농민과 노동자가, 정규의 학교제도로부터 독립된 독자적인 학교를 개설하려고 한 운동은 그 현상이라고 할 수 있을 것이다. 전후의 소위 문부성과 일교조의 대립도, 이 순기능과 역기능이라고 하는 시점으로 다룰 수가 있을 것이다.

여기에 대해서, 첫째로, 교육이라고 하는 기능과 다른 사회기능과의 관계에 관한 문제를 들 수 있다. 예를 들자면, 청소년비행의 증가 경향과 학교와의 관계다. 비행화의 제일보는 태학(학교 사보타지)에 있다고 한다. 지식편중으로서의 교과중심의 학교현상의 체계에서 열등감과 좌절감 밖에 맛 볼 수 없는 학생은 퇴학을 계기로 하여 비행에 연결된다. 이러한 면에서, 학교는 다른 사회기능에 역기능으로 작용하여, 현대사회의 병리의 한 가지 원인으로 작용하고 있는 것이다.

교육의 현재적 기능과 잠재적 기능

사회병리로서의 교육 현상을 다루는 지금에 있어서 한 가지의 분석 시각은, 마찬가지로 멀톤이 제기한 현재적 기능과 잠재적 기능이라고 하는 접근방법이다. 학교, 따라서 교육의 기능으로서, 공식적으로 인정받을 수 있는 현재적 기능을 단적으로 표현하고 있는 것은 교육기본법에 의거하는 우리나라의 교육이다. 교육기본법 제1조의 "교육의 목적"에서는 다음과 같이 표현하고 있다.

> "교육은, 인격의 완성을 목적으로 하여, 국가 및 사회의 형성자로서, 진리와 정의를 사랑하고, 개인의 가치를 존중하며, 근로와 책임을 중시하고, 자주적 정신으로 연마된 심신과 함께 건전한 국민의 육성을 위하여 행해져야 한다."

요컨대, 이 규정에 의거하여 행해지는 교육활동(실천)에 역기능적으로, 저해적으로 작용하는 교육현상이 교육의 병리로서 인식되고, 사회문제화된다.

교육은, 이처럼 현재적 기능을 담당함과 동시에, 현실사회 안에서, 사실로서, 다른 갖가지의 잠재적 기능을 담당하고 있다. 게다가, 각각이 사회적으로 보아, 순기능 혹은 역기능으로 작용하는 것이다.

가령, 사회이동의 통로로서의 기능이 그것이다. 이제까지 학교가 주로 지식의 교수와 성격의 도야를 담당하는 교육제도만으로 취급되어, 사실상 인재를 시험하고, 배치하는 사회적 장치로서 기능하고 있는 것이 간과되어 왔던 사실은,

여러 가지의 사회화적 조사에서 지적되어 왔다. "학교가, 개인의 능력을 테스트하고, 체질하여서(우수한 것만을 가려 낸다는 뜻으로) 도태(좋은 것을 취하고 나쁜 것을 버림)하여, 장래의 사회적 지위를 결정한다는 사회적 기능임은 명백하다." 그리고, "훈련과 교육의 제도는, 그 구체적 형태가 어떻든 간에, 항상 사회의 수직적 순환의 통로였다."라고 하는 것이다(P. Sorkin).

분명히, 학교가 사회적 사실로서, 사회이동과 계층적 이동의 강력한 장치로서 기능하고 있는 점은 부정할 수 없고, 우리나라에서도, 이 면에 관한 실증적 연구가 많이 행해져 왔다.

이 밖에, 오늘날의 학교는, 가정의 교육기능의 축소와 사회복지적 기능의 미발달이란 현상에서, 최근의 "가정아동 대책"과 학교급식에서 볼 수 있듯이, 여러 가지의 사회의 잔여적 기능을 다하지 않을 수 없게 되어 있다. 이것들도 학교의 잠재적 기능이라고 할 수 있겠다.

2. 교육병리의 접근방법

귀속적 지위와 획득적 지위

교육의 병리는 교육의 현재적 기능과 잠재적 기능을, 전기의 순기능과 역기능이라고 하는 시점에서 분석함으로써 명백해지게 된다.

이것을 교육의 잠재적 기능인 사회이동의 통로로서의 기능에 대해서 고찰해 보자. 이 기능은 그것이 순기능적으로 작용하게 되면, 봉건적인 신분과 가정의 사회계층적 지위란 귀속적 지위에 기초를 두는 사회변동에 따라서 바뀌고, 실로 개인의 능력에 맞는, 능력 이외의 어떤 것에도 의존하지 않는 획득적 지위에 의한 사회이동을 보장하는 의미에서, "사회적 정의" 에도 통하는 성격을 갖는다.

역기능적 작용-입시문제

그렇지만, 현재의 사회체제나 사회관행상으로서는 이 기능은, 오히려 역기능적으로 작용하는 경향이 강하다. 그 단적인 현상이, 우리나라의 교육의 병리 중에서도 유달리 이상하다고 하는 진학경쟁과 입시문제다.

이 입시문제는 결국은 학력편중의 사회적 풍조에 그 근원이 있는데, 이것은 단적으로 말해서, 사회이동의 통로로서의 교육의 기능이 빠져 있는 것의 결과다.

원래 학력은, "일정한 교육을 수료하였다."라고 하는 증명이고, 그 의미에서 일종의 능력증명이다. 거기에 한해서는 학력은 이제까지 사회계층적 출신이나 문벌대신으로 능력에 응해서만이 "지위"를 보장하려고 하는 근대사회의 원칙에 부응하는 것으로서 크게 중시될 만하다. 그러나 현실에서는 학력이 결코 일정한 교육을 수료한 능력증명이 되어 있지 않으며, 또한 학력취득에 대해서 기회균등이 보장되어 있지 않으므로 학력편중이 병리적 현상으로서 나타나는 것이다.

어떻든 간에 학력편중 사회 하에서는, 입시문제가 오늘날의 교육에 커다란 지장을 초래하고 있다. 이것은 결국 학교가 가진 훈육기능이 바르게 기능하고 있지 않음을 나타낸다.

학교나 교육에 있어서의 분화의 입장은 어디까지나 교육의 개성화의 요청에 기저를 두고 있다. 인간의 재능이나 능력이 극히 다종다양한 것임과 그리고 한 사람 한 사람이 나타내는 "개성적 능력"은, 모두 평등한 무엇과도 바꿀 수 없는 값어치를 갖는 것으로서 그것을 최대한으로 발달시키는 것을 강조한다. 바로 교육적 분화인 것이다.

그러나 이 분화의 기능도 수험경쟁이라고 하는 사태하에서 역기능에 빠져 "선발"의 개념으로 바꾸어진다. 선발의 개념은 하나를 다른 것보다 낮게 보는 생각에 기저를 둔다. 즉, 어떤 종류의 능력만이 존중되고, 인간 전체가 아니고, 특정의 능력을 존중한다. 이러한 선발의 관념은 우리나라에 나타난 학력 · 인물, 정신 · 육체, 지 · 덕 등의 이원관 및 거기에 기인한 "지식" 편중, "실업" 경시의 사상과 뿌리깊게 결부되어 왔다. 그 결과, 말하자면 "소외된 능력관"이나, "학력관"이 생겨나서 거기에서 어떤 종류의 학교나 교육과정이나, 교육내용만의 가치를 두어, 관념이 공공하게 형성되어 온 것이다.

이러한 선발의 개념에 더하여서 오늘날의 학교의 기능이 단지 분화의 기능면뿐 아니고, 인간형성의 기능의 면까지 현행의 입시제도에 의해서 결정적으로 규제되고, 저해되고 있는 것은 주지의 사실이다. 단적으로 말해서 현재의 입학시험은 대학입시나, 고교입시나 어떤 종류의 학력, 그것도 한 번만의 지필고사로 측정된 "학력"에 의해서, 거의 결정적으로 좌우되는 선발시험이다. "걸러 떨어뜨린다."라고 하는 말이 그 성격을 잘 나타내고 있다. 또한, 그 학력이란, 대학의 입시문제가 고교의 학습내용을 좌우하게 되고, 고교의 입시문제가 중학교의 학습내용을 규정한다고 하는 관계에 입각한 실로 "어떤 종류의 학력"인 것이다.

그것뿐 아니다. 현재에는, 대학이나 고등학교에서도 각각의 학교의 입학시험의 난이도나, 합격기준의 고저가 그 학교에 필요한 능력의 기준으로서, 사회적으로 평가되어 그 결과 어느 학교에 재학하고 어느 학교를 졸업했는가라고 하는 학교의 레벨이 그대로 바로 개인의 능력의 정도를 나타내는 것으로서, 사회적인 평가가 주어지고 있다. 개인의 능력이나, 개성에 부응하여 학교나 교육이 마련되고 있다고 하는 것보다는, 일정한 사회적 레벨을 가진 학교에 걸맞은 학생이 선발되고 있다. 라고 하는 현실이다.

여기까지 고찰해 보면, 입시문제나 진학경쟁은 그것이 교육의 잠재적 기능의 역기능화라고 하는 것에 그치지 않고, 현재적 기능까지도 지배하여 역기능화시키고 있다는 의미에서, 이는 교육부재이며, 오늘날의 교육의 중대한 병리현상이라 아니할 수 없다.

교육의 병리현상

상술한 바와 같이 사회병리로서의 교육의 병리를 문제시할 경우, 그것은 학교

내지 교육의 ① 순기능과 역기능, ② 현재적 기능과 잠재적 기능, ③ 그들의 관련구조라고 하는 분석관점에서 파악하는 것이 유효한 접근이라고 할 수 있다.

이러한 관점에서, 교육의 문제마다에 병리현상의 구체적인 예를 〈표 7-1〉과 같이 정리할 수 가 있을 것이다.

표 7-1 교육의 병리현상

영역	병리현상의 예
교육기능	학력편중, 학벌, 가정 · 학교 · 사회의 교육기능의 불균형, 진학경쟁, 보충교육, 청소년 비행
교육기회	불취학문제, 기회의 지역격차, 등교거부, 교육비 부담의 고액화, 월반입학, 콩나물시루교실
교육내용	수험체제, 지식편중, 편차치 편중의 교육, 테스트주의, 사회문화의 발전과 괴리
교육집단	경쟁주의, 진학 취업반의 대립, 일교조와 문부성의 대립, 비행집단, 학교태업, 괴롭힘, 교내폭력

아노미 상황과 개인의 적응행동

오늘날의 청소년에게 놓여 있는 사회적 상황을 파악하는데, 앞에 말한, 머톤(R. Merton)이 제기한, 아노미 상황으로서의 분석이 매우 유효하다. 먼저 그가 말하는 아노미 상황으로서의 분석은 대강 다음과 같다. 머톤은 사회의 문화구조를 성원의 누구나가 다 도달하고 달성하기를 바라는 목표-문화적 목표와, 그 목표를 달성하는데 있어서의 행동을 규제하고 통제하는 제도적 기본으로 나누어, 양자가 반드시 언제나 통합되어 있지 않은 점을 문제로 하였다.

가령, 스포츠에 있어서 승리라고 하는 목표만이 강조되어, 규칙이 중시되지 않을 경우에는 반칙이나, 불미스러운 행위가 빈발하는 것과 같이, "특수한 목표가 이상하게 강조되어, 그 강조되는 만큼은 제도적 기본이 강조되어 있지 않는 사회"에서는, 사람들은 제도적 규범을 무시하여 가장 능률적으로 목표에 도달될 수 있는 수단을 취하려고 하여 제도적 규범을 충실하게 준수하고 있는 것이 어리

석게 느껴지게 된다. 이러한 상황이 계속되면 무규범 상태가 출현하여 사회는 아노미 상황에 빠지는 것이다.

그런데 미국에서는 사람들의 누구나가 도달하고 획득하고 싶어하는 문화적 목표는, "성공"인데, 오늘날의 사회에서는 성공이나 출세의 찬스는 점점 줄어져 오고 있다. 그것 때문에 성공에의 강한 꿈을 가지면서 현실에서는 목표에의 접근은 저지당하는 사람이 많아져서 실의와 욕구불만이 높아져서 이것이 일탈행동으로 사람들을 몰아 내는 것이 된다.

이러한 상황 하에서, 개인의 적응행동은, ① 동조, ② 혁신, ③ 의례주의, ④ 도피주의, ⑤ 반항의 5유형으로 나누어진다. 동조는 문화적 목표와 제도적 규범이 잘 양립되어 있는 경우다. 혁신은 목표와 동화되면서 제도적 규정을 내면화하지 않고, "실수없는 수법"으로 성공에 도달하려고 하는 것인데, 현재적 · 잠재적 범죄와 결부되기 쉽다. 의례주의는 거꾸로 목표를 단념하고, 규범만을 고수하여 만족과 안전을 얻으려고 하는 것이다. 또 도피주의는 목표도 규범도 포기하여 도피하는 것이고, 반항은 목표도 규범도 거부하면서 대체적 목표와 거기에 걸맞은 규범을 새로이 제시하려고 하는 것이다.

머톤이 제기한 아노미의 개념과 거기에 기저를 둔 사람들의 행동의 유형은 이상과 같다. 오늘날의 청소년을 둘러싼 사회적 상황은 바로 이 아노미 상황에 지나지 않는다고 할 수 있다. 그리하여 이러한 상황 속에서 청소년은 각각 5개의 유형에 대응한 삶이나 행동의 타입을 지향하여 가게 된다.

흔히 지적되는 바와 같이 오늘날의 청소년은 심각한 수험준비체제의 압력하에 놓여져서 소외되고 있는데, 그 원인은, 뭐니뭐니해도 사회의 학력편중 사상에 있다. 따지고 보면, 청소년의 목표는 어떻게 하든지 일정의 학력취득이라고 하는 것에 있고, 그를 위해서는, 이를 악물고 "다소의 염치없는 일"을 하더라도, 또 친구를 제쳐서라도 그 목표를 달성하려고 한다. 또한 그러한 노력의 결과 달성되는 목표는 벌써 입신출세라든가, 성공이라고 하는 것이 아니고, 적어도 최소한의 안정된 사회적 · 직업적 지위나 생활이라고 하는 조그만 목표에 지나지 않는다. 그럼으로 해서 한층 학력취득이 한계선의 절실한 목표가 되지 않을 수가 없을지도 모른다.

수험준비의 압력이 타인을 적으로 보며, 사람을 밀어 떨어뜨리는 일을 생각하는 무서운 어린이를 만들어 내고 있다고 개탄하고 있다. 한편으로는 최근의 청소년 중에는 야심이 없고, 겨우 일류회사의 샐러리맨을 생활목표로 하여 지향하는 "조그마한 행복" 형이나, 소시민형의 생활태도에 매몰되고 있다고 비판한다. 또한 한편에서는 진학이나 학력취득의 기대도 없이 자포자기로 되어 비행으로 도피하는 청소년도 많다. 이러한 오늘날의 청소년에게 나타나는 여러 가지 생활태도나 행동유형이 결국은 아노미 상황으로서의 사회적 상황을 배경으로 하여 생겨나고 있다는 사실에 주목하지 않으면 안 된다.

3. 사회적 병리현상

육체적 병리와 사회적 병리

우리들의 신체에 각종의 질병이 발생하게 되면 그것을 병리라고 할 때가 많다. 요컨대 육체적 병리다. 그러한 병리를 갖지 않고 있는 상태는 생리다. 사회 안에서도 살인, 강도, 상해라고 하는 범죄나 비행이 발생하면, 그러한 현상을 의학적 용어를 차용해서 "사회적인 병리"라는 표현을 한다. 즉, 사회생활을 영위해 가는 동안에 몸에 질병이 발생하였던 것과 마찬가지로, 사회에도 일종의 질병이 발생하였다고 생각하여 그것을 사회병리라고 부를 때가 많다. 우리들이 질병에 걸리게 되면 보통행동, 예를 들어 학습이라든가 노동이라고 하는 극히 일상적인 생활을 하는데 막대한 지장을 초래한다. 매일매일의 생활에 큰 장해를 초래하게 되며, 생활에 커다란 기능적 장해를 초래하게 된다. 또 건강한 생활을 하는 것이 가치적으로 봐서 당연하다고 생각하고 있다면, 질병을 갖고 있는 사람들은 “바람직하지 못한 상태”다. 따라서 질병은 가능한 한 조기에 완쾌되고 싶어 한다. 나아가 질병을 앓고 있지 않는 사람과 부상을 입고 있는 사람과 비교해 보면, 전자에 대한 후자의 숫자는 매우 적다. 다시 말해서, 건강한 사람에 대해서 부상을 입고 있는 사람은 소수자다.

사회적 병리의 범위

범죄, 비행 따위의 사회병리는 다음과 같이 요약될 수 있다.

첫째, 범죄나 비행은 평범한 생활을 영위하는 동안에, 있어서는 안 되는 현상이다. 어떠한 범죄나 비행도 그로 인하여 사회적 제기능이 혼란하게 되어 이상한 상태를 야기시키게 되기 때문이다. 즉 다시 말해서 범죄나 비행은, 사회적 제기능을 혼란시키는 것이다. 또 범죄나 비행은 아니지만, 우리들의 생활의 제기능을 혼란시키는 요인으로는, 빈곤, 실업, 이혼, 질병들도 고려할 수 있는데 이들을 범죄나 비행과 같이 취급할 수는 없다.

둘째, 사회생활을 영위하는 동안에, 인간관계를 안정적으로 유지하거나 협조하며 서로 협력하는 경우가 많다. 혹은 리더십을 발휘하거나, 그 밑에서 많은 사람들이 한 가지 목표를 향해서 행동하고, 목표를 달성하는 일도 적지 않다. 이러한 상태에서 흉악범, 조폭범비행과 불량행위가 발생하게 되면, 사회관계가 파괴되고, 바람직스럽지 못한 상태로 전락한다. 즉, 범죄나 비행도 가치적으로 보아서 바람직하지 않고, 가치박탈적인 현상이라고 할 수 있다.

셋째, 일상생활에 있어서는, 가치적으로 보아서 바람직한 행동을 하고 있는 사람이 많음에 비해서, 범죄자, 비행소년의 숫자는 극히 소수에 지나지 않는다고 하는 점이다. 성인형법범 검거인을 인구비로 보면, 성인 1,000명에 대해서 8.4명(1984년)이고, 소년의 경우에도 1,000명에 대해서 4.95명이다. 이처럼 범죄를 야기시키는 사람들은 일반사람에 대해서 극히 소수이다.

이렇게 보면, 사회병리라고 불리우는 범죄나 비행은, 사회적 기능을 혼란시킨다는 점, 가치적으로 보아 바람직스럽지 못한 행위라는 점, 나아가서 그러한 행위를 하는 사람은 전 인구 가운데 극히 일부분에 지나지 않아 이상한 행위라고 생각된다.

사회병리 연구가 가장 발전되어 있는 아메리카에서도, 교육의 병리를 사회병리학에서 취급하는 경우는 결코 많지 않다. 대개, 청소년의 범죄나 비행, 소년근로, 이혼과 불화나 아동학대 등의 가족문제가 다루어지는 정도다. 우리나라에서도 미국의 경우와 유사해서, 청소년의 범죄나 비행, 장기결석자의 문제, 심한 진학경쟁, 테스트주의, 학교 간 격차, 가정교육 기능의 저하 등이 여지껏 다루어져 왔던 것이고, 이밖에, 대학과 고교의 갈등, 교내폭력, 가정내 폭력, 최근에 이르러서는 "괴롭히기(왕따)"의 문제로까지 발전하고 있다. 이렇게 헤아려 보게 되면, 교육의 병리로 일일이 열거할 수 없을 정도다.

사회적 병리현상과 교육병리

그런데 이러한 병리적 현상을 어떻게 다루면 좋겠는가 하는 문제가 있다. 시바노 아사야마는, "교육이 사회통합을 위한 기본적인 중요한 기능을 가짐으로 필연적으로 이 사회체제의 기구와 관련지어져서 그 사회의 체제적 가치의 지배를 받는다" 라는 전제에 입각하여 교육의 병리는 "궁극적으로는 사회해체의 역기능에 인과관련적으로 밀접한 관계를 갖는 사회병리현상"이라고 규정하고 있다. 또, 사회병리현상과는 별개의 것으로, 독자적인 교육의 병리도 존재하지 않는 것은 아닌데, "교육 안에 경제적, 정치적, 종교적, 문화적 병리가 침입해 옴과 동시에, 교육체계 그 자체의 해체와 부패가, 사회 전체에 대해서 역기능적으로 작용하여서 사회를 불안으로 몰아 넣는다."는 경우도 있으며, 사회병리현상과 교육의 병리와의 관계는 상호의존관계라고 설명하고 있다. 또, 사회병리학의 체계화와 병행해서 교육병리학의 체계화에도 진전을 보이고 있다. 교육의 병리를 교육기능의 수행, 말하자면 사전, 사중, 사후에 있어서 사회적 일탈과 기능장애의 상태라 하고, 바꾸어 말하자면, "교육을 둘러싼 내부적, 외부적인 여러 가지 조건으로 인하여 교육기능의 수행이 현저하게 저해되어, 그 결과 각종의 일탈행동이 파생되는 것"이라고 규정하고 있다.

병리현상의 발생과정

교육병리에 국한되지 않고, 사회병리현상 일반이 그러하듯이, 병리현상은 사회적 과정의 한 부분이라고 할 수 가 있다. 즉 다시 말해서, 과정으로서의 병리현상은 그것을 발생하게 하는 조건현상, 그로 인해서 야기되는 병리현상, 나아가 그것이 원인이 되어 생기는 결과현상이 있다. 이렇게 생각하면, 위의 세 가지 현상이 인과관련적으로 다루어지게 되어 설명된다.

조건현상은 병리과정의 제 1위상에 위치하는 병리현상으로서, 제 2위상인 "병리현상"의 문자대로 조건, 원인, 배경으로 설명되어야 한다. "병리현상"은 조건현상의 결과이며, 제 3위상의 결과현상을 예상할 수 있게 하는 것으로서, 설명되어져야 한다. 그리고 가장 마지막의 결과현상은 조건현상과 병리현상을 선행요건으로 갖는 현상으로, 논리적으로나, 경험적으로도 그 선행조건의 귀결으로서 설명되어야 한다. 이상과 같이, 병리과정을 구성하는 세 가지의 위상적 현상은, 이러한 관계에 있어서 불가분한 것이나, 개개의 구체적 현상의 어느 것이 조건현상이고, 어느 것이 결과현상인가 하듯이 고정적, 선험적, 일률적으로 규정하는 일은 어렵다. 오히려 현상을 상대적으로, 예를 들어 비행이 조건현상으로 설명되는 경우가 있다고 하면, 결과 현상으로 설명되는 경우도 있다. 바꾸어 말하자면, 개개의 현상은 모두 다 조건현상, 병리현상, 결과현상으로도 될 수 있는 가능성을 지니고 있다. 요점은 사회병리현상은 사회과정의 일부분이며, 분석적으로는 위에 진술한 세 가지 위상으로 나누어서 설명하는 일이 가능하다는 점이다.

여기서 일례를 들어 보겠다. 알기 쉽게 하기 위하여 질병을 예로 든다. 가령, 이미 상해버린 음식물을 먹게 되면(이것이 조건현상), 뒤에 복통을 일으키거나 설사를 하게 될 수가 있다(이것이 병리현상). 그로 인하여 출근할 수 없게 되거나, 학교를 쉬게 되거나, 다음 날의 일이 쌓이거나, 결석으로 인하여 다음 수업의 내용파악이 힘들어지게 된다(이것이 결과현상). 질병과 부상 등은 그 과정이나 위상이 비교적 다루기가 용이하다. 그러나 사회병리현상은 그렇게 단순하지는 않다.

예를 들어, 소년 한 사람이 비행소년과 친구가 되어 그 결과, 도둑질을 하거나, 밤늦게 외출하거나, 다른 학교의 학생과 싸움을 하여 경찰에게 인도되었다고 하자. 단순하게 생각하면, 비행소년을 친구로 선택한 것이 조건현상이고, 절도, 야밤의 배회, 싸움이 병리현상이 되며, 경찰에게 인도되어 타이름을 받는 것이 결과현상으로 된다.

그러나 왜 비행청소년을 친구로 선택하였는가에 대해서 생각해 보면, 가령, 형제가 비행청소년이였다거나, 항시 보는 텔레비전 드라마가 액션물이었다는 이유도 있을 수 있다. 그렇게 되면, 비행소년의 형이 있다는 점, 항상 보는 텔레비전 드라마가 조건현상이라고도 생각할 수가 있다. 또, 경찰에게 인도되어 훈방을 받았기 때문에, 동료들 사이에서 리더가 되어서 부하를 데리고 다니면서 나쁜 일을 하는 것도 생각할 수가 있다. 이러한 예는 다수가 있다.

Journal (7)

제 8 장

지역사회와 학교

1. 지역사회 변천과 학교
2. 새로운 지역사회의 구상
3. 지역사회학교
4. 학교의 유형과 교육의 목적 · 내용
5. 교육내용의 변혁을 초래하는 사회적 제 요인

1. 지역사회 변천과 학교

오늘날의 지역사회는 급격한 산업구조의 변화와 도시화, 공업화의 진행 위에서 그 지역사회로서의 성립의 기반인 「지역성」과 「공동성」을 상실해 지역사회로서의 연대의식이 희박화되고 있고, 그것이 큰 사회과제로 되고 있다. 이러한 상황에 있어서 국민생활 심의회의 「인간환경정비로의 지침」 보고서는 다음과 같이 지적하고 있다.

오늘날 경제의 급격한 성장은 산업과 지역의 구조 변화를 통하여 생활의 장에 대해서도 중대한 영향을 주고 있지만, 지역사회에 일어난 가장 큰 변화는 교통기관의 발달에 따른 생활권의 확대와 지역공동체의 붕괴이고, 지역사회에 있어서 연대의식의 퇴색, 즉 도시에서는 지역생활에 무관심한 청년실업자층의 대량유입에 따라서 지역주민의 전출도 증가되었기 때문에 종래의 지역공동체의 기능이 현저히 약해지고 있다. 또 농촌에서는 젊은층을 중심으로 하는 인구 유출에 따라서 과속문제가 발생하거나, 주민층의 다양화에 따라서 종래부터의 지역공동체의 유지가 곤란하게 되었다. 더구나, 이러한 변화가 지나치게도 대규모한 동시에 급격했기 때문에 지역주민은 그 변화에 충분히 대응하지 못하고 사회적 연대를 상실한 그대로 여러 가지 문제에 직면하고 있다.

대도시와 위성도시, 과밀지대에 있어서 문제점

우선, 주로 인구가 급증하고 있는 대도시 및 근교도시에서는 다음과 같은 문제가 발생하고 있다.

① 건전한 여가 이용시설과 상담 상대가 없는 그대로 비행화하는 청소년의 증가라든가, 유아의 호외 활동에 있어서의 위험의 증대가 주목되고 있다.

② 주부 취업의 증가 등에 따라서 부모가 맞벌이 하는 집안의 아이가 증가하고 있고, 또 어린이의 가정 내에서 예의 교육이 상실되고 있다.
③ 직장에서 은퇴하고 가정에서도 떨어져 고독한 여생을 보내고 있는 노인이 증가하고 있다.
④ 노동시간의 단축과 가사노동의 경감에 의해 얻은 여가를 인간성의 회복에 활용되는 여가시설과 활동의 조직이 부족하다.
⑤ 공해와 교통사고 등 지역생활을 위협하는 장애가 증대하고 있다.
⑥ 갑자기 아픈 사람이 생겼을 때 등, 근처에 도와줄 사람이 없어 곤란한 경우가 많다.

지역사회 인구 유출이 급격한 과속지역에서는 방재, 교육, 보건 등 지역사회의 기초적 조건의 유지가 점점 곤란해지는 동시에 일찍이 지역공동체에 따라서 행해지고 있던 응급환자의 수송, 도로의 제설작업 등의 공동작업도 유지가 불가능하게 되고, 지역생활 그것이 곤란해지고 있다.

지역사회의 필요성

이러한 지역사회 붕괴의 현황을 토대로 국민생활심의회의 보고서에서는 새삼스럽게 「인간성 회복」의 장으로서 지역사회 필요성을 강조하고 있다. 거기에서는 첫 번째로 지역주민의 사회적 공동생활을 유지하기 위해 필요한 물적인 생활수준을 확보하고, 두 번째로 사회적 수준이라고 할 수 있는 인간교류, 주민참가, 시민의식 등에 충실을 꾀하는 것을 목표로 한다. 이는 주민의 다양한 문제와 요구를 통합하기 위한 장으로서의 기능이 강조되기 때문이다.

그래서 이러한 시점에서 지역사회는 "생활의 장에 있어서, 시민으로서의 자주성과 책임을 자각한 개인 및 가정을 구성체로 하는 지역성과 각종의 공통 목표를 지닌 개방적이면서 구성원 상호에 신뢰감이 있는 단체"로서 정의되고 "주민의 자주성과 책임성에 기초하여 다양화되는 각종의 주민 요구와 창의를 실현하는 단체"로 규정될 수 있다. 자연발생적인 지역공동체와 달리 의도적으로 「창조」 되어야 할 공동체가 지역사회라고 말할 수 있다.

문화활동권으로서의 지역사회

국민생활심의회의 보고서에는 지역사회 붕괴의 상황과 그 기초로서의 「자주적으로 창조되어야 할 지역사회」의 필요성을 일본의 급격한 사회변동에서 강조하고 있는 것이 현실이다. 중앙교육심의회가 「지역사회와 문화」에 관한 보고서를 낸 것도 그 때문이다. 이 보고서에서는 지역사회에 있어서 문화활동의 의의를 명확히 하면서 지역사회 형성이라는 시점에서 다음과 같이 주장하고 있다.

"시민의 문화활동은 일상 생활에 기인한 것이고 주민의 따뜻한 마음의 접촉을 통해서 풍부한 인간성을 회복해 사는 보람에 만족한 생활을 영위해 가는 것이 가능한 장으로서의 지역사회의 형성과 깊이 연관하고 있다". 그래서 이와 같은 지역사회는 원래 주민의 한 사람 한 사람이 서로 존중하면서 그 협력의 토대로 만들어져 있지만 그때, 주민이 일상 자발적으로 영위하는 문화활동이 상호의 교류를 깊이, 연대감을 기르는 면을 포함해 큰 역할을 담당하는 것이 기대된다.

문화활동권이라는 새로운 구상을 하면서 문화활동권의 정비를 했다. 국민의 문화활동을 왕성히 하기 위해서는 행정도면과 경제활동권, 통근, 통학권에 반드시 구애되지 않고 지역주민의 일상 주거하는 장을 기초로 하면서 주민이 다양한 문화활동을 전개하는 구체적인 범위를 문화활동권으로서 취하고, 그 시점에서 제반의 시책을 진척시킬 필요가 있다.

문화활동의 거점으로 되는 시설의 정비에 있어서는 그것들의 시설에, 지역에 대한 애착과 귀속감의 상징으로서의 활동을 지탱하고, 지역사회의 증진의 장으로 하는 듯한 관점도 필요하다.

2. 새로운 지역사회의 구상

급격한 도시화의 진행에 동반해서 지역사회 의식의 상실이 문제가 된지 오래다. 도시화의 진행을 다른 면에서 말하면 이른바 봉급쟁이가 아닌 샐러리맨으로서의 생활 형태를 취한 사람이 그만큼 증대한다는 것이다. 그리고 각각의 조사결과 등에서 지적하듯이 특히 우리나라의 경우 봉급쟁이와 샐러리맨의 생활 의식으로서의 특질적인 것은 가정과 직장에 대한 관심과 귀속의식은 매우 강하지만 제 3공간인 「낯선 대중 속에서의 생활구분 지역에 대한 관심과 귀속의식」이 극단적으로 궁핍하다고 일컬어지고 있는 것이다.

새로운 지역사회 창조의 필요성

그러나 그 중에서 국민생활심의회의 보고서 등에서도 지적하고 있듯이 최근 새삼스럽게 「인간성 회복의 장」으로서의 새로운 지역사회의 필요성에 관한 의식은 제법 높아지고 있다. 예를 들어 국민생활심의회 생활환경부회의 보고서 「일상생활권에 관한 생활환경정비의 진행 방법」에서는 주인의 의식조사의 결과 등에 기인해 다음과 같이 지적하고 있다.

"오늘날 주민의 일상생활에 관계되는 환경정비의 요구는 항상 생활에 있어서 안전성, 건강성, 편리성을 구하는데 그치지 않고 지역사회에 있어서 쾌적한 생활을 영위, 사는 보람에 관계하는 듯한 물적 환경 및 조직적인 서비스의 제도화를 포함해 그 기반을 만드는 것을 행정에 요구해 오고 있다."

지역사회 주민의식 조사에 따르면, 일상생활을 영위하기 위해서 이웃과의 접촉은 여러 가지 의미에 있어서 결핍되지 않는 것이고, 그 접촉의 장으로서 지역사회라는 것에 대해 무관심하지 않는 사람이 70~85%나 있고 지역별로 다소의 차는 보이나 전체로서는 지역사회에 관심을 가지고 있고, 특히 새로운 세대의 형성기에 걸친 30대 사람의 관심이 높았다. 또 생활환경 문제처리에 대한 의식은 무엇인가 불만과 문제가 발생하는 경우 지자체 당국과 의회에 맡기는 것이 좋다고 생각하는 사람은 적고(10~20%), 주민조직과 국민대표를 통해 스스로의 손으로 해결해야 한다고 생각하는 사람이 과반수를 차지하고 있다.

이와 같이 주민 사이에는 해결 불가능한 문제(자연적 환경, 공해, 재해, 교통사고, 문화, 스포츠, 공공시설 등)로 되어 있는 것이 많고, 지역주민, 지역사회의 문제로서 해결하지 않으면 안 된다고 하는 의식이 강하다.

이와 같이 새로운 지역사회의 창조와 그것을 위한 생활환경 정비에 대한 의식은 최근 갑자기 높아졌지만 문제는 이러한 의식의 고조가 반드시 실제 활동과 행위의 고조와 연결되어 있지 않다는 것이다. 보고서 등에서도 서술하고 있듯이 "그것만으로는 주민 각자들이 나아가 지역사회 활동을 일으키거나 생활환경문제 해결을 위한 적극적인 참가가 있는가 라고 하면 반드시 그와 같은 주민의 행동대응은 올 수 없다. 지역사회의 필요성은 인정하면서도, 실제로 활동에 참가하게 되면 50% 사람은 적극적으로 참가할 예정은 아니라고 대답하고 의식과 실제활동 사이에는 차이가 보인다. 따라서 이 의식의 고조를 어떻게든 행동화하고 있지만, 오늘날의 지역사회 형성의 큰 문제가 되기 때문에 학교교육, 지역사회교육, 가정교육 전체의 이상적인 생각을 위해서도 그것이 중요한 시점이다.

위에서 서술한 것처럼 새로운 「지역사회 창조」의 필요성과 「국민의 문화활동」의 장으로서의 지역사회라고 하는 것을 생각해 볼 때 지금이야말로 새삼스럽게 「지역사회학교」의 현대적 구상을 끌어내 그것을 기초로 하여 새로운 학교의 재편성을 지향해 가는 것이 필요하다.

새로운 지역사회학교의 구상

잘 알고 있듯이 지역사회학교의 사고방법은 1930년대의 아메리카에서 경제불황 중 피폐한 농촌을 중심으로 일종의 지역사회 개량운동으로서 전개된 것이었다. 그 제창자로서 알려진 올센(E. G. Olsen)에 의하면 학교와 지역사회와의 바람직한 관계의 원칙은 다음과 같다.

첫째, 학교는 성인교육의 장을 제공함에 따라 성인교육의 중심이 된다.

둘째, 학교는 지역사회의 자연적, 사회적 자원을 이용한다. 예를 들어 지역사회의 문화재와 시청각 자료의 이용, 지역사회 주민의 방문과 학교초대, 견학여행, 조사, 숙영 등에 따라서 교육의 내용과 방법은 풍부해지고, 활기를 띠게 된다.

셋째, 학교는 그 커리큘럼을 지역사회의 구조, 과정, 문제의 해결을 중심으로 구성한다. 지역사회의 자연적 기반, 사회구조, 기본적 활동, 여론, 임박한 과제들 중에는 현대사회의 문제가 축소적으로 반영되어 있기 때문에 이것들과 맞붙은 학습은 현대사회의 문제와 맞붙은 학습이 된다.

넷째, 학교는 지역사회의 활동에 참가하는 것에 따라서 지역사회를 개선한다. 학생과 교사와는 시민과 함께 여러 가지 사회봉사활동에 참가하는 것에 따라서 직접적으로 사회를 개선하거나 또 그것에 따라서 아동청년과 교육의 가치를 사회적으로 인정시키는 것이 가능하다.

다섯째, 학교는 지역사회의 모든 교육활동을 통합하는 지도적 역할을 담당한다. 성인교육을 포함하는 지역사회의 교육계획과 그 실천의 지도다.

위와 같이 지역사회학교의 생각방식은 단적으로 말해, 학교의 사회화와 사회의 교육화를 목표로 하였던 것이다. 그래서 지역사회에서 보이듯이 지역사회와 학교와의 관계를 교육실천 및 학교경영, 행정의 기본으로 하는 생각방식은 전후 큰 영향을 주었다. 그렇지만 원래 농촌이라는 사회적 토양에 불황이라는 사회적 기후를 얻어 번성했다고 일컬어지는 지역사회학교의 실천이였을 뿐 1970년대 급격한 도시화, 공업화의 진행과 지역사회의 변동, 그리고 교육행정의 성격변화 등을 기초로 해 그것이 후퇴된 것이 현실이었다.

그러나 앞에서 서술한 것 같이 새로운 「지역사회 창조」의 필요성이 요청되고 있는 지금, 새삼스럽게 현대적인 새로운 「지역사회학교」의 구상이 요구되고 있다. 이와 같은 시점에서 볼 때, 나르센이 제기하고 있는 학교와 지역사회와의 바람직한 관계 원칙의 하나하나가 새로운 현대적인 의미를 지니고 강요되고 있다. 예를 들어 각각의 학교에 있어서 창조적 교육과정 편성의 요청이다.

교육과정 편성에 관해서는 교육목표의 설정과 그것에 관해서 교사집단 전체의 공통이해라는 것이 기본적으로 중요하다. 물론, 교육목표라 하면 교육기본법에 나타나 있는 것처럼 극히 일반적, 보편적인 목표도 있지만 보다 구체적인 목표라고 하면 각각의 학교에 두고 있는 지역의 성격과 그 중에서도 특히 교장을 비롯한 교사집단의 교육관과 교육의식의 차이, 또는 학교의 전통과 교풍의 차이 등에 따라서 차이가 나고, 또 달라야 할 것이다. 지역의 성격에 있어서도 위에서 서술한 것처럼 도시, 농촌을 불문하고 모두의 지역이 급격한 변동의 과정에 있으면서도 그 변동의 방향, 속도, 과정 또 그것들이 담당하는 과제는 각각의 지역에서 각각 다를 것이다. 이런 의미에서 지역사회의 변동이 급격한 오늘이야말로 지역사회와 학교와의 새롭고 적극적인 관계를 수립하는 것이 큰 과제라 할 수 있다. 또 각각의 학교의 교사집단이 일체가 되고, 이러한 지역사회의 변동 위에서 교육목표의 설정과 교육과정의 편성에 적극적으로 접촉하는 것이야말로 주체적, 의욕적인 교육실천의 전개도 기대되는 것이다.

3. 지역사회학교

지역사회학교의 기초

오늘날에도 지식 위주의 교육을 주장하는 사람이 있겠지만 1910년 이전의 학업중심학교(academic school)에서의 학교의 사명은 3R 및 기타 필요한 지식 기능을 교수하는 것이었다.

당시의 교육은 인간형성의 극히 일부분만을 담당할 뿐이어서 대부분은 가정이나 지역의 생활을 통하여 행해졌다. 예컨대, 직공이나 상인, 가업계승은 도제교육을 통해서 훈련하였었다. 농어촌에서도 가업을 잇기 위해 기술적인 일이나 사회적 인간관계도 친구라고 하는 학교 이외의 사회장에서 형성된 것이었다.

당시 학교는 생활학습으로선 충분하지 않은 3R, 소위 기초 학습에 해당하는 것을 갖고 있었다. 구미에서 희랍의 고흥, 우리나라에선 고전을 가르쳤을 학교에서 교수와 학생 개인 관계는 지식을 전승하는 것이 중심이었고 학생 개인의 노력과 경쟁이 장려되고 학생들끼리의 협동이나 협의는 거의 부정적이었다.

이와 같이 학교 이외에서 영위하는 생활학습과 학교에서의 기초학습을 합치시킨 곳에 전인적 인간형성이 기대된다. 이 때문에 학생을 기숙사에 수용하여 모든 생활을 학교가 장악하는 기숙학교(boarding school)는 양자를 합한 전인형성을 위한 학교다. 고대 Sparta의 국립체육소, 중세의 승려학교 등은 광의의 기숙학교라 할 수 있다. 그러나 그것은 각기의 특수목적을 갖는 수련소이고 여기에 대해 인간적인 교육을 지표로 하는 근대적 의미로서의 기숙학교는 영국의 중등교육학교로서 유명한 이튼학교(Eton College, 1411), 하로우학교(Harrow School, 1615), 럭비학교(Rugby School, 1567) 등의 소위 명문학교일 것이다. 거기에는 지식을 중심으로 하는 지식 교수가 행해지고 엄격한 시험과 옥스퍼드(Oxford), 케임브리지(Cambridge) 양 대학에의 진학준비에 쫓기고 있어서 교육의 핵심은 기숙 생활에 있어서의 자활활동이나 스포츠에 있었다. 과외에서의 집단적 활동은 스포츠에 이어 문예클럽이나 음악, 미술 등의 동호자의 단체가 생기게 됨에 따라 더욱 활발해지고 또한 내용도 풍부하게 되었다.

이와 같은 전인적 인간형성을 임무로 하는 집단적인 생활활동 학습은 처음 학교 밖에서 행해졌으나 18세기 말부터는 서서히 학교 내로 들어 왔다. 그러나 그것은 교실에서의 정규과업과 엄격히 구별되어 과외 활동으로서 행해졌다. 1920년경이 되어 진보적 교육 방법론은 모든 과업을 사회화하려는 경향으로 흘렀다. 처음의 즐거운 활동으로서 교육적으로 착안된 작업이 교육내용의 전 영역에 걸친 기본적 방법원리로 생각되어 작업협동체(Arbeits Gemeinschaft)로서의 학급 집단이 문제가 되었다. 교과서 중심의 독서 학교에 대한 아동의 적극적인 학습활동을 강조하는 작업 활동운동이 그것이다. 그와 마찬가지로 교과서를 외워서 지식의 습득과 기억을 중심으로 한 종래의 기억교육의 학교에 반대하여 실제의 사회생활에서 유능한 시민의 육성을 목적으로 한 생활교육 운동이 일어났다.

듀이(Dewey)의 실험학교, 디크롤리 오비드(Decroly Ovide)의 생활학교, 함부르크시에 설정된 생활협동사회학교(Lecens Gemeinschafts Schule, 1923), 특히 킬패트릭(Kilpatrick)에 의해 이론을 밑받침한 Project Method 및 작업과 생활과의 통합을 이상으로 한 예나 계획(Jena Plan)은 학습에서 개별화와 사회화를 통합에 관한 두 가지 모형을 볼 수 있다. 딜타이(Dilthey)나 슈프랑거(Spranger)의 학설을 계승한 체험학교 등도 이 류에 속한다. 어느 것이든지 단순한 개념적인 지식을 약화시키는 것으로서의 정의에 의한 체험은 체험에 의한 이해를 존중하고 그것이 부단히 전개되는 장으로서의 생활을 중시하는 입장이다. 교육내용을 생활 가운데 구하고 더욱 학습 방법을 생활화함으로써 생생한 지식과 기술을 몸에 붙이고 생활을 개선, 합리화하려는 의욕과 힘을 양성함을 목적으로 하는 소위 「생활에서의 생활」의 교육이다. 또 1930년대의 교육계 주목을 끈 향토교육(Heimat Erziehung), 미국의 지역사회학교(community school) 운동은 교육의 사회화에 거의 결정적 입장에 서고 있다.

특히 미국의 1929년의 대경제공황과 거기에 곁들여 2차 세계 대전은 미국의 위기와 혼란의 시기인데 그때 무제한의 개인주의와 자유, 경제적 물질 향략의 도취로부터 국가적 복리를 위한 단결과 협동이 강조할 때였다. 즉 개인적 이익과 제한 없는 자유 속에서 각자의 안락과 편의를 희구해 온 미국시민은 곧 민주주의 자체가 내포한 상호 이해와 협동의 미덕을 찾기 시작했다. 그래서 이와 같은 사회적인 단결과 협동은 반드시 각 지방의 지역사회(local community)를 바탕으로 이루어져야 했다.

이와 같은 사회적요구와 그 반영으로서 학교 교육은 지역사회 생활을 강조하지 않으면 안 되는 것이다. 올센(Olsen)도 말하기를 당시의 복잡한 여러 문제를 내포하고 있는 긴급한 시기에 있어서 미국 교사들의 관심이 지역사회 중심 교육으로 집중되고 있었다는 것은 우연한 일이 아니라는 것이다.

지역사회학교의 위상

인간의 사회화 작용으로서 문화의 존속, 유지하는 기능도 있으나 사회 개혁

내지 창조의 기능을 갖는다. 브라멜드(Brameld)의 재건주의에서는 문화의 변용 중에 생활 방식의 개선 기능을 말하고 집단생활에 대한 교육과정은 항상 양극적인 과정 또는 상호 보충적 과정임을 명심하고 문화를 안정시키고 전달하고 계속성을 보충하는 과정인 동시에 또 한편으로는 전세대로부터 물려받은 제 특징을 시정 개선하고 교체하는 과정이라고 말하고 있다.

브라멜드는 현대와 같이 사회의 변화가 격심하고 문화적 위기에 처해 있는 사회에서는 교육은 사회혁신의 역할을 하여야만 한다고 역설하고, 그렇게 하자면 학생에게 사회 개선을 할 수 있는 지식, 기능, 태도, 신념을 형성해 주어야 하고 또 교육의 사회 개혁에서 다른 일면을 생각한다면 학교가 중심이 되어 직접적으로 사회 개혁의 지도적 역할을 해야 하는 것이다. 교육은 현사회의 문제점을 발견하고 지역사회 주민과 협력하여 이를 시정 개발하는 것이 교육에 맡겨진 임무의 하나라 본다.

이와 같이 교육은 사회의 유지 발전 혁신을 위해 그 사명을 다해야 함이 학교의 사명이나 존속유지와 개혁, 어느 면에 강조점을 두느냐에 따라서 학교 현장에서 벌어지는 교육의 모습은 다소 차를 가져온다.

첫째, 전통적 학교

전통적인 학교는 오늘날의 모든 성인에게 아주 친숙한 학교다. 학교에서 강조하는 것은 교과이며 저학년에서는 독, 서, 산을 공부하는 데 학교시간을 보낸다.

교과는 상호 분리되어 교사는 무엇보다도 교과와 교수방법에 전문가가 되어야 한다. 학교에서 학생의 성공은 학습 능력에 있다.

이러한 전통주의적 학교의 고유한 가치를 여전히 추구하면서 지적 훈련을 시키는 특별히 한정 기능을 가져야 한다고 주장하는 이는 베스터(Bestor)이다. 이와 같은 베스터의 학교 기능설에 동조하는 사람들이 교육자나 일반인에게 있으나, 대부분의 미국 학교는 이런 견해에서 상당히 멀어져 가고 대조적 견해인 학교의 지역사회학교를 주장하는 이가 많다.

둘째, 지역사회의 모형으로서의 학교

학교와 지역사회의 이차적인 관계에서 학교는 지역사회의 축소된 표본이라는 것이다. 이 견해에 의하면 아동은 먼저 학교 사회에서 삶을 배움으로써 성인으로서의 삶을 학습하는 것이다. 듀이(J. Dewey)의 최초의 학교는 이와 유사하다. 그는 말하기를 학교 교육은 특히 행동의 통제를 위하여 저속하고 무가치한 동기를 구별하게 하고 건전한 도덕적 기풍의 조성에 양친의 협력을 바란다. 일부 도당이 아니라 전체로서의 학교의 사회적 생활에 가치 있는 민주적 기풍의 조성……. 다시 말해 학교는 협동생활을 하고 좋든 나쁘든 순수한 사회기관, 즉 지역사회임을 기억하길 희망한다. 그는 또 계속하기를 학교는 조그마한 지역사회의 성원이 될 수 있도록 사회의 모든 아동을 도입 훈련하고 봉사정신을 일깨우고 효과적인 자기지도의 수단을 제공해 줄 때 우리는 가치 있고 고상하고 조화로운 대사회를 깊이 진정으로 보장할 수 있다.

이런 형태의 학교에서는 아동들이 학교 자체 내에서 민주적 사회생활의 수업, 즉 학교 사회의 적합하다고 아동 생활과 공동 작업에 적합하게 할 수 있는 작업을 학습했기 때문에 지역사회에 훌륭한 성원이 되리라고 기대할 수 있다. 이러한 교육을 받았기 때문에 성인으로서 부딪쳐야 할 지역사회의 생활 문제를 다룰 수 있는 준비가 더 잘 되어 있다고 기대된다.

셋째, 지역사회학교(Community school)

학교와 지역사회와의 세 번째 관계는 가장 밀접한 관계인데 여기서는 학교는 지역사회의 개선을 위한 기관으로서 직접적인 역할을 하고 학생은 성인의 자격으로서 지역사회 활동에 참가하는 것이다. 이것이 이른바 1930년대 이래 미국에서 발달한 지역사회학교다.

교육이란 사회의 개념과 태도를 학생에게 가르치고 사회적, 시민적, 경제적 상호 관련하에서 어떻게 행동할 것이냐를 가르치는 과정이라고 광의로 생각하는 사람은 전체 지역사회를 교육기관으로 생각하고 있다. 이러한 견지에서 볼 때 학교는 단독으로 교육할 수 없으며 학교와 가정만이 협력해서도 되는 것이 아니다. 교육이란 지역사회에서 살고 성장하는 결과다. 이렇게 볼 때 지역사회는 아동의 교육에 이처럼 중요하기 때문에 교육자들은 교육 목적을 위하여 학교와 지역사회의 경험을 최대한으로 종합하는 데 그 의미를 갖고 있다.

교육은 사회적인 현상이고, 방법적 사회화다. 학교는 방법적 사회화를 행하는 중심적인 기관으로서 발달해 왔다. 원시적인 사회이든지, 고도로 문명이 발달한 사회이든지, 모든 사회는 그 구성원을 사회화하기 위한 수단, 즉 구성원에게 그 사회의 일원으로써 인식되게 하기 위한 수단을 가지고 있다. 전근대적인 사회에 있어서는 이 사회화의 과정은 주로 가족과 친족집단과 지역사회의 기능이였다. 그것은 형식적인 것이 아니고, 비형식적인 것이였다. 그러나 사회 구조의 규범이 광대해지고 복잡해짐에 따라서 사회화 기능의 대부분은, 점차로 보다 형식적인 기관에 양도되어 갔다. 공적인 사업으로서 조직된 학교시스템은 그 최종적인 형태라고 말할 수 있다. 여기서 형식적이라고 하는 것은 특정의 목적과 그것을 달성하기 위한 내용과 조직이 구비되어 있다고 하는 것을 의미하고 있다. 여기에서는 그 「목적 · 내용」을 들어, 그것이 어떻게 사회와 깊은 관계가 있는지에 대해서 고찰하고자 한다.

4. 학교의 유형과 교육의 목적 · 내용

학교와 지역사회와의 관계

학교와 지역사회와의 관계를 밀접하게 해야 한다는 것이 최근 중요한 교육과제의 하나로 되어 있지만 이와 같은 생각과 실천은 결코 새로운 것은 아니다.

올센(E. G. Olsen)은 1943년에 간행된 현대교육백과사전(Encyclopedia of Modern Education)에 있어서 지역사회와 학교(Community and School)의 내용을 진술하고 있지만 올센은 거기에서 "현실주의적인 교육자들은 옛날부터 학교에서의 제 경험을 보다 큰 생활의 활동과 밀접하게 관련시키는 것이 사회적으로도 교육학적으로도 바람직하다고 하는 것을 인식하고 있었다."고 지적하고, 그와 같은 교육자의 대표로써 루소(Rousseau), 페스탈로치(Pestalozzi), 스펜서(Spencer), 파커(Parker)의 네 사람을 들고 있다.

그들은 효과적인 교육의 기초로서 직접경험(direct experience)과 사회적 리얼리즘에 관해서의 초기의 제창자다. 또 더욱 새롭게는 듀이(Dewey)의 이름도 들고 있다.

그러나 지역사회와 학교의 관련이 있는 문제로서 부각되어 온 것은 1930년대 말부터 1940년대 이후였다. 1930년대 말부터 지역사회와 학교와의 관계가 쟁점화된 문제로서 주목되게 이른 것은 어째서일까.

올센은 공업화, 도시화, 근대사회의 상호의존성의 진전에 의해 다음과 같은 두 개의 사회적 요인이 발생한 것을 이유로 들고 있다.

① 제 1차적인 지역사회 단계, 결국 대면적인 인간단계가 쇠퇴했기 때문에, 중요한 지역사회 활동에서 성인의 지도하에 인격적으로 책임을 지고 자주 참가하는 것을 통하여 행하는 효과적인 청소년 교육의 적절한 기회가 상실되게 된 것.

② 1930년대의 대공황과 1940년대 1차 대전에 의해 국내적으로도, 국제적으로도 긴장 · 몰락 등이 증대한 것.

결국, 위와 같은 상황의 진전 속에서, 전통적인 학교교육과 청소년의 기본적인 생활 욕구와의 사이에 깊은 차이가 생겨버린 것이 많은 교육자 사이에서 인식하게 되고, 그 차이를 메우지 않으면 개인의 자기개발도 사회의 복지의 증진도 기대할 수 없다고 하는 위기의식이 생겨난 것이 지역사회와 학교와의 관계가 크리티컬한 문제로 된 주요한 원인이었다.

이 사이의 사정을 쿡(A. L. Cook)은 지역사회학교 운동이 시작되지 않았던 1938년에 다음과 같이 말하고 있다. "우리들이 목표로 해야만 될 교육이 어떤 것인지를 명확히 말하는 것은 용이한 것은 아니다. 그것은 본질적으로 아동 · 초등학생의 성장을 계획적으로 예측하는 문제이고, 성장해 가는 인간을 변화하는 지역사회에 동화시키는 것에 주의깊게 노력하는 것이라고 생각된다. 이러한 학교 기능의 생각에 어떠한 명칭을 부여해야 할 것이냐에 관해서 교육자들의 의견은 가지각색이지만 어쨌든 사회적 지도(social guidance)라고 하는 이념에서 있다고 해도 틀리지 않을 것이다. 어떠한 명칭을 부여한다고 해도, 결국 이런 종류의 교육은 학교와 생활과의 사이에 있는 차이에 다리를 만들어, 인격과 성격을 발달시켜 지역사회를 보다 살기 좋은 장소로 하는 것을 목표로 하는 것이다."

지역사회학교의 유형

쿡(Cook)은 또한 이와 같은 새로운 유형의 학교상을 전통적인 학교와의 대비에 두고 그리고 있다. 그것은 당시의 평균적인 학교와 같이 경직된 학습지도 요령을 강요해서 어린이의 호기심을 말살해 버리게 하는 일은 없다. 어린이들은「탐색하고 탐색하는 유기체」로 볼 수 있다. 학교의 과제는「경험을 확대 · 심화하고 지성을 해방하고, 기본적인 가치에 관해서의 이해를 높이는 것」이다. 이와 같은 새로운 학교는 전통적인 학교에 대해서 진보적인 학교다. 그러나 Cook은「극단적인 진보주의」는 없다고 말하고 있다. 그것은 전통적인 학교에 비교하면 대폭적인 자유가 허용된 학교다. 그러나 그 자유는 결코 무제한의 자유가 아니라, 어디까지나「제한 내의 자유」다.

지역사회학교는 교사에 대해 새로운 사회질서의 건설을 요청하는 것이 아니고, 의도적인 통제를 기초로 사회변동에 참가하는 것을 추구하는 것이다. 이상 쿡(Cook)이 말한 것에서 사료된 것 같이, 지역사회학교는 전통적 학교와도, 또 진보주의 학교와도 다르다.

올센(Olsen)은 1945년에 간행된 학교와 지역사회(School and Community)에 있어서, 지역사회학교를 〈표 8-1〉에 표시한 것 같이 역사적으로는 아카데믹한 학교, 진보주의 학교에 있어서 제3단계의 학교로서 위치를 차지하고 있다.

표 8-1 학교의 유형과 방향

학교의 유형 / 분류	전통적 학교	진보주의 학교	지역사회학교
기본적 방향	서적중심	아동중심	생활중심
주요한 영향	1910년 까지	1920-1930년	1940년 이후
인간관	선천적으로 악(성선설)	선천적으로 선(성선설)	선천적으로 부도덕적 (환경의 상황에 의한)
방법의 요점	압박적 훈련 귀여운 지식에게는 여행을 시켜라.	구속 보다 해방 자연의 성장에 맡겨라.	일의 책임 우리들이 이루어야 할 일을 가진다.
기본 목적	기억(정의하고 분류)	이해표현(이해하고 정교화)	진보한 통제(운영하고 재건)
커리큘럼 유형	훈련즉 교과문법 · 역사 · 수학 등	흥미중심(에스키모 - 종이와 주택의 이야기 그 외)	사회과정(식물 음식을 얻는 것, 정치, 건강 유지 등)
학습가치	모두가 장래에 연기된다(어린이의 흥미에 관계 없이).	모두가 직접적이다(성인의 요구에 관계 없이)	직접적이고 장래에 걸친 것 (성인의 관심이 어린이의 흥미가 된다.)
지역사회와의 관계	완전히 무시된다. (교실은 상아탑이고, 지역사회는 무시된다.)	우연적으로 이용된다. (교실은 생활의 순수한 모사, 지역사회는 자료와 경험의 원천이다.)	체계적으로 봉사된다. (교실은 경험의 클리어링, 하우스다. 지역사회는 발전과 진보의 실험실이다.)
학교와 지역사회, 나를 관계시키는 기술	문서자료 시청각보조구 교외전문가의 학교 방문 지도	문서자료 시청각보조구 교외전문가의 학교 방문 지도 면접 현장학습 조사 장기조사 여행 학교캠프	문서자료 시청각보조구 교외전문가의 학교 방문 지도 면접 현장학습 조사 장기조사 여행 학교캠프 봉사협력 활동 근로체험

결국 올센(Olsen)은 지역사회학교를 교육사상 제3단계의 학교로서 위치를 차지하고 있다. 그러나 진보주의 자체가 아동중심에서 생활중심에로의 전환을 가르키고 있다는 것에서, 지역사회학교는 진보주의 교육의 제2단계를 대표하는 것이라 말할 수 있다. 이것은 올센도 앞에서 소개한 책자 속에서 지적하고 있는

것이다. 하여간 여기서 주목해야 하는 것은 지역사회학교가 아동중심주의의 비판 위에 발달했다고 하는 것이다. 아동중심주의의 교육은 사회의 변화가 급속한 것이 아니라, 학교에서 학습한 지식과 기술이 학교 졸업 후에도 사회 속에서 유효성을 유지할 수 있는 시대적 배경 속에서 생겨난 교육이념이였다. 결국 학교교육과 사회생활의 요구와의 사이에 큰 차이가 일어날 수 없는 시대에 있어서, 아동중심주의는 그 의의를 발견할 수 있다. 그러나 올센이 말한 것 같이, 1929년에 시작된 대공황에 의한 사회적 · 경제적 혼란은 교육의 이념에 관해서도 근본적 변경을 가져오는 것이다.

미국교육학회(NAE)가 그 1935년의 제13년 연감에 있어서, 「사회변동과 교육」을 특집하고 있는 것, 또 듀이가 1936년 9월에 하버드대학 300년 기념행사의 예술과학협의회에 있어서 「교육과 사회변동」이라고 하는 연제에서 강연했던 것들은 그것을 가르키는 것이라고 말할 수 있다. 또 2차 세계대전의 진전과 동시에, 1917년의 창설 이래, 미국 교육계의 일대세력으로서 기능했던 「진보주의협회」가 1944년에 「미국교육연합회」로 개칭하고, 그 새로운 기본 목표를 다음과 같이 선언했던 것은, 무엇보다도 위의 상황을 여실히 말해 주고 있다. "미국교육연맹은, 종래보다도 학교가 기능하고, 그 일부를 이루는 향토적, 지구적, 국가적, 국제적인 지역사회의 전 생활에 대해서 보다 한층 더 큰 주의를 기울일 것을 제안한다. 진보주의 교육의 초기시대는 개개의 아동의 흥미와 능력과에 대해 강한 관심을 기울이고, 집단생활은 주로 학교 자체의 내부에서 행해졌던 것에 비해, 우리들이 지금 영위하려고 하고 있는 시대는 부모, 아이의 관심을 가진 자의 집단 · 성인교육, 즉 아동과 커리큘럼을 에워싸고, 학교가 국민의 학교로써 기능하는지 어떤지를 크게 좌우하는 지역사회의 모든 측면을 보다 친밀히 많은 관계에 의해 특징지우지 않으면 안 된다고 믿는다."

진보주의협회가 위와 같이 방향 전환을 한 것을 계기로, 지역사회학교에 관한 수많은 저서와 논문이 발표되고, 실례로 그 이념을 실천하는 학교가 전미 각지에 증대하고 있었다, 이와 같이 지역사회학교는, 변동하는 미국 사회와 함께 생겨난 교육운동이였다.

5. 교육내용의 변혁을 초래하는 사회적 제 요인

위에서 서술한 것 같은 지역사회의 이념과 실천은 이상과 같이 급속히 변동하는 현대사회에 있어서, 미국에 있어서만 아니라 우리나라에 있어서도 다시 주목되고 있다. 그러나 오늘날에 있어서는 이전에는 볼 수 없었던 새로운 제 요인도 포함해서, 교육내용의 변혁이 요구되고 있다.

정치적 요인

교육과정은 정치적 요인에 의해 변혁을 가져온다. 정치적 요인으로써 가장 중요하다고 생각되는 것은, 교육기회의 균형화 운동이다. 그것은 예를 들면 종합제학교의 도입을 요청한다고 하는 형태로 나타나 있다. 요청의 구체적인 내용은 국가에 따라 다르지만 유럽제국은 거의 예외없이 어떠한 형태든 기회균등의 증대와 비전문화로의 정치적 압력에 호응하고 있는 것이다.

경제적 요인

교육과정은 경제적 요인에 의해 변혁을 가져온다. 그와 같은 경제적 요인으로써 중요한 것은 3개 있다. 첫째는, 과학기술의 급속한 발달에 따른 지식의 폭발적 증대와 진부화다. 이와 같은 상황을 기초로 해서, 어떠한 지식과 기술이 장래에 도움이 되는가를 예측하는 것은 불가능하다. 우리들이 확실히 말할 수 있는 것은 지식과 기술의 양과 질의 변화는, 장래 더욱 가속화되어 간다는 것이다. 그러므로 교육과정은 학습에 대한 학생의 태도와 학생이 성인이 된 후부터도 학습을 계속하는 것을 가능케 하는 기술의 함양에 초점을 둘 수 있는 것에 변혁되지 않으면 안 된다고 하는 인식이 일반화되어 있다.

둘째로, 새로운 공학적 기술과 경영 기술의 교육에로의 적용이 각국에 있어서 보급되고 있는 것이다. 그것은 학습과정의 효율을 높이는 것을 기대하고 있다. 그러나 한편으로는 교육에 걸친 비용의 상승이 납세자가 된 국민에 의해 인식됨에 따라서, 시민은 그것에 적합한 가치를 향유하고 있는지를 아는 것이 요구되어지고 있다. 여기서 교육관계자는 비용효율에 관한 연구를 행할 필요가 더욱 커지게 되는 것이다.

커리큘럼의 변혁을 가져오는 세 번째 경제적 요인은 여유시간의 증대다. 노동에 보람을 느낄 수 있다면, 거기에 신경 쓸 필요는 없다. 그러나 현실로는 노동외의 기쁨과 즐거움을 맛보지 않으면 안 될 경우도 많이 있다. 지금까지의 학교교육은 노동을 위한 교육이었다. 그러나 위와 같은 상황을 생각한다면, 학교교육은 여유를 위한 교육을 생각하지 않으면 안 된다. 다시 말해서, 학교는 경제의 요청에 대응하는 학교 안이 아니고 학생의 개인적인 요구를 고려한 교육을 행할 필요가 증대되어 왔다고 할 수 있다.

사회일반에 미치는 요인

정치적 요인도, 경제적 요인도 넓은 의미에서는 사회적 요인이지만 권위의 변화라든지, 가치관의 변화라는 의미에서의 사회적 요인도, 교육과정에 근본적인 변화를 독촉하는 중요한 요인이다. 종교와 철학에 관계 없이 결혼 전의 순결과 결혼한 후의 정조를 중요시하는 성도덕을 받은 자는 지금까지도 결코 적지 않다. 그러나 성행동을 제 3자에게 미혹을 미치지 않는다는 조건하에서, 개인적인 기호의 문제라고 생각하는 자의 비율이 높아지고 있다. 그러한 경향은 청소년의 경우에 특히 현저하다. 청소년에게 부과되어 있는 여러 가지 사회적인 쟁점이 없어져 버렸기 때문에 청소년이 자기를 주장하고, 권위에 도전하는 것이 지금보다 용이해졌다. 청소년의 반항은 세대 간의 차이에 기인하는 것이 크지만 그러한 차이는 급속한 기술변화와 사회변화에 의해 더욱 증대되고 있다. 또한 이와 같은 차이는 문화적, 사회적 확대가 저지되고 있다. 그러나 지금은 그와 같은 영역이 세계적으로 상실되고 그것에 대신해야 할 만한 것을 우리들은 아직 발견하지 못하고 있다.

국제적 요인

국제화도 커리큘럼의 변혁을 재촉하는 중요한 요인이다. 나라와 나라와의 접촉은 관광여행과 경제활동에 의한 사람의 인적 교류와 매스미디어의 발달에 의해 직접적 혹은 간접적으로 밀도가 높아지고 있다.

지금까지 자신이 태어난 나라에서 소위 단계적 교육을 계속해서 수료하는 것이 일반적이였다. 그러나 앞으로는 해외교육기관에서 학습할 필요가 있는 자, 또는 그것을 희망하는 자의 비율이 증대될 것이다. 그렇다면, 커리큘럼의 기준을 국제적인 협력에 의해 개발할 필요가 있을 것이다. 최근 유럽제국에 있어서, OECD의 교육연구혁신센터가 추진체가 되어 학교를 기초로 한 커리큘럼 개발로 약칭되었다는 생각이 주목되고 있지만, 이와 같은 국제화의 동향은, 소위 국제적인 수준을 기초로 한 커리큘럼 개발을 요청하고 있는 것이다.

결국, 커리큘럼의 성격은, 국가단위에서 지역단위에로의 지향을 강하게 하는 요소와 국가수준에서 국제수준의 지향을 강하게 하는 요소를 동시에 가지고 있다.

Journal (8)

제 9 장

교사의 직업적 사회화 : 교직사회학

1. 교사라는 직업의 이해
2. 교사의 전문성
3. 교직과 직업적 사회화
4. 교사의 역할
5. 교사의 역할갈등
6. 전문직화를 둘러싼 문제

1. 교사라는 직업의 이해

교사에 대해서, 다음의 세 가지 관점에서 논의하고자 한다. 첫째로, 사회적 직업으로서의 교사에 대해서, 현대에 있어서의 사회적 지위와 역할이라고 하는 시각에서, 둘째로, 그와 같은 교사의 양성과 사회학의 과정을 교원자격의 취득 및 연수를 중심으로 고찰하고자 한다. 그리고 셋째로, 교사가 사회적 직무의 수행과 자신의 생활에 있어서의 자기실현을, 사회인으로서 어떠한 형태로 의도하고 있는지를 탐색하고자 한다.

"교사"의 의미

"교사"란 무엇인가 고찰해 보기로 한다. 교사란 원래, 종교상의 교학을 담당하는 사람을 지칭하였는데, 현재는 일반적으로 "지식 · 기예 · 학문 등을 교수하는 사람"이란 의미로 쓰여진다. 따라서, 가정교사나 사숙의 교사가 그러하듯이, 학교에 근무하고 있다는 것으로 한정짓지 않을 뿐더러 직업으로 인식하고 있다고 하지 않는다.

첫째, 사전적 의미

그런데, 교사의 사란 "전문적인 기술을 직업으로 하는 자"라는 의미로, 그 역할은 "학문과 기예를 교수하는 것"에 있으며, 근대에 와서는 "사장", 현대에 와서는 "선생"이라는 말로 속칭되어 왔다. 여기서 사장의 "장"이란 직인 직공을 뜻하는 말로서, 타이말로 "직공"이라 불러왔다. 따라서 교사란 "가르치는 직인=기술자"라고 생각해도 무방하겠다.

나아가, "선생"이라고 하는 말에서, 이 직인이 "먼저 태어났다"는 것이 조건으로 되어 있다. 뒤에 태어난 인간이 먼저 태어난 인간을 가르치는 것은 현실적으로는 충분히 있을 법한데, 일반적으로는 먼저 태어났다는 연유에서 보다 많은 지식과 기술을 체험으로 차세대를 지도한다고 생각되어 왔던 것이다. 무엇보다도 이것은 전통적인 사회의 경우라고 할 수 있겠다.

둘째, 사회학적 의미

그런데 사회학적으로 고찰해 보면, 먼저 태어났다는 사실이 중요하다. 그것은 교육이라고 하는 사회적인 영위가 오래된 세대로부터 새로운 세대에 대해서 행해지는 작용이기 때문이다. 이것은 교육의 원점이다. 이와 같이 미성숙 세대를 일생 동안에 어떠한 형태로 가르치는 입장에 선다. 즉 교사가 된다고 생각되어지는 것인데, 이를 직업으로 하는 사람을 지칭한다.

"직업"의 의미

"직업"이란, "사회적 분업이 성립되어 있는 사회에서, 개인이 독립된 사회적 단위로서 존재하기 위하여, 자신의 생계 유지를 꾀하고, 동시에 사회적 연대와 자기실현을 목적으로 하는 지속적인 인간활동의 양식"이라고 정의되어 있다. 요컨대, 생존을 위한 경제적 보수를 전제로 하여 사회적 역할을 수행하고, 그 역할을 통해서, 개성의 신장과 자기실현을 도모하는 것이다. 그래서 사람들은 직업을 가짐으로 인하여 사회적 지위를 획득하는 것이다.

이상, "교사"와 "직업"의 정의를 관련지어 생각해 보면, "직업으로서의 교사"란 사장이라든가 선생이라고 부르기 보다는 "교원"이라고 하는 직종으로 치환하는 편이 바람직하다.

가르치는 것을 직업으로 하는 사람은 사회적 역할면에서, 사회적인 기관 · 조직 속에서 활동하는 것이 일반적이다. 개인교수라는 형태를 생업으로 하는 자도 있는데, 그 대부분은 소위 말하자면 학교나 각종 교육기관에 소속되어 있다.

여기서는 이러한 교육기관, 특히 학교로 한정지어서 현대사회에 있어서의 교원의 역할에 대해서 살펴보기로 하고, 학교 이외의 교원에 대해서는, 학교교원과 관련되는 범위에서 다루고 싶다.

〈교사의 특징〉

① 취미나 도락으로 학문 · 기예를 가르치는 것이 아니고, 그것을 생계의 수단으로 하는 "직업인"이다.
② 자영업으로서의 개인적인 매매가 아니고, 학교라는 기관에 근무하는 "조직인"이다.
③ 학교교육이라는 사업에 고용되어, 임금을 지불받는다고 하는 의미에서는 노동기준법에서 말하는 "노동자"다.
④ 직업자격을 법정화할 수 있는 "전문적 직업"이다(각종의 직업분류에서 항상 전문적 · 기술적 직업으로 구분되어 있다).
⑤ 학교교육이라는 "공공적 서비스의 종사자"다. 행정서비스로서 실행되는 국공립학교뿐 아니라, 개인법인에 의한 사립학교의 경우도, 학교교육의 공적 성격에서 이에 준한다.
⑥ 성인사회의 대표자로서 미성년자의 사회화와 간호를 주요한 임무로 한다. "어른세계와 어린이 세계의 매개자"의 역할을 담당한다(어른 속에서의 어린이, 어린이 중에서의 어른이라고 하는 독자적 성격).
⑦ 교원은 단순한 의미에서의 교육자일 뿐만이 아니라, 고수자이기도 하다(사회화와 간호를 교과 등의 교수활동을 통해서 행한다).
⑧ 가치관의 교학자임과 동시에 도덕의 사표가 될 것이 기대된다. 현실세계와 이상세계를 연결하는 역할을 맡고 있는 점에서는, 현대의 "성직자"다.

이상과 같이, 학교교원은 다면적인 성격을 지니고 있으며, 이러한 점들이 교원의 행동을 힘들게 하고 있다.

교사의 "직무"의 내용

물론 성격이 다양하고 복잡하다고 해서, 교원의 사회적 역할이 애매한 것은 아니고, 그들의 "일"은 명백하다.

법률상의 직무는 "학생의 교육을 담당한다"라고 되어 있듯이 극히 추상적이며, 교육의 내용에 대한 구체적인 규정은 없는데 관련법규에서 살펴보면, 교과 및 생활의 지도가 중심적 직무라고 할 수가 있다. 실제적으로는 교육활동 그 자체와, 교재의 연구 · 준비 · 채점 · 평가 · 지도요목의 기입 · 지도계획의 입안 · 지도법 연구 등, 교육활동에 직결되는 직무가 있는데, 후자에 대해서는 전부가 교원의 직무라고 할 수 있으며, 교장 · 교두 · 사무직원의 직무라고 할 수 있는 사항도 포함되어 있다.

또한 전자의 교육활동 그 자체에 대해서도, 가정교육, 사회교육과의 관련에서, 학교 내지는 교원이 담당해야 하는가, 검토를 요하는 것도 있다.

아무튼, 근년에 와서 교원의 직무에 대해서는 양 · 질 양면에 걸쳐서 증대하는 경향이 있다. 이와시타 신타로(岩下新太郎)는 이것을 다음과 같이 요약하고 있다.

① 아동 · 학생의 학교생활 전부를 학교계획 속에 넣어야 하고, 나아가 학교 밖에서의 생활활동에 대한 의도적인 노력이 강조된다.

② 교육의 근대화에 따른, 또한 총합적 교육 계획의 도입에 따른 각종 조사의 필요와 특별활동의 중시, 직접교육 활동 및 거기에 수반되는 활동의 질적 다양화와 양적 증대, 교원조직에 있어서의 분담의 불명확함에 의한 혼란이다.

③ 사무직원 그의 직원의 배치의 불충분함 등 교육행정의 불비다.

④ 사회교육 분야의 미발달 · 미조직과 더불어, 학교 또는 교직원의 활동의 광범위화다.

⑤ 학교의 업무 이외의 사무잔존 : 교사의 사무는 이처럼 복잡하고, 따라서 직무수행상에 있어서는 그 나름대로의 능력이 필요하다. 그래서, 이것을 전문직의 개념에 의해서 고찰해 보자.

2. 교사의 전문성

교사의 직무의 성격 규정시 자주 인용되는 것이, 1966년에 유네스코와 ILO가

공동으로 실시한 "교원의 지위에 관한 권고"다. 그 제6항은 교사의 직무를 다음과 같이 규정하고 있다. "교직은 전문직으로 인정받을 수 있는 것으로 한다. 교직은 부단한 연구에 의해 획득되며, 또 유지할 수 있는 전문적인 지식 및 기능을 교원에게 요구하는 공공의 역할의 한 형태인 한편, 교원이 담당하는 학생의 교육 및 복지에 대해서, 각 개인 및 공동의 책임감을 요구하는 것으로 한다." 현상을 보면 교직이 전문직이 아니라고 하는 인식에서의 권고라고 하는 점에 유의하고 싶다.

그러면 전문직이란 무엇인가. 그 정의는 여러 가지 있으나, 그 대략을 정리하면, 다음의 네 가지로 정의할 수 있을 것이다.

① 고도의 지식 · 기술을 필요로 하는 일
② 장기적으로 특별한 교육훈련과 부단의 자기연수가 요망되는 일
③ 사회적으로 없어서는 안 될 공공성의 높은 일
④ 사회적으로 높이 평가되는 일

이와 같은 조건을 충족시키는 전문직에는 어떠한 것이 있는가.

일반적으로 말하는 것보다 예로부터 그렇게 불리워져 온 것에, 의사, 변호사, 학술연구자 등이 있다. 이것들은 새로이 등장한 직종과 구별하여 전통적 · 전문직이라고 하는데, 교사는 이에 분류될 수 있을까. 의사, 변호사 등과 비교했을 때, ①의 지식 · 기술이 정립되어 있지 않고 이 일과 관련하여, ②의 교육훈련이나 연수의 기간이 짧고 제도적으로 충분히 정비 · 보장되어 있지 않다. ③의 공공성은 높지만은 ④의 사회적 평가는 높다고 하기 어렵다.

이러한 사실에서 현재로는 교사는 전문직은 아니고 준 전문직으로 생각되고 있고, 도서관 사서, 박물관 학예원, 사회복지사 등 새로운 전문직으로 간주된다. 이 점은 교사의 인식조사에서도 나타나고 있다.

이 조사는, 중학교의 교사 자신이 자신의 직업을 어떻게 생각하고 있는지를 조사한 것이다. 〈그림 9-1〉에서 보는 바와 같이, 과반수가 세미전문직으로 여기

고 있으며, 전문직 및 교육기술자라고 교육의 전문성을 확립된 직업으로 간주하는 자는 전체의 20%에 지나지 않는다. 물론 이것은 현상에 대한 의견이고, 장래에도 그렇다고 생각하는 것은 아니고, 세미가 많은 것에서 "전문직을 목표로 하는 직업"으로서 정립되고 있는 것이 아닐까.

그런데 교직에 관한 기존연구를 전제로 하여 실시되고 있다. 선택지 중의 "셀러리맨"과 "노동자"란 대체 무엇인가. 이에 대해서 다음으로 고찰해 보려고 한다.

교직의 성격에 대해서는 전후 계속해서 이론이나 논쟁이 이어지고 있고, 현재로 꼬리를 물고 있다. 그것을 대별해 보면, 하나는 교사는 성직자인가, 아니면 노동자인가라고 하는 것이고, 또 하나는 전문직인가 그렇지 않으면 셀러리맨인가라고 하는 따위의 이론이다. 전자는, 교사의 사회적 역할에, 후자는 직무의 내용에 착안한 가치정립이라고 할 수 있는데, 생산적인 논쟁은 되어 있지 않다. 특히 성직자에 대해서는 전전 · 전중의 교사의 부정적 이미지 —물론 긍정적인 경우도 있다. —를 전제로 하고, 또 이것과의 대비에서 노동자의 투쟁성을 가미하는 것에서 어느 한쪽으로 억지로 선택하게 하는 것이다.

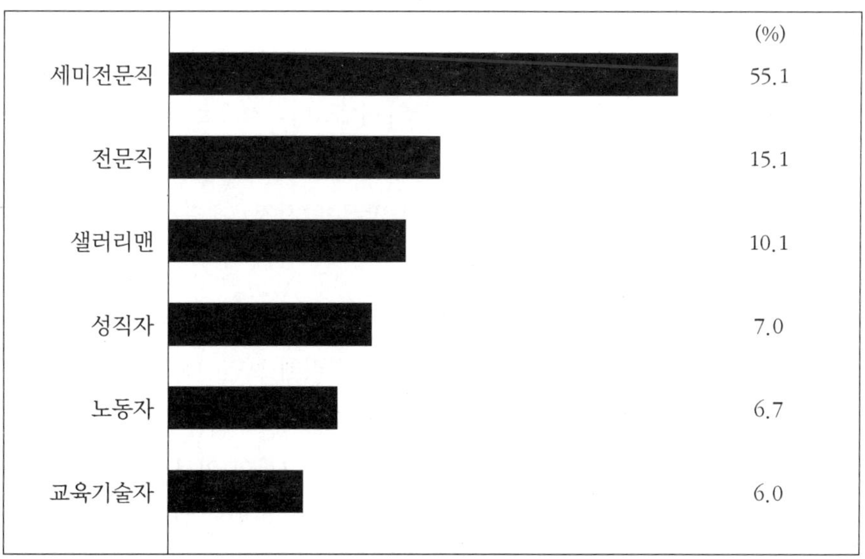

〈그림 9-1〉 **교직의 현상**

이러한 대립도식을 취하지 않고 "세미전문직" 개념을 도입하여 교직의 현상을 찾으려고 하고 있다. 유네스코 · ILO의 권고와 같이 인정되어야 할 것이나 현실적으로는 그렇게 되어 있지 않는 교사의 임무를 우리들은 어떻게 파악해야 좋을까.

3. 교직과 직업적 사회화

교직의 사회학

교육학의 고전을 들것까지도 없이, 교육론은 어떤 의미에서는 교사론으로서의 성격도 가지고 있다. 교육을 논하고자 하면, 결국 교사의 문제가 되어 버린다. 그만큼 교육론에 있어서 교사론은 중심적인 위치를 차지하고 있다. 단, 교육학의 경우는 오로지 교사 내지는 교육자 본연의 자세라는 점을 철학적, 도덕적 혹은 교수학적으로 논의해 왔다. 교사라는 직업, 즉 교직은 학교교육제도와 함께 생겨났다. 학교제도의 확대와 동반하여 교사의 수도 비약적으로 증대하는 가운데, 직업으로서의 교사에 대한 실증과학적 연구에 관심이 높아졌다. 교사나 교원조직 그리고 교사양성 등에 관해, 지금까지 많은 역사적, 제도적, 비교교육학적 연구가 이루어져 왔다.

그와 같은 실증적 교사연구 가운데에는, 사회적 연구는 비교적 새로운 분야다. 교직사회학이 지금까지 검토해 온 모든 문제를 정리해 보면, 대략 다음 세 가지로 정리할 수 있을 것이다. 첫 번째는 교사의 사회학적 위치에서 교사의 출신계층이나 교사의 직업조건, 교직과 전문직 등, 두 번째는 교사의 의식으로, 직업의식이나 생활의식, 여교사의 의식, 학생의 교직의식 등, 세 번째는 교사집단으로, 교육조직 안에서의 교사집단, 학교경영과 교사의 연대의식, 교직원단체 등이다. 물론, 이들 세 가지의 문제는 서로 겹쳐 있기도 하고 또 그들의 사회학적 연구는 역사적, 제도적, 비교교육학적 연구와 서로 관련되어 있기도 하다.

본 장에서는 교사의 직업적 사회화의 문제를 다루어 보고자 한다.

광범위한 교사 연구 중에서, 특히 이 문제에 주목하는 것은 세 가지 이유에서다.

첫째, 교사의 직업적 사회화 연구는 교사의 사회적 지위에 관한 연구와 비교하면 그 축적이 아직 적다는 것이다.

둘째, 한 마디로 교사라 해도, 현실로는 다양한 교사가 존재한다. 만약 우리나라의 공립 초·중학교 교사에 한정한다 해도, 그 수는 현재 약 72만 명에 달한다. 초·중학교만으로도 교사는 여러 가지 얼굴을 가지고 있는 것이다. 어느 쪽인가 하니, 사회적 지위론이 그들을 일괄하여 다루는 것임에 대해, 직업적 사회화론은 교직이라는 직업열학과 개인의 관계에 칼을 대는 것만으로 다양한 교사의 현실에 접근할 수 있다.

셋째, 교사의 직업적 사회화는, 교사는 어떻게 교사가 되어 가는지는 과거를 명확하게 한다. 거기에는 교직관의 형성이나 교사선택, 교직동일화 등 흥미 깊은 문제가 포함되어 있다. 이 모든 문제들은 특히 지금부터 교사를 목표로 하는 젊은이들에게 있어 친근한 테마일 것이다.

그런데, 1955년대 초, 민주주의 교육이 후퇴해 간 상황을 배경으로, 이시카와 다쓰조(石川達三)는 『인간의 벽(人間の壁)』을 써서 한 명의 평범한 여교사가 조합활동 등을 통해 교육자로서 자립해 가는 모습을 생생하게 그렸다. '교육에 종사하고 9년째 되지만, 지금 그녀가 처음으로, 교사로서의 진실한 자신감이라는 것을 이해하기 시작한 듯한 기분이 든다'고 주인공의 감동이 이 소설 결말부에 기술되고 있다.

1974년, 고도경제성장에는 그늘이 보이기 시작하였는데, "수험전쟁"이 한층 과혹해진 시기에, 하이타니(灰谷健次郎)는 『토끼의 눈(兎の眼)』을 써서, 평범한 여교사가 "문제아"와 격투하는 가운데에서 교사로서 성장해 가는 모습을 밝게 그렸다. 그 "문제아"와 처음으로 만난 후 주인공의 기분이 이 아동문학의 모두에는 다음과 같이 쓰여져 있다. '오다니 선생은 학교에서 일을 하고 있어도, 어딘지

마음이 차가워진 자신을 느꼈다. 처음에 귀엽다고 생각했던 아이들도, 별 대수롭지 않은 엇갈림으로 자신이 해를 가하는 일도 있는 것이라 생각하면, 귀엽다고만은 생각되지 않다고 몸이 떨리는 듯한 기분이 되어 있었다'.

교사가 되는 것은 교직에 종사하는 것만은 아니다. 그것은, '마음이 차가워진 자신'이나 '몸이 떨린다' 혹은 '교사로서의 진실한 자신감'이라는 여러 가지 경험이 쌓이면서, 자기변용을 계속 반복하면서, 실제의 교직활동 안에서 달성되어 가는 것이다. 본 장에서는 초 · 중학교 교사를 염두에 두고, 특히 그 과정에 대해 조명해 보고자 한다.

직업적 사회화

직업적 사회화란, 장래 종사할 또는 현재 종사하고 있는 직업의 지위 · 역할 달성에 필요로 한 지식 · 기술 · 가치규범을 습득하고, 그 직업으로의 일체화를 확인해 가는 과정이다. 직업적 사회화는 인생의 일정의 시기에 한정된 것은 아니고, 직업으로의 흥미 · 관심이 생겨난 아동기부터 직업에 종사하는 성인기에 걸쳐서의 기본적인 사회적 자아의 형성을 일차적 사회화라고 한다면, 직업적 사회화는 그 후에 일어나는 이차적 사회화의 중요한 국면이며, 특정의 사회적 세계에의 참가하는 직업적 자아의 형성을 가리킨다. 종래에 사회화라고 하면, 일차적 사회화, 즉 어린이시대의 인간형성을 의미하였지만, 근래에 이차적 사회화 그 중에서도 성인기 사회화에 관심이 모아지게 되었다. 성인도 또한 변화하여 성장한다는 측면이, 변동이 격심한 현대사회에서 크게 떠올라 왔기 때문이다. 취직하여 일하는 것은, 결혼해서 가정을 이루고 부모가 되는 것과 함께 성인기의 인간형성의 큰 계기다. 그런 까닭에 직업적 사회화는 성인 사회화에 있어 중요한 위치를 차지하고 있다.

아동사회화에서는, 사회화되는 자(어린이)가 사회화하는 자(부모나 교사 등의 어른)에 의해 일반적으로 사회화된다는 면이 강조되지만, 성인사회화에서는 사회의 역할기대를 개인이 각각의 일로 받아들여 자기 나름의 역할행동을 수행한다고 하는 것처럼, 개인이 다른 사람과 상호작용하는 가운데 주체적인 의지를 발휘하면서 스스로 사회화한다는 측면이 주목된다. 직업적 사회화에 있어서도, 이 측면이 당연히 논의의 대상이 된다. 한편, 직업적 사회화는 취직하기까지의 직업에 향한 사회화와 취업하고 나서의 직업활동 안에서의 사회화와 크게 구별할 수도 있으며, 무어(Moore)에 따르면 다음의 세 가지 단계로 나눌 수 있다.

첫째, 학교교육 경력의 선택과 예기적 사회화는 학교나 가족 등에 있어, 직업에 관한 지식 · 기술 · 가치규범을 미리 습득하고, 장래의 직업적 동일화를 위해 준비하는 단계다.

둘째, 직업선발과 직업선택은 적성이나 능력에 따라 개개의 직업으로 선발되고, 직업이 선택되는 단계다.

셋째, 지속적인 직업종사는 직업 활동에 종사하는 가운데, 직업규범을 익히고, 그 직업으로의 동일화가 깊어지고, 사회화가 지속적으로 행해지는 단계다. 전직에 의해 새로운 직업으로의 사회화가 행해지는 경우도 있다.

요약하면, 개인의 성별이나 부모의 직업, 혹은 학력 등에 의해 선발된 직업의 범위가 한정되면서, 그 범위 내에서 개인의 직업관심이나 가치관 등에 의해 특정의 직업이 선발되고, 해당 직업에의 동일화가 깊어져 가는 과정이 직업적 사회화다. 전반 부분은 사회로부터 바라 본 측면이고, 후반 부분은 개인에서 본 측면이다. 본 장에서 과제로 하는 것은, 개인의 측면에서 (3)의 단계를 검토하는 것이다.

교사의 특징

로티(Rotie)도 기술하고 있듯이, 직업적 사회화의 관점에서 의사 · 법률가라는 전문가와 비교하면, 교직에는 다음과 같은 특징이 있다. 그것은, 교사가 되기 위한 훈련을 받는 학생에서 실제로 어린이들을 담임하는 교사로의 수행이 서서히 되는 것이 아니고 지극히 갑자기 일어나는 것이며, 양성의 단계와 교직활동 개시의 단계와의 사이에 큰 낙차가 있다는 것이다. 양성의 단계에 대해 말하자면,

교사가 되는 경우는 다른 전문직과 비교하면 그만큼 특별한 전문교육이 주어지는 것이 아니다. 일반 교양적 지식과 전공학문 분야의 전문적 지식 · 기술이 전수되지만, 교육활동 그 자체에 대해서는 교육원리나 교육심리학, 교과교육법 등의 개론이 지도되는 정도다.

게다가, 교육은 실제로는 구체적인 교사-학생관계 안에서 발전되어 가는 것에도 불구하고, 이 관계를 경험할 수 있는 것은 겨우 2~4주간의 교육실습 기간 내에 지나지 않는다. 우리나라에서 실시된 대학생 교직의식 조사에서는, 일반적으로 교육실습이 교직 지향을 높이는 것으로 인정되고 있으나, 그것은 학생이 교단에 서서 아이들에게 교사로서 보여지는 것에 의해 교사역할로의 동일화가 생기기 때문이다. 버거(Berger)가 논했듯, 우리들은 자신들이 불리워지는 사람이 되는 것이며, 아이덴티티는 사회학적으로 부여된 것이다. 그런데, 핵심은 교사가 됨에도 불구하고, 겨우 교육실습 기간을 제외하면, 대학에서는 항상 학생의 입장에 놓여 있다. 그러한 상태로는 교사로의 동일화도 그다지 생겨나지 않을 것이다.

즉, 교사양성은 직업준비 또는 예기적 사회화로서는 상당히 불완전한 성격을 가지고 있다. 그러나 일단 교직에 종사하면, 적어도 교실에서의 교육활동은 모두 신임교사의 어깨에 압력을 넣어 온다. 베테랑이 맡는 일과 같은 일을 처음부터 혼자서 책임을 가지고 해나가야만 하는 직업은 교직 이외에는 별로 예를 찾아볼 수 없다. 그래서, 양성단계와 취직단계와의 낙차를 보충하기 위해, 실제 직업경험을 통해 스스로 교직에 대해 배워가는 자기사회화(self-socialization)가 교사에게 필요로 하게 된 것이다. 다른 전문직과 비교하면, 교사의 경우는 취직한 후 사회화가 지극히 중요한 의미를 가지고 있다고 할 수 있다.

교직은 독립적인 일이다. 많은 아이들과 함께 생활하나, 교실 내에서의 지도자는 교사 혼자라는 의미의 독립이다. 그렇다고는 하나, 웹도 언급하고 있듯이, 교사가 독립한 상태에 놓여있는 것은 각 학급에서의 교육실천이 주위로부터의 간섭을 받는 것을 막는다는 점에서는 플러스 기능을 한다. 그러나 이 독립성은 특히 신임교사에 있어서 일을 수행한 뒤의 불안이나 당혹, 곤란함을 만들어 내기 쉽다. 그래서, 교사는 자기 일의 내용이나 방향성에 관해 어떤 지도를 받아 주는 모델 내지는 준거의 틀을 주위에서 찾는다.

가장 손쉬운 방법은 많은 동료들이 하고 있는 것과 비슷하게 하는 것이다. 학교조직 안에서는 이 방법을 채택하지 않을 수 없도록 유형무형의 압력이 작용하는 경우도 있다. 확실히, 이 방법은 당혹이나 불안을 빠르고 쉽게 해소해 주기는 할 것이다. 그러나 동료나 어떤 명확한 교육 실천 목표 아래 상호의 논의를 존중하는 교사집단으로서 성립하고 있는 경우를 제외로 한다면, 이 방법은 교업기술이나 직무처리 기술을 단편적으로 습득하거나, 동료의 평균적인 역할수행에의 동조가 직장의 질서에 있어서는 바람직하다는 암묵의 규범을 획득하는 것이 되어도, 교육실천의 새로운 시도를 개발하거나 자기 나름의 어느 정도의 정리가 된 아동관이나 교직관을 형성하는 것으로는 되지 않는다.

두 번째 방법은 기본적인 역할 모델을 동료 가운데 찾아내는 것이다. 『인간의 벽』이나 『토끼의 눈』에는, 몇 가지 전형적인 타입의 교사가 등장한다. 학교관료제 안에서 합리적으로 일을 처리해 가는 교사, 조합운동에 열중하여 정치적인 출세를 기도하는 교사, 제도나 규칙의 틀에 매달리는 교사, 한 사람 한 사람의 아이를 살리려고 푹푹 빠질 정도까지 견실한 실천을 거듭하는 교사 등 현실에도 존재하는 듯한 다양한 타입 중, 어느 것을 자신의 역할모델로 하냐는 것은, 교사의 자기사회화를 방향짓는다. 복수의 교사로부터 일정의 역할모델을 추출하는 일도 있다면, 어느 교사가 단순한 역할모델에 그치지 않고 생활 전체의 근거가 되는 준거개인(referent person)이 되는 경우도 있다.

세 번째 방법은 소속한 학교를 넘어, 일정한 지역 내 혹은 전국적으로 조직된 교사 연구 동료를 준거집단(referent group)으로 하는 것이다.

두 번째와 세 번째 방법은 교사가 일상의 직업활동에서 의지결정을 할 때의 준거로서, 또 스스로의 교사관을 형성하고 교직동일화를 확립해 갈 때의 준거로서, 일정의 개인이나 집단이 유의미한 타인(significant others)으로서 선발되는 경우도 있다. 더욱이 교육활동은 항상 교사-학생관계 안에서 전개되므로, 교사에게 있어 학생 그 자체가 유의미한 타자가 되는 경우도 많은 것을 덧붙여 두자. 그러면 다음으로, 역할에 초점을 두고 교사의 직업적 사회화를 검토해 보자.

4. 교사의 역할

교실에 있어서의 역할

역할이란, 일정의 지위를 차지하고 있는 개인에 대해 사회에서 부여받은 행위양식이다. 혹은, 사회적 상호작용 안에서 타인에 의해 기대받는 행동양식이다. 이 두 가지 정의에서, 전자는 조직화되고 구조화된 사회적 장면에 있어서 비인격적인 역할을 상정하고 있고, 후자는 대인관계에 있어서 행위자에 밀착한 역할을 염두에 두고 있다는 차이가 있지만, 어느 쪽이든 역할은 기본적으로 개인에 대해 외재성과 구속성을 가진 행위규범이다.

다렌도르프(R. Darendorf)는 역할에 완전히 동조하는 인간상을 '사회학적 인간(homo sociologicus)'이라 명명하고, '자유로운 개인'과 대치시켜 논하였다. 확실히 역할은 구속력을 가진다. 그러나 역할을 통해, 타인과의 연대나 개인의 자기실현이 가능한 것도 간과해서는 안 된다. 다렌도르프가 제기한 역할과 자유의 문제에 대해서는, 역할연구는 다음과 같은 사고를 거쳐 왔다. 그것은, 역할과 개인은 제각기 꼭 들어맞게 겹쳐지지 않는다는 논의다. 이 논의는 역할과 자아의 관계, 그리고 역할군과 역할갈등이라는 두 가지 관점에서 주로 이루어져 왔다. 후자에 대해서는 다음 절에 다루기로 하고, 전자에 대해서 살펴보자. 역할과 자아의 관계를 둘러싸고, 적어도 다음의 네 가지 개념을 구별할 필요가 있다. ① 사회 내지는 타인 측에 어떤 규범으로서의 '역할기대', ② 역할기대가 자아에 어떻게 의식되는가 하는 '역할지각', ③ 지각된 역할을 계속 사고하면서 자아의 수미일관한 행동을 조직화해 나가는 역할취득, ④ 실제로 행해진 역할행동이다.

역할기대는 주관적인 것이라서, 역할기대가 어떻게 인식되는가는 사람에 따라 차이가 있다. 또 상호작용에 있어서 역할취득은 역할의 학습과정이고, 그 자체가 사회화 과정인 것이다. 터너의 주장을 근거로 하면, 이 과정은 타인의 역학기대에 단지 동조하는 것이 아닌, 역할기대를 여러 가지로 해석하고, 수정하고, 변용하고, 새로운 역할관계를 창조한다는 과정도 포함하고 있다. 게다가, 자아의 역할수행력의 문제도 있고, 실제의 역할행동은 기대된 역할 그 자체가 아니다. 이와 같이, ②③④의 어떤 개념에 주목해도, 역할과 자아가 꼭 맞게 겹쳐지는 것은 아니고, 역할기대는 그냥 그대로 역할행동으로서 실현되는 것은 아니라는 점을 깨닫는다. 거기에 사회적 자아형성 과정의 문제가 있는 것이고, 역할과 자유의 문제도 숨어 있다고 할 수 있다. 역할과 자아와의 어긋남은 한편으로는 역할기대로 한층 더 동조한다는 과제를 가리키고 있으며, 다른 한편으로는 역할에 대한 자아의 능동성을 의미하고 있기도 한다.

그럼, 다음 절에서도 다루겠지만, 교사는 많은 역할을 가지고 있으나, 여기에서는 교실에서 학생에 대한 역할에 초점을 맞추어, 가장 기본적인 하위역할인 교수(instruction)와 지도(discipline)에 대해 생각해 보자. 지식이나 기술을 전달하는 교수의 역할에 관해서는, 교사 중심적 역할로서 신임교사도 지각하고 있다. 그러나 그 지각은 교직에 대한 일반적 관념에 그치지 않고, 교수내용이나 교수방법에 대하여 교실 안의 아이들 한 명 한 명이 어떠한 역할기대를 교사에게 품고 있는가 하는 점이 되면, 신임교사는 말할 것도 없고 중견교사조차도 그 인식이 충분하지 못한 점은 종종 있다. 학년에 따라 일정의 지식 · 기술체계를 전달한다는 일반적인 역할 이미지에 따라 일반적인 교수를 한 결과, 학습이 성공하지 않았다는 사례는 현실에서 자주 있는 일이다.

한편, 교실 내 질서로서의 규율 역할에 대해서는 신임교사는 교단에 서서 처음으로 알았다고 해도 좋을 정도다. 시간을 지키는 것, 수업 중 조용히 하는 것, 공부에 적극적으로 씨름하는 것, 친구들과 싸우지 않는 것이라는 질서유지에 관해서, 교사양성은 겨우 교육실습을 제외하면 거의 지도하지 않기 때문이다. 커밍스(Cummings)가 관찰한 것처럼, 특히 일본 학교에서는 학급규모가 크고 보조교원도 없기 때문에, 무엇보다도 우선 교실 내 질서의 확립이 최초의 과제가 된다. 그만큼 신임교사는 우선 규율의 역할을 어떻게 다룰 것인가에 애쓰는 것이 보통이다.

이상에서 살펴보았듯, 교수나 규율 역할을 정확하게 아는 것이 특히 신임교사에게 있어 중요하다. 사빈(Sarvin)이 기술하고 있듯이, '자기에 대한 역할기대가 부분적으로 밖에 알지 못했거나, 완전히 불명하거나 또 '알아야만 하는 것'이라면, 그 개인은 흠칫흠칫 또 불명확하게 움직이지 않으면 안 되기 때문이다. 그리고 교수와 규율의 역할을 어떻게 관련지어 가는가, 둘 중 어느 쪽을 중시하는가, 또 어떤 역할로 하든 교사중심으로 수행하는가 아동중심으로 수행하는가 하는 생각해야만 하는 문제는 어느 정도 있다. 이들은 학생과의 상호작용에 대한 역할취득과정에서의 문제이며, 교사의 자기 사회화의 모든 문제다. 단, 역할기대가 불명확하게 밖에 지각되지 않으면, 상호작용에 의한 역할취득도 불충분한 채로 동료교사의 역할행동에 간단히 동조하고 있는 것뿐인 경우도 적지 않을 것이다. 그러나 거기에서는 '교사로서의 진실한 자신감'(『인간의 벽』)은 생기지 않는다.

교사는 아이들을 사회화시키지만, 그 과정에 있어서 교사도 사회화되어 간다. 그 때, 아이들은 교사에게 있어 유의미한 타인이 된다. '아이에게 배운다', '아이들로부터 배운다'라는 교사들의 말은 그것을 가리키고 있다. 이러한 사회화의 상호성은 가정에서의 부자관계에도 찾아볼 수 있는데, 버거(P. Berger) 부부가 말한 대로, '사회화는 사회화된 사람뿐 아니라, 사회화한 사람도 그 영향을 받는다는 의미로, 서로 보충하고 채워가는 과정'이다.

교사 – 학생관계

교사–학생관계의 기본적인 특징은 상하관계이며, 양자 간에는 거리가 있다는 것이다. 교사는 학생을 지도하는 입장이고, 학생은 그 지도에 따르는 입장에 있다. 교사와 학생이 각각의 역할을 하는 것은, 그러한 자신들의 입장을 지키는 것이다. 그런데, 교사가 상위자로서의 역할만으로 학생을 대할 때, 학생과의 관계에는 긴장이 생기기 마련이다. 예를 들면, 지도의 입장만으로 학생들을 바라보면, 교사는 교육적으로 바람직한 기준을 어디까지나 염두에 두면서 학생의 행동을 관찰하고, 그 단편적인 인상으로 공부 열심히 하는 애, 성실한 애, 침착하지 않은 애, 공부 싫어하는 애…… 라며 급히 진단을 내리고, 학생을 정말 이해한 듯이 생각해 버리고 만다. 게다가, 그렇게 생각한 법이 학급의 많은 학생과의 관계를 갖는 법에 대한 불확실함을 재빠르게 해소할 수 있는 것이다. 그러나 단편적 인상으로 일방적으로 평가되어 버리기 때문에, 특히 부정적 평가가 내려진 학생과의 관계는 일그러지기 시작한다.

또 교사가 상위자로서 항상 학생으로부터 일정의 거리를 유지하려 한다면, 교사는 어떻게 해도 무표정하게 된다. 교사의 표정이나 행동의 사회학적 의미에 강한 관심을 불러온 윌러(W. Willer)도 다음과 같이 말한다. 교사라는 태도는 어디까지나 유지하는 것이 좋다. 이렇게 생각한 교사는 거의 무감동한 표정을 얻게 된다. 교사는 학교라는 것을 이론적으로 써야만 한다고 정해진대로 하고 싶어하니까, 그런 무표정한 얼굴을 하는 것이다. 이렇게 교사의 무표정도 학생과의 관계에 긴장을 만들어 낸다. 그래서, 교사=학생관계에 생겨나기 쉬운 긴장을 해소하는 것이 교사에게 있어 중요한 과제가 된다. 아이가 좋아하는 것이 교사의 성격이나 자질로서 요구되거나, 아이의 이름을 빨리 기억하는 기법이 설명되거나 하는 것은, 긴장을 가능한 회피하기 위한 사전 방안이라 할 수 있으나, 실제로 문제를 해결하기 위한 방법은 교직경험 그 중에서도 학생과의 관계를 통해 구체적으로 학습되어 가는 것이다. 크게 나누어 두 가지 방법을 들어 보자.

한 가지는 어디까지나 교사의 역할 범위 내에서 학생의 목소리에 따르는 것이다. 일반적으로 교사의 주문을 들이미는 것이 아니고, 학생을 수용하면서 지도하는 것이다. 그것은 잘 알려진 지도유형으로 말하면, 전제적이지도 자유방임적이지도 않는, 항상 피지도자의 합의를 계속 얻으려는 지도를 하는 민주적 타입에 속한다 할 수 있다. 다른 한 가지 방법은 일시적으로도 교사의 역할 외적으로 마음을 터놓고 학생과의 관계를 갖는 것이다. 예를 들면, 아이와 함께 장난을 쳐 보거나, 자기 자신의 취향이나 의견, 감정을 분명히 표현해 보거나, 필요하면 지도나 평가라는 역할상의 시점을 거의 가지지 않고 단지 자신 그 자체를 아이 앞에 나타내는 것이다. 다만, 교사 역할의 범위를 명확히 선 긋는 것은 어렵다. 역할 이외라 해도, 그것은 역할에 대해 거리를 두고 있다는 쪽이 좋을지도 모르겠다.

『토끼의 눈』에는, 아다치라는 교사가 주인공 오다니 선생의 준거개인으로서 등장한다. 아다치 선생은 "야쿠자 선생"이라는 별명으로 불리는 것처럼, 교원답지 않은 행동을 한다. 그의 행동은 개인적 성격특성이라기 보다도, 일반적인 교사역할에서 감히 벗어난, 혹은 거리를 둔 행동으로 이해해야 할 것이다. 그들 행동은 동료교사의 반감을 사는 일이 많다. 그러나 그러한 행동을 통해 아이의 기대를 잘 볼 수 있고, 학생과의 상호작용을 보다 깊게 할 수 있는 것이다.

5. 교사의 역할갈등

역할갈등

지금까지 교사의 학생에 대한 역할에 대해 기술해 왔다. 그러나 교사의 역할관계는 동료, 교장, 교원조직, 보호자 등의 이외에도 몇 가지 있고, 역할군을 이루고 있다. 역할군(role set)이란, 하나의 지위에 하나의 역할이 대응하고 있다는 초기의 역할론에 대한 비판으로서 머톤(R. Merton)에 의해 제기된 것으로, 하나의 지위에는 역할의 복합이 있는 것을 나타내고 있다. 또, 개인은 어느 정도의 지위를 차지하고 있고, 그 지위군이 많은 역할과 연결되어 있다. 예를 들면, 여교사이고 동시에 주부이며 엄마, 지역부인회 임원이듯이 역할군 내이기도 하고, 지위군과 연결된 모든 역할군 내이기도 한, 개인에게 향해 있는 복수의 역할기대 사이에는 종종 양립곤란성이나 대립을 동반하는데, 이를 역할갈등이라 부른다. 예를 들어, 수험공부에 대한 부모의 기대와, 진보적인 교장에 의한 전인적 교육으로의 기대 사이에 끼여 난처하게 된 교사, 혹은 병으로 드러누운 우리 아이의 간호와 담임을 맡고 있는 학생의 지도에 쫓기는 여교사 등이다. 만약, 역할군 내에 한정해 보아도, 교사는 항상 역할갈등의 상태에 놓여 있다 해도 좋다. 왜냐하면, 그레이스도 논의하고 있듯이, 역할갈등을 만들어 내거나 갈등을 촉진하도록 몇 가지의 원천을 교직 그 자체가 내포하고 있기 때문이다.

첫째로, 교사의 역할이 확보적이고 여러 갈래에 미치고, 경계가 불명확하다는 성격을 가지고 있는 점, 둘째로, 학교조직이 외부에서의 압력에 대해 무방비인 점, 또 학교조직의 관료제화는 교사의 자율성을 저해하고, 갈등을 낳기 쉽게 되어 있는 점, 셋째로, 교사가 가진 가치 전달자로서의 역할 그 자체가 갈등을 동반하는 점, 즉 전통적인 가치를 제시하면, 새로운 세대의 새로운 가치관에서 반발을 받고, 또 새로운 가치를 제시하면 교장이나 부모의 사고방식과 저해하는 것 등이다.

이들의 원천은 결국 교사가 여러 갈래로 나뉜 문제에 귀착한다. 각각의 역할기대에 동시에 충실하려고 하면, 교사는 분단된 역할 달성이 곤란해지고, 아이덴티티를 상실하고 노이로제에 빠져 버릴 것이다. 신임교사의 이상주의가 근무연수와 함께 어쩔 수 없이 후퇴되어 가는 것도, 이러한 역할갈등에 직면했기 때문이다. 따라서 역할갈등을 어떻게 처리할 것인가는 교직활동에서는 항상 중요하다.

확실히 역할갈등은 교직활동을 저해한다. 하지만 코빈(Corbin)도 기술하고 있는 것처럼, 거의 고정된 상태에서는 발전시킬 수도 없는 학교환경에 있어서, 역할갈등은 선택이나 창조의 기회를 제공한다. 그것은 개혁의 단서도 될 수 있는 것이다. 거기에서는 교직관이나 학교관, 지도관, 아동관이 문제시된다. 그런 까닭에, 갈등의 처리 방법을 통해 교사의 자기사회화도 발전되어 간다 해도 좋다.

마튼은 역할군의 안정화에 관해 몇 가지 메커니즘에 대해 분석하고 있는데, 그것들은 역할갈등 조정의 방법으로서 이해할 수 있다. 예를 들면, 대립하는 역할기대를 가진 당사자들에게 그 갈등처리를 맡겨 버리는 것이다. 수험기도를 희망하는 부모와 전인적 교육을 방침으로 하는 교장 사이에 끼어 난처하게 된 교사의 예로 말하자면, 부모와 교장 사이에서 대립을 조정하는 것이 된다. 다만, 이 방법으로는 교사는 방관자와 같은 입장이 되어, 스스로의 교육관이 검토된 것은 아니고, 그 지도도 지장이 없고 힘없는 것이 되어 버리는 것인가.

또는 복수의 대립하는 역할기대를 질서화하여 상위의 것에서 수행하는 방법이 있다. 교장 · 동료 · 교육위원회 · 학생 · 보호자 가운데 어느 역할기대를 중시하느냐의 경우, 교사가 자주 직면하는 것은, 학교조직의 기대와 아이들의 기대 어느 것을 우선하는가의 선택이다. 교육위원회나 교장, 동료는 각각 입장의 차이는 있어도 함께 학교관료제 조직에 포함되어 있기 때문에, 학교조직의 기대가 구속력을 가지고 교사를 향한다.

말할 것도 없이 국 · 공립학교는 거대한 교육행정 조직의 일부로서, 교육관계 법규나 시행령에 의해 통제되고 운영되고 있다. 학교 안에서는 교무분장이 있고, 각 교사의 임무도 나누어져 있다. 관료제기구 안에서의 학교는 효율이나 능률을 추구하지 않으면 안 된다. 규칙이나 문서주의가 강화되고, 교사의 역할도 구조화되고 제도화된 것으로서 학교조직 측에서 주어졌다. 그리고 부모와의 긴장이나 대립도 피해야만 한다. 부모의 다양한 의견에 대해서는 그 대세를 따르고, 학교에서 생긴 문제에 대해서는 부모에게 알려지지 않도록 내부처리로 처리하는 것도 있다(역할행동이 대한 타인의 관찰의 가능성을 자르는 것도 갈등조정의 한 방법이다).

학교관료제 조직에서 기대되는 역할에 따를 것인가, 그렇지 않으면 아동 한 사람 한 사람이 기대하는 역할에 따르도록 하는 가는 자주 대립한다. 그리고 이 대립은 관료조직의 요구에 따라 흡사 조직의 부품인 것처럼 일을 하는가, 혹은 자율적인 '전문직'으로서 클라이언트에 대한 서비스를 중시하는 것처럼 일을 하는가 하는 '조직과 전문직'의 문제로도 어떤 면에서는 겹쳐 있다. 그만큼, 두 가지 역할 어떤 것을 우선하느냐는 교사의 자기 사회화를 좌우할 것이다.

교사가 되는 것

『토끼의 눈』의 오다니 선생이 담임한 "문제아" 테쓰오는 '돌같은 아이'였다. 교과서는 펴지 않고, 노트는 새하얗고, 친구들과도 교류하지 않는다. 마음에 들지 않는 것이 있으면, 대들거나 할퀴거나 교사에게도 덤벼든다. 지도하는 입장에서 보면, 부정적 평가는 내리게 해도, 긍정적 평가는 제로나 진배없는 아이다. 교실 내의 규율이라는 점에서 생각하면, 이 아이만 없으면-이라는 기분이 들어도 이상하지 않다. 효율이나 능률이라는 점으로 하면, 학교 내에서는 무시되고 잘려도 어쩔 수 없다고 생각됨에 틀림없다.

그러나 오다니 선생은 교사-학생의 관계에서 테쓰조와 인간관계를 가지려고 한다. 지도하기 위해서라기 보다도, '저런 아이에게야말로 보물은 가득 쥐어져 있는 법이다'라는 아다치 선생의 한 마디에, 테쓰조에 대해 아무것도 알고 있지 않은 것을 깨달았기 때문이다. 오다니 선생이 테쓰조를 조금씩 이해함과 동시에, 테쓰조는 마음을 열기 시작했다. 그녀의 교직활동은 학교조직에서 주어진 구조화되고 제도화된 역할의 수행과는 다르다. 오다니 선생은 "문제아"를 유의미한 타인으로 인식하면서, 아이에게 있어 필요로 한 교사의 역할을 추구한 것이다. 그것이 그녀에게 있어서의 자기사회화였다.

그런데 윌러(W. Willer)는 교사의 지도에 있어서 개인적 지도성(personal leadership)과 수업 지도성(instructional leadership)이라는 두 가지 타입으로 분류하고 있다. 전자는 교사와 학생이 서로 상호작용을 차곡차곡 쌓는 가운데 자연히 나타나는 것이다. 교사는 학생에게 기대하고, 학생은 진지하게 교사에게 주목하고, 그 지도로 나아가고 싶어하는 기분을 가진다. 후자는 직업상의 일정한 유형에 따른 지도다. 거기서는 교사도 학생도 기성의 유형에 무리하게 끼워 넣어진다. 예를 들면, 양자의 관계는 항상 상하관계로 다루어진다고 하는 것처럼. 또한 어떤 타입이라도, 지도관계인 한 지도자에게는 어떤 권위가 동반하고 있는데, 인간적 지도에서는 권위는 그 인간개인에 관련되어 있고, 제한적 지도에서는 교사라는 지위에 관련되어 있다.

윌러는 현실로서는 제도적 지도가 우세하다고 하여, 오로지 제도적 지도자로서의 교사에 대해 검토하였다. 그 점에서 『토끼의 눈』은 인간적 지도자로서의 교사를 그려낸 작품이라 할 수 있다. 아이에게 필요한 역할을 취득해 가는 것인지, 그렇지 않으면 학교조직에 필요한 역할을 취득해 가는 것인지, 교실활동에 있어서 이 두 가지의 선택 내지는 질서 부여는, 어떠한 교사가 되는가 하는 점에 있어 중요한 문제다.

6. 전문직화를 둘러싼 문제

교사의 임무의 다양성에 대해서는 이미 고찰해 온 바와 같다. 따라서 연구를 위한 유형화라고는 하나, 그 성격을 고정적으로 파악하는 일은 힘들다. 가령, 약간 지나간 일이지만은 아마노씨의 조사는, 이점에 대해서 시사하는 바가 많다.

〈그림 9-2〉 「교사」라는 직업의 성격

이 조사는, 교사 자신이 교사라고 하는 직업은 "이와 같은 성격을 갖고 있다"라고 생각하는지 어떤지를 설문한 것으로, 네 개 중의 어느 하나를 선택하는 것이 아니라는 점에 특징이 있다. 〈그림 9-2〉에 보는 바와 같이 성직성, 전문직성이라고 하는 성격에 대해서는 8% 이상이 긍정하고 있다. 노동자에 대해서도, 70% 가까이로 결코 낮다고는 할 수 없다. 샐러리맨성에 대해서는 3할로 다른 세 개에 비해서 뛰어나고 있다.

성직, 전문직, 노동자라고 하는 세 개의 성격이 준측되고 있는 것은, 교사의 시회적인 입장의 애매함을 나타낸다고 할 수 있는데, 또한 책무가 어렵다고 하는 차원에서 이해할 수도 있다. 1980년대 초에는 어린이의 교육을 모든 면에서 교사에게 떠맡긴다고 하는 풍조가, 또 편차교육이라고 불리워지는 수험경쟁이 급격하게 전행하게 된 무렵이었다. 교사에의 사회로부터의 과잉되고 또한 다종다양한 기대가 있었던 일은 부정될 수 없는 사실이다. 그리고 책무가 어려운 점은 이와 같은 사회적 기대와 무관한 일은 아니었다.

아마노 조사는 교사의 직업활동의 의식에 대해서도 파악하고 있다. 〈표 9-1〉은 뛰어난 교사의 조건을 각 항목에 대한 응답자 비율로 나타낸 것이다. 초 · 중학교별, 남녀별에 따라서 차이가 있으나, 압도적으로 많은 것은 "어린이에 대한 애정"으로 80%의 응답자가 이것을 중요한 조건으로 들고 있다. "교육과학에 대한 풍부한 지식이나 "교과에 대한 충분한 지식"이라고 하는 교육의 기술에 관한 내용은 2내지 30%로 높지 않다. 이 "깊은 애정"이란 무엇인가?

교육실천에 있어서의 전문성의 내용으로서, 교육대상인 어린이에 대한 애정을 중시하는 입장 자체에는 문제가 없으나, 고도로 추상적 · 윤리적인 요인이 극도로 중시되는 것은, 교사의 전문성에 대한 애매함과 자의성을 초래한다고 경고하고 있다. 즉, "전문성"과 "직업윤리"의 문제를 어떻게 하는가에 교직의 전문직화의 장래가 걸려 있다고 본다. 교사에게 윤리성이 요구되는 것은, 그 직무의 공공성이라고 하는 특징에서도 당연할 것이다. 또, 성직성이라고 하는 성격규정을 긍정하는 태도는 바로 이와 같은 교사의 윤리관에 뒷받침되어 있다고 할 수 있다. 그러나, 전문직의 요건이 되는 고도의 지식 · 기술, 특별한 교육훈련이나 자기 연수에 관한 사항에 대해서, 경시하지 않는다고 하더라도, 윤리성만을 강조하는 나머지 이것을 "제쳐놓는" 위엄성은 있을 것이다. 과잉된 사회적 기대에 윤리관만으로 대결하는 일은 불가능하다. 물론 어린이에 대한 애정이라고 하는 조건은 윤리성을 초월한 교사의 자질, 바꾸어 말하면, 어린이를 바르게 파악하는 능력의 하나이기도 하다. 어린이를 좋아하지 않으면 교사노릇은 못한다. 속된 말은 일정한 진실을 말하고는 있으나, 좋고 싫음의 감정레벨로 교직을 파악하는 것은 잘못된 일이다. 내 아이에 대한 애정이라고 하는 차원이 아니고 다음의 세대를 짊어질 어린이를 지키고 기른다고 하는 관점에서의 사회적 애정은 천부적인 것이 아니고 구체적인 교육실천에서 어린이와의 관련을 통해서 형성된다고 할 수 있는 것이 아닐까.

표 9-1 뛰어난 교사의 조건

	애 정	경 험	교육과학	교 과	정치관심
초등학교	81.4	13.4	44.0	24.2	8.2
중 학 교	83.2	15.6	27.2	38.8	11.2
남 자	81.2	10.8	40.8	29.6	10.8
여 자	84.2	19.2	34.8	29.2	7.2
합 계	82.4	14.4	38.0	31.4	9.6

그래서 다시 한 번 여기서 직업으로서의 교사의 성격을 사회적 역할로서 정리해 보자.

첫째, 교사는, 지식 · 기술의 전달자다. 사회가 갖고 있는 문학 — 지식 · 기능 · 가치 — 을 쉽게 풀어서 새로운 세대에게 전해 준다. 어린이의 발달 단계에 맞추어서 어떤 내용을 어떠한 차례로, 어떠한 방법으로 가르칠 것인가. 이것은 고도의 지식 · 기술을 필요로 하는 직무다.

둘째, 교사는 성인사회의 대표자다. 어린이가 보는 교사는 지식면에서나 행동면에서나 성인사회를 대표하는 것으로 — 바로 선생으로서 — 어린이의 앞에 선다. 그리고, 사회일반으로도 어린이의 모범으로서 행동할 것이 기대된다. 교사에게만 모범을 요구한 사회의 불합리성의 문제도 있으나, 적어도 어린이에게는 본질과 체면이라고 하는 어른의 잔꾀는 동용이 되지 않고, 직업인으로서의 일관성이 요구된다.

셋째, 교사는 어린이집단의 리더다. 교사는 학급을 장면으로 하여 어린이 사회의 리더로서 어린이와 같이 생각하고 행동한다. 학습뿐 아니고, 놀이도 포함된다. 리더로서이지만은 어린이 역할을 연기한다. 어린이 속에 뛰어드는 일은 용이한 일이 아니며, 부단의 실천 훈련이 필요로 된다. 잘못하면 어린이의 레벨로 떨어진 채로 리더로서의 역할을 다하지 못하는 사태도 생기기 때문이다.

넷째, 교사는 어린이 세계와 성인 세계의 매개자다. 지금까지의 일과 중복이 되는데, 교사에게는 이면성이 있다. 어린이들 세계에 통하고 있음은 물론, 어른의 세계 — 사회에 대해서 충분한 이해가 되어 있지 않으면 양자를 매개할 수가 없다. 그리고, 어떤 경우에는 어린이의 입장에서 그 심리상태를 파악하여 의견을 사회 — 성인에게 전해 주는 대변자가 되고 또, 역으로 사회의 기본가치를 룰이나 약속이라고 하는 형태로 어린이에게 요구하여, 이에 따르도록 한다. 교사에게 권위가 요구되는 것은 이와 같은 때이고, 이것을 보장하는 것이 교사에의 사회적 평가인 것이다.

이상 네 가지로 나누어서 정리했는데, 전문성의 측면에서 보면, 그 어느 하나도 충족되었다고는 하기 어렵고 도리어, 달성문제라고 할 수 있을 것이다. 교사의 임무는 전문직화를 지향하지 않으면 안 될 직업인 것이다. "전문직의 사회"를 제기하는 사회학자 바버(Barber)는 전문직이라고 하는 것은, 하나의 "학위의 문제"라고 하고 있다. 교직의 전문직으로서의 수준을 어떻게 높여갈 것인가. 이것은 교사만이 아니고 사회 전체에 주어진 과제다.

근년, 수업을 중심으로 한 교육기술의 법칙화를 꾀하는 실천이 운동으로서 전개되고 있다. 경험이나 육감에 의존하는 것이 아니고, 의사나 변호사와 같이 보편성 · 규칙성에 바탕을 둔 기술은 전문직의 중요한 요건이다. 다만, 교직의 특성을 고려한 전문성을 이에 그치지 않고, 상기의 네 가지 점을 종합적으로 높이는 형태로 달성되고 있는 것에 유의할 것이다.

Journal (9)

제 10 장

교육기회의 평등

1. 교육기회의 평등의 사회적 의미
2. 교육기회의 현황
3. 학력 격차의 사회적 배경
4. 여성과 교육의 기회

1. 교육기회의 평등의 사회적 의미

교육기회의 평등

일본의 대표적 지식인이라 간주되는 카토 슈이치는 제일고등학교, 도쿄대학교 의학부라는 문자 그대로 엘리트 코스를 밟았다. 그가 중학교에 진학했던 1930년대, 대학이나 고등학교는 고사하고 중학교에서조차도 한정된 일부의 사람만 다니며, 남은 대부분의 사람들은 의무교육을 마치면 취업했다. 당연한 것이지만, 이러한 진학의 기회를 누리는 것은 경제적으로 상당히 부유한, 게다가 남성에 한정되고 있었다. 도대체 이 때 어느 정도의 비율의 어린이들이 중학교나 고등학교에 진학했던 것일까. 〈표 10－1〉은 1915년, 1925년, 1935년의 세 시점에 있어서 각각의 학교단계의 졸업생 비율을 나타낸 것이다. 후기 중등교육에 관해 말하자면, 1915년에 6%, 1925년 단계에서 14.3%의 사람이 졸업한 것에 지나지 않는다. 고등교육에 이르러서는, 1915년 1.1%, 1935년 조차 3.2%를 기록한 것에 지나지 않았다. 이러한 후기 중등교육이나 고등교육은 극히 한정된 사람들의 특권적인 교육기관이었기 때문에, 예에서 나온 목수 아들처럼 굉장한 학업성적을 거두면서, 가정 사정에 의해 진학을 단념하지 않을 수 없는 청소년도 많았다.

표 10－1 졸업자의 학력별 구성

	1915년			1925년			1935년		
	전체	남	여	전체	남	여	전체	남	여
초등교육	100.0	100.0	100.0	100.0	100.0	100.0	100.0	100.0	100.0
전기 중등교육	31.5	39.6	21.9	41.2	50.2	31.1	50.0	58.4	41.3
후기 중등교육	6.0	7.2	4.5	11.2	11.2	11.1	14.3	14.3	14.4
고등교육	1.1	2.0	0.1	2.2	4.1	0.3	3.2	5.6	0.8

법적 규정

본 장에서 문제로 하는 '교육기회의 평등'이란, 능력 이외의 요인으로 교육을 받을 수 있는 기회를 제약받지 않는 것을 말한다. 그것을 헌법 제 31조는 '모든 국민은 법률이 정하는 바에 따라 그 능력에 맞게, 동등하게 교육을 받을 권리를 가진다'라고 규정한다. 또한 그것을 받을 수 있는 교육기본법 제 3조는 다음과 같이 규정하고 있다.

첫째, 모든 국민은 동등하게 그 능력에 준하여 교육을 받을 기회를 부여받아야 하는 것으로, 인종, 신조, 성별, 사회적 신분, 경제적 지위 또는 문벌에 의해 교육상의 차별받지 않는다.

둘째, 국가 및 지방공공단체는 능력이 있음에도 불구하고 경제적 이유에 의해 수학이 곤란한 자에 대해, 장학의 방법을 강구하여야 한다.

슈이치에 의하면, 구 헌법에서는 교육에 관한 규정은 결여되어 있었지만, 신 헌법에서는 이에 관한 규정이 마련되어 있다. 그 중심이 되는 것은 위에 나타난 제26조다. 즉, '교육기회의 평등'이란 현실의 정책과제로서 그렇게 중요한 의미를 가진 것이라 생각해도 좋을 것이다.

교육기회의 두 가지 관점

'교육기회의 평등'을 달성해 가는 것은 두 가지 관점에서 보아 중요하다.

첫째는, 교육 그 자체의 가치에 기인한 것이다. 그것은 교육을 개인의 인격달성, 혹은 발달한 권리의 보장으로서 받아들이는 것이다. 예를 들면, 코메니우스(Comenius)는 이미 17세기의 사상적 기반에 있어서, 모든 인간이 교육을 받는 것에 의해 인간으로서 형성되어야 한다고 기술하고 있다. 이를 교육의 '자기실현적 가치'라 해 두자.

둘째는, '수단적 가치'로서의 교육이다. 어떠한 교육을 받았는가는 졸업 후 직업의 선택에 큰 영향을 준다. 그러한 직업 내지는 사회적 지위를 획득하는 수단으로서의 교육기회의 평등이라는 생각이다. 이는 근대적 사상의 기반에서 발생하였다. 사회학적으로 보았을 경우, 후자의 관점이 더 중요성을 가진다.

사회적 평등장치로서의 교육

우리들 사회는 분업화한 사회이고, 그 가운데 어떤 직업에 종사하는 것이 기대되고 있다. 물론 표면상으로 말하자면 각각의 직업에 귀천이 있을 리 없다. 그러나 수입 · 지위 · 권력 · 심리적 만족도라는 관점에서 각각의 직업을 보면 결코 평등하지 않다. 의사 · 변호사 같은 전문직 직업은 수입이 많을 뿐 아니라 명예나 심리적 만족이 항상 동반된다. 그러나 한편에서는, 타인의 명령에 따를 뿐이고 수입이 낮은 일도 존재하고 있다.

중요한 것은 산업사회에 있어서는 각각의 직업에 누구든지 취업할 수 있는 가능성을 가지고 있다는 것일 것이다. 산업혁명이 시작되기 이전의 사회에서는 개인의 운명은 출생과 동시에 거의 정해져 있었다. 무사의 아이는 무사로, 농민의 아이는 농민으로 각각의 인생을 보내는 것 외에는 없었다. 이에 대해 산업사회에서는 부모의 속박에서 벗어나 개인의 능력과 노력에 의해 직업을 획득한다는 업적주의(meritocracy)의 원리가 우위인 사회인 것이다. 그래서 교육은 여러 가지 직업에 종사하기 위한 '자격'으로서, 근대사회의 성립과 함께 점차 커다란 역할을 짊어지게 되었다.

기회평등의 딜레마

'교육기회의 평등'은 그 내부에 커다란 딜레마를 안고 있다. 형식적으로 말하면, 이미 헌법이나 교육기본법 조항에서 나타난 것처럼 그것은 능력에 따른 '기회의 평등'이다. 그리고 능력의 지표는 일반적으로는 학업성적으로 나타난다. 그러나 학업성적과 능력은 반드시 일치하지 않는다. 아이들은 여러 가지 사회적 배경을 가지고 있고, 거기에서 생긴 사회적 편견이 학업성적에 반영된다. 부모가 경제적으로 풍족하고 학력도 높으면, 그 아이에게 충분한 학습 환경을 줄 수 있을 것이다. 공부나 학력에 대해 높은 가치를 두는 것도 이러한 부모들이다. 사회적으로 우위한 부모들은 스스로의 지위나 재산을 직접적으로, 혹은 학력을 통해서 간접적으로 아이들에게 물려주고 싶다고 생각한다. 그렇다고 한다면, 학업성적을 기준으로 선발한다는 것은 사회적 배경에 의한 선발과 같은 것이 되기 쉽다.

아사히신문 칼럼 '지금 학교에서'를 담당해 온 사다 토모코(佐田智子)는, 여러 학교를 취재해 온 감상으로 다음과 같이 말한다.

공부경쟁이 경제적 손해와 이득과 연결되어, 그 결과 경쟁이 격렬화된 가운데, 경쟁 그 자체가 가정 단위로 경제투쟁화한다는 양상을 농후하게 해 오고 있다. 특히, 학교와 학원의 이중체제가 완성되어 가는 점에서, 공부는, 즉 가정 단위의 경제투쟁으로 급속하게 변화해 있다. 그 집에, 아이를 학원에 보낼 경제력이 있는가 없는가, 혹은 아주 어렸을 때부터 얼마만큼의 책을 사줄 수 있고 여러 가지 참고서나 학용품, 개인 방이나 에어컨에 이르기까지를 사줄 수 있는가 없는가. 그러한 집마다의 경제력의 차이가 아이의 공부투쟁의 승부를 완전히 결정한다.

결과의 평등으로

따라서 '기회의 평등'이라는 사상 자체가 다분히 환상이라는 견해도 뿌리 깊게 존재한다. 그 한편으로, '기회의 평등'이란 '결과의 평등'을 의미한다는 해석도 등장해 왔다. 구체적으로는, 교육적으로 혜택받지 못한 아이들에 대해 적극적 차별(교육자원의 중점배분)을 하여, 학업성적의 차이를 축소시켜 나가자는 생각이다. 그것을 현실화한 교육을 '보상교육'이라 부른다.

미국의 헤드스타트 계획, 영국의 교육우선지역 계획, 혹은 독일의 전통적 촉진

학급의 편성 등의 여러 시책은 이러한 문맥으로 이해할 수 있다.

사회계층과 교육

교육사회학의 역사를 세계적으로 돌아볼 때, 누가 교육의 기회를 획득 · 활용하는가, 또 받은 교육은 사회에 나왔을 때 어떠한 효용을 갖는가(학력의 연구)라는 테마에 가장 방대한 에너지가 쏟아져 왔다. 한 마디로 말하면, '사회적 성층과 교육'의 문제다. 그것은 사회의 민주화나 유동화의 상황, 파슨스(T. Parsons)의 용어를 사용하자면 우리들의 사회가 지향해 왔던 보편주의나 업적주의의 원리가 어느 정도까지 구현되어 있는가를 알기 위한 열쇠가 되기 때문이기도 하다.

〈표 10 - 2〉는 미국의 교육사회학 수업에서는 어떠한 내용이 다루어지고 있는가를, 수업담당자를 대상으로 한 설문조사에 의해 조사한 것이다. 그 결과에서는 사회적 상층과 교육의 문제에 4.53시간이라는 가장 많은 시간이 소비되고 있음을 알 수 있다. 우리나라 대중사회 상황의 진전은, 유럽 여러 나라나 미국과 비교했을 때 그다지 사회계층의 문제를 심각화시키고 있지 않다. 그러나 한편으로는 고교입시나 대학시험, 학력사회가 다른 나라 이상으로 사회문제화하고 있는 경향도 있다. 이러한 문맥 속에서, 다른 나라들과 같이, 많은 교육사회학자가 이 주제로 경합하고 있다.

표 10-2 미국의 교육사회학(테마와 사용시간)

테마	평균시간
사회계층(Stratification)	4.53
사회시스템으로서 학교와 학급	2.66
역사적 변천과정	2.61
사회조직으로서 학교	2.51
사회화	2.47
문화와 교육	2.40
실천이론	2.20
교육환경	2.07

교육의 사회적 배경	1.99
노동시장과 교육	1.97
기타	1.89
다문화 관점	1.87
특수집단 - 종교, 인종, 장애자	1.87
학교의 역할과 역할기대	1.80
교육의 통제	1.76
전문직업으로서의 교직	1.47
성 역할(Sex roles)	1.39
또래 하위문화(Peer subcultures)	1.33
학업성취	1.27
교육의 사회적 기능	1.23
연구설계	1.10
사회심리 (통합, 자기개념)	1.04
학교의 운영주체(Private-Public schools)	1.00
과제개요(Introduction to field)	.97
효과적인 학교	.89
고등교육	.84
자격검정과정(Certification process)	.76
직업세계(Occupations)	.66
교수법(Teaching techniques)	.27

2. 교육기회의 현황

교육기회의 확대

1960년대 이후 중등교육이나 고등교육은 두드러지게 팽창해 왔다. 그것은 한편으로는 개인 측의 교육에 대한 수요의 증대, 다른 한편으로는 국가 측의 국민의 교육수준 향상이나 교육기회의 평등화에의 기대의 결과에 의한 것이었다. 교육

시스템의 확대는 1960년대 많은 나라에서 중요 정책과제의 하나였으나, 그 배경에는 교육 전체를 확대하면 계급적 편견을 없애고 한층 더 교육기회의 평등, 나아가서는 사회적 평등을 달성할 수 있다는 생각이었다. 그러나 양적 확장이 자동적으로 계층 간 격차의 감소로 이어진다는 보장은 어디에도 주어져 있지 않다. 1970년대에 들어서 교육의 전체적 확장은 반드시 교육기회의 계층적 평등을 시정하지 않는 것은 아닐까 하는 의문에 기대게 되었다.

OECD보고서

OECD(경제협력개발기구)는 1970년의 보고서에서, 19개 가맹국에 있어서 교육기회 상황을 다음과 같이 정리하고 있다.

① 상당한 사회적 선발이 대학 단계 이전에, 그 중에서도 중등교육 레벨에서 행해지고 있다. 그것은 상층 · 중층 계급에 대해 유리하게 작용하고, 그 때문에 고등교육 입학자격에 사회적 격차가 발생한다. 초등 · 중등교육의 취학률이 예외적으로 높은 나라들을 제외하면, 이와 같은 선발이 약해지는 경향은 보여지지 않는다.

② 상층계층 출신자의 고등교육 인구가 차지하는 비율은, 전체 노동인구가 차지하는 상층인구의 비율에 비해 높다.

③ 중층 출신자의 경우도, 상층 출신자의 경우만큼은 아니지만 높다. 반대로 하층 출신자의 비율은 낮다.

④ 격차지수에 의해 측정된 교육적 격차는, 많은 나라에서 겨우 축소하고 있는 중이지만, 이는 정말이지 얼마 되지 않는다.

⑤ 45~54세의 남자 노동인구 1,000명당 고등교육 재적자수의 증가는 전계층에서 관측된다. 그러나 하층의 증가는 상층의 그것보다도 분명히 적으며, 그것은 근래에 격차가 증대한 것을 의미한다. 그 결과는 두세 나라들의 증거에 존재하고 있다.

⑥ 전계층 학생에게 광범위한 학문분야의 선택이 제시되어 있음에도 불구하

고, 자신의 사회 배경과 밀접하게 관련한 분야를 선택하는 경향이 있다.

대학교육 기회의 변동

다음은 일본에 있어서 교육기회 상황을 살펴보고자 한다. 먼저, 고등교육 그 중에서도 대학교육의 기회에 초점을 두고 살펴보자. 고등학교로의 진학률이 거의 한계에 근접한 점에서, 또 장래의 엘리트적 지위의 배분에는 대학교육이 깊이 관여하고 있는 점에서, 대학교육의 기회는 오늘날 보다 중요성이 늘었기 때문이다.

문부과학성에서는 학생의 경제상황을 파악하는 것을 목적으로 격년마다 '학생생활조사'를 실시하고 있다. 이 조사는 교육기회의 실태를 명확히 하는 것을 직접목적으로 한 것으로, 귀중한 데이터를 제공해 준다. 〈그림 10-1〉및 〈그림 10-2〉는, 국립대학과 사립대학으로 나눠서 1965년 이후 어느 소득계층이 얼마만큼의 비율로 젊은이를 대학에 보내 주고 있는가를 나타낸 것이다.

	1/5 계층	2/5계층	3/5 계층	4/5 계층	5/5 계층
65년	16.3%	15.1%	18.6%	22.5%	27.6%
68년	16.5	13.0	15.9	25.3	29.3
72년	19.7	18.1	14.6	19.6	28.0
76년	12.7	12.3	15.1	24.5	35.4
80년	23.8	19.9	16.9	18.6	20.8
84년	24.4	17.8	17.5	19.6	20.7

〈그림 10-1〉 가정의 소득계층별로 본 학생비율(국립대학)

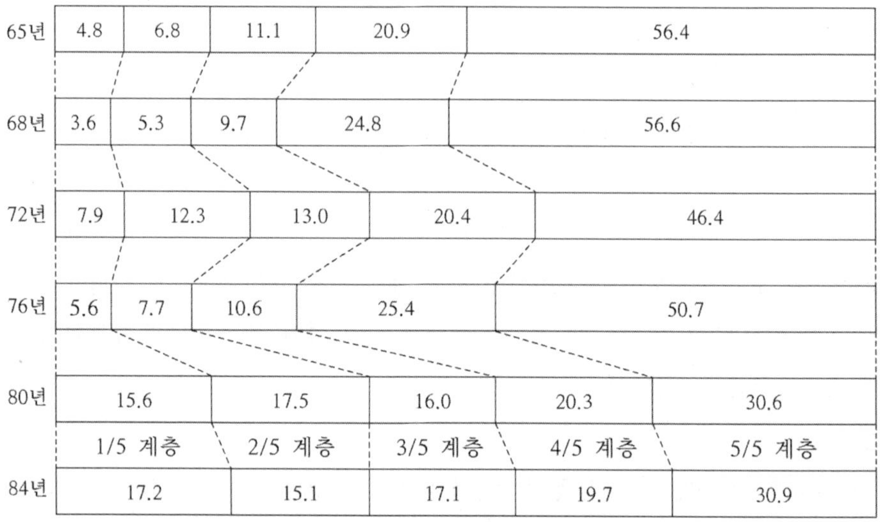

〈그림 10-2〉 **가정의 소득계층별로 본 학생비율(사립대학)**

이 자료는 ① 개개의 학생에게, 가정의 소득을 직접 신고하게 한다. ② 국무총리실의 가계조사에서 전국 전세대의 45~54세의 세대주(학생 가정의 세대주 연령으로 상정)의 오분위 계층구분(집계세대를 수입액이 낮은 것에서 높은 것으로 순서대로 나열하고, 그 세대수를 오등분한 것으로, 수입액이 낮은 그룹에서 높은 쪽의 순으로 제Ⅰ, 제Ⅱ, 제Ⅲ, 제Ⅳ, 제Ⅴ로 구분한 것)을 추계하는 방법에 의해 얻어진 것이다.

국립대학에 대해 보면, 1976년까지의 데이터는 소득이 낮은 제Ⅰ, 제Ⅱ, 제Ⅲ 오분위 계층의 비율이 낮고, 제Ⅳ, 제Ⅴ 오분위 계층의 비율이 상당히 높아지고 있다. 1976년 시점에서 보면, 소득이 낮은 층 40%가 차지하는 국립대학생 비율은 25%에 지나지 않는 것에 비해, 소득이 높은 층 40%가 차지하는 국립대학생 비율은 60%에나 달하고 있다. 그러나 1980년, 1984년의 데이터를 보면 그 후 대폭 개선되어, 소득에 의한 대학생 배출 편중은 거의 찾아볼 수 없다. 오히려 소득이 가장 낮은 제Ⅰ 오분위 계층이 차지하는 비율이 가장 큰, 역전현상조차 나타내고 있다.

사립대학에서는 가정 소득과 대학생 비율 간에 국립대학 이상의 높은 상관이 보였는데, 이것도 1980년 데이터 이후 상당히 개선되고 있다(그림 10-2 참조). 1976

년에는 소득이 낮은 층 40%가 차지하는 비율은 겨우 13.3%에 지나지 않았음에 비해, 소득이 높은 제Ⅴ 오분위 계층에서는 50.7%를 차지하고 있다. 결국, 사립 대학생 2명 중 1명은 가장 소득이 높은 5분의 1계층에서 차지하고 있었다는 것이 된다. 그러나 1984년 데이터에서는 제Ⅴ 오분위 계층이 차지하는 비율이 높았지만, 그다지 현저하지 않다. 이러한 경향에서 가령 1982년 문부성 학생생활조사는 '국 · 공립대학에서는 제Ⅰ 오분위로의 편중을 제외하고 각 계층에 거의 균등하게 분포되어 있으나, 사립에 있어서는 반대로 제Ⅳ, 제Ⅴ 오분위에 높은 분포가 보여진다. 그러나 1980년도 조사를 비교하면, 사립의 고수입 계층에의 편중 경향은 서서히 균등화해 가고 있다'고 결론짓고 있다.

대학진학률 정체화

표 10-3 연간 수입별로 본 대학 재학률

(A) 국 · 공립대학

	(1) 저소득층 (Ⅰ+Ⅱ)	(2) 중소득층 (Ⅲ+Ⅳ)	(3) 고소득층 (Ⅴ)
1972	3.0	4.0	5.9
73	3.5	4.6	6.5
74	4.1	5.1	7.2
75	4.5	5.5	7.5
76	4.7	5.6	7.8
77	4.7	5.6	8.2
78	4.8	5.6	8.8
79	4.8	5.6	9.2
80	4.7	5.6	9.5
81	4.2	5.6	9.6
82	3.6	5.9	9.4
83	3.3	6.8	8.9

(B) 사립대학

	(1) 저소득층 (Ⅰ+Ⅱ)	(2) 중소득층 (Ⅲ+Ⅳ)	(3) 고소득층 (Ⅴ)
1972	8.4	13.2	20.7
73	9.0	13.8	23.9
74	9.8	15.2	26.4
75	11.4	17.1	27.8
76	13.2	18.0	28.4
77	14.4	18.1	29.0
78	14.7	18.2	29.9
79	14.2	18.3	30.4
80	13.3	18.4	30.7
81	12.9	18.5	30.5
82	12.4	18.9	29.4
83	11.0	20.0	27.8

1976년 이후 사립대학에서 약간의 편중이 있다고 말할 수 있겠으나, 대충 '기회

의 평등'은 달성되고 있다고 하는 '문부과학성 통계자료'에 대해 문제도 있다. 키쿠치 죠지(菊地城司)는 문부과학성 학생생활조사에는 장학생이 샘플로서 과대하게 더해져 있는 것은 아닌가, 그 때문에 조사대상자가 저소득자층 자제에게 편중되어 있는 것은 아닌가라고 말한다.

키쿠치는 총무청통계국 '가계조사연보'를 이용한 분석에서, 1970년 이후의 소득계층과 교육기회와의 관련을 분석하고 있다(표 10-3). 그에 의하면, 대학재학률은 국공립대학에 있어서도 저소득층에서 명확하게 저하해 있고, 반대로 중소득층 및 고소득층에서는 약간의 상승을 나타내고 있다. 이미 보아왔듯이 1970년대 후반으로 말하자면, 고등교육으로의 진학률이 지속적 성장에서 정체로 가는 터닝포인트 시기에 해당한다. 이 시기에 교육기회의 계층적 격차는 계속 확대하고 있다는 것이다. 〈표 10-3〉을 보면, 1983년에서는 국 · 공립대학 · 사립대학이 같이, 고소득층 대학생 배출률은 저소득층의 약 2.5배에 달하고 있는 것을 알 수 있다. 지금까지 1960년대 고등교육의 대중화는 교육기회의 계층적 폐쇄성을 강하게 한다는 논의가 우시오기 모리카즈(潮木守一)나 아마노 이쿠오(天野郁夫)에 의해 이루어졌다. 이에 대해 키쿠치는, 교육기회의 확대정책은 그 나름의 평등화를 달성했다고 주장하고 있다.

대학별로 본 '교육기회'

지금까지 국 · 공립대학 · 사립대학이라는 대략적인 틀 안에서 교육기회와 사회계층의 문제를 다루어 왔다. 그러나 한 마디로 대학이라고 해도 4년제 대학뿐이고, 현재 460교를 넘고 있어 그 사회적 지위는 똑같지 않다. 입학시험의 난이도가 높고 취업 때 후한 대접을 받는 대학도 있으면, 그렇지 않은 대학도 있다. 이 현저한 대학의 위계구조야 말로 일본대학의 특색의 한 가지를 이루고 있다. 교육기회의 관점으로 보면, 대학의 사회적 지위와 학생의 출신계층과의 관련이 문제가 된다.

몇 개의 대학에서는 학생의 경제상황이나 생활 실태를 파악하기 위해, 개별

학생생활조사를 실시하고 있다. 〈그림 10-3〉은 도쿄대, 나고야대, 시코쿠지방의 국립T대, 규슈지방의 국립M대, 그리고 사립게이오대의 다섯 대학에 관해 대학별로 주된 가계지지자의 소득분포를 살펴본 것이다(도쿄대의 데이터는 남학생만의 결과다).

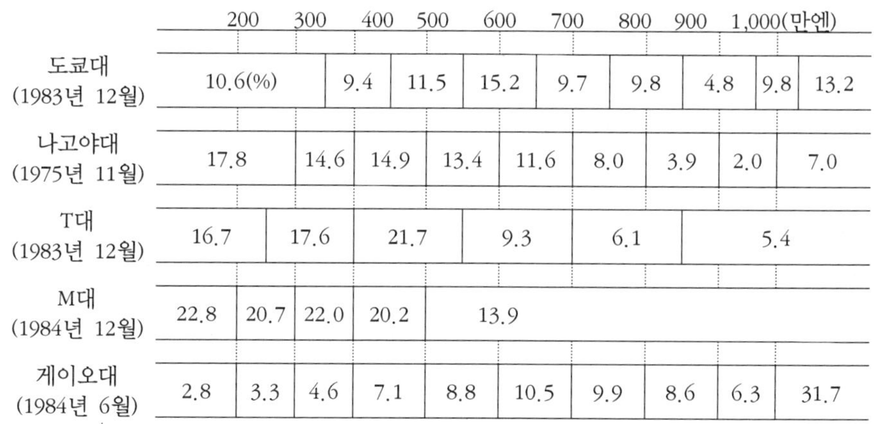

〈그림 10-3〉 **대학별, 주된 가계지지자의 소득분포**

나고야대에서 실시한 소득구분이 각기 다르게 때문에 정확한 비교는 어렵겠지만, 500만엔 정도를 기준으로 해서(도쿄대, T대에서는 550만엔) 그 이하의 비율을 살펴보면, 도쿄대 31.5%, 나고야대 47.3%, T대 56.0%, M대 85.9%, 게이오대 17.8%이다. 반대로 800만엔 이상의 층(도쿄대, T대에서는 850만엔 이상)을 보면, 도쿄대 27.8%, 나고야대 12.9%, T대 5.4%, 게이오대 46.6%가 되어 있다.

게이오대학에서는, 1,000만엔 이상이 전체의 3분의 1에 달하고 있어, 소득이 높은 것이 두드러지고 있다. 국립 네 대학을 보면, 도쿄대, 나고야대, T대, M대의 순으로, 부모의 소득수준이 높아지고 있으나, 이것은 대학의 사회적 지위(입시난이도, 대학규모, 취업상황 등)의 높이와 상당히 밀접하게 관련하고 있다고도 말할 수 있을 것이다. 이 여러 대학의 학생조사에서 얻어진 데이터가 어디까지 일반화할 수 있는가는 문제이지만, 대학의 사회적 지위가 높을수록 부유한 가정출신의 학생이 차지하는 비율은 높아지는 경향을 인정할 수 있다고 생각한다.

학부와 소득계층

대학에 위신의 위계구조가 있다면 동시에, 한 대학 내에는 학부에 의한 위신의 격차가 있다. 그 중에서도 의학계 학부는 장래 높은 수입과 전문적 지위로 직결하고 있으므로, 타 학부에 비해 입시난이도에 있어서도 높은 것이 보통이다. 이미 나카노(中野秀一郎)는, 의학부 입학생과 교육학부 입학생을 비교하여 의학부생이 압도적으로 높은 경제계층에서 배출되고 있다는 점을 지적하고 있다. 여기에서는, 조금 전의 각 대학 학생생활조사를 이용하여, 의학부와 그 이외의 학부에서는 학생의 출신계층에 차이가 있는지, 또 있다면 어느 정도의 격차가 있는지를 검토해 보고자 한다. 학부별 데이터는 게이오대학과 T대학의 두 대학의 학생조사에서 얻을 수 있었다. T대학의 경우 700만엔 이상의 소득층은 전체의 15% 정도이지만, 의학부만 보면 25%를 넘고 있다. 게이오대 의학부는 일본에서 가장 입시난이도가 높은 대학 중 하나로 손꼽히고 있으나, 그 학교 학생의 45.7%는 1,000만엔 이상의 소득계층 출신자다.

이렇게 보면, 고등교육기회를 누리고 있는 자는, 또한 같은 고등교육 안에서도 보다 위신 높은 대학이나 학부에서 배우는 학생처럼, 일반적으로 풍부한 경제계층 출신자라는 경향이 있다는 것을 인정할 수 있다. 이상은 부모의 소득을 하나의 지표로 본 것이지만, 이 소득은 학력이나 직업과도 밀접하게 연결되어 있으므로, 부모의 학력이나 직업도 동시에 아이의 학력획득에 관련하고 있다 말할 수 있을 것이다.

물론 이것은 통계적으로 일반화 경향에 지나지 않는 것이고, 저소득계층 출신자라 해도 일류 학력을 획득한 자는 결코 적지 않다. 조금 전의 데이터로 되돌아가면, 도쿄대생의 20%는 연수입 450만엔 이하의 가정 출신자이고, 게이오대 의학부 학생의 13%는 600만엔 이하의 경제계층 출신자다.

고교미진학자층

이와는 반대로, 고교미진학자라는 가장 교육기회를 혜택받지 못한 사람들에게 초점을 맞춰 보고자 한다. 이미 보아온 것처럼 고교교육은 오늘날 거의 모든 국민에게 있어 당연히 진학하는 교육기관이 되었다. 〈표 10-4〉에서 보듯이, 고교진학률은 1975년대 후반에는 약 94%에 달했다. 그러나 진학률이 높아지면 질수록, 고교미진학자는 마이너리티그룹화하기 때문에, 고교미진학이라는 경력은 살아가는 데 있어서 마이너스의 의미를 강하게 한다. 그러면 이 6%, 약 10만명의 고교미진학자란 어떠한 사회적 · 경제적 배경을 가진 아이들일까. 이에 관해서는 아이치현 · 기후현을 사례로 한 우시오기 모리카즈(潮木守一)의 구체적 연구가 참고가 된다.

표 10-4 중학교 졸업 후의 상황

연도	졸업자수	진학자	교육훈련기관 등 입학자	취업자	무업자	사망 · 부상자	진학률
1980년	1,723,025	1,623,759	42,877	44,400	623	635	94.2%
1985년	1,882,033	1,766,040	43,780	49,801	576	576	93.8%

연구에 의하면, 생활보호세대, 결손가정, 경제수준 '하'로 판정된 층에서는, 다른 집단과 비교하여 유의하게 높은 미진학자의 발생을 볼 수 있다. 또한 이들 층은 상호간에 겹치는 부분이 많다. 우시오기는, '평균 진학률이 80%를 넘는 단계에 달하는 오늘날, 남은 극소수의 미진학자는 오로지 이러한 경제적 하위집단으로 점차 집약되며, 이 층으로 말하자면 농축된 형태로 높은 미진학자 발생률이 나타나는 것이라 생각된다'고 말한다.

이 사회경제적 요인은, 두 가지 경로로 고교 진학과 미진학을 규정한다. 한 가지는 직접적 요인, 다른 한 가지는 성적을 경유한 형태로 간접적 요인이다. 아소(麻生誠)의 연구에 의하면, 진학과 미진학과의 분화를 규정하는 요인으로서 가장 규정력이 강한 것은 '성적'이라고 한다. 즉, 사회경제적 요인이 성적을 규정하고, 그것이 진학인가 미진학인가에 영향을 준다는 메커니즘이 간파되는 것이다.

3. 학력 격차의 사회적 배경

두 가지 메커니즘

이상의 설명에 의해, 학력 획득에 관하여 부모의 사회적 · 경제적 영향이 강하게 반영되고 있는 것을 알 수 있었다. 그러면 왜 이와 같은 계층적 격차가 생기는 것일까. 이러한 메커니즘을 생각할 때에는 〈그림 10-4〉와 같이 두 가지 경로를 시야에 넣어 둘 필요가 있다. 첫 번째는 사회적 계층이 학업성적을 규정하고, 그것이 학력 달성에 영향을 준다는 경로다(화살표 ①→②). 두 번째는 사회적 계층이 직접 학력 달성을 규정한다는 경로(화살표 ③)다. 진학인가 아닌가는, 학업성적만으로 결정할 것이 아니다. 같은 성적이더라도, 사회적 계층이 높을수록 진학하는 기회가 높다는 경향이 보여진다.

후자(화살표 ③)의 메커니즘에 초점을 맞춘 것 가운데 한 가지로서는 부동(R. Boudon)의 연구를 지적할 수 있을 것이다. 그는 대학에 진학하기까지의 여러 의사결정 장면에 있어 사회계층 자체가 영향을 주는 것을 확률론적으로 설명하고 있다. 그러나 남은 대부분의 연구는, 사회계층이 왜 학업성적에 영향을 주냐는 점을 문제로 하고 있는 것처럼 생각된다. 이하 이러한 관점에서의 연구를 소개하고자 한다.

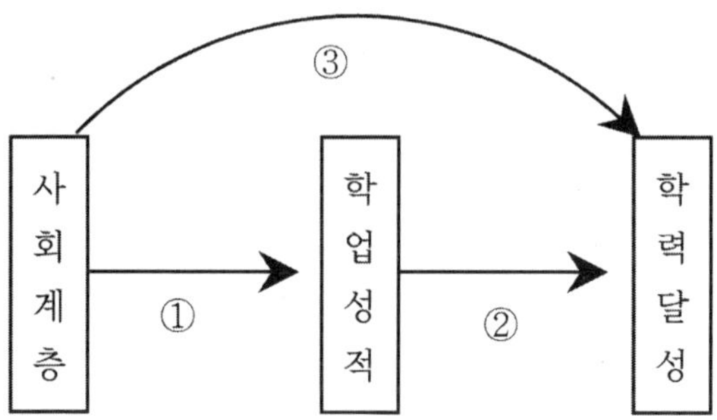

〈그림 10-4〉 두 가지 경로

지능유전론

인간의 발달을 생각할 경우, 유전인가 환경인가, 가문인가 성장인가의 문제는 교육학이나 심리학의 분야에서 끊이지 않고 논쟁의 대상이 되어 왔다. 그러나 사회계층과 학업성적과의 관련을 문제로 할 경우에는, 단순히 지능이 부모로부터 자식에게로 유전하는가 아닌가 하는 점을 넘어, 지능이 학업 달성이나 학력 달성을 규정하는 것, 또 직업적 · 경제적으로 성공한 사람은 지능이 높은 것이 전제로 필요하게 된다. 이러한 입장의 대표적 인물로서 젠센(A. Jensen)이나 허렌슈타인(R. Herrenstein)이 있다. 젠센은, IQ(지능지수)의 약 80%는 유전에 의해 규정되어 있는 것, 사회계층이나 인종에 의해 지능의 집단평균에 큰 차이가 있다는 것은, 환경조건의 좋고 나쁨보다도 오히려 계층이나 인종간의 유전적 차이에 힘입은 것이 크다고 한다. 허렌슈타인(Herrenstein)은 다음과 같이 삼단계론을 전개하고 있다.

첫째, 만약 지적 능력의 차이가 유전하는 것이라면,

둘째, 성공하기에는 이러한 능력을 필요로 한다면,

셋째, 수입과 명성은 성공의 의한다면,

사회적 지위(수입과 명성을 반영한다)는 어느 정도 유전에 의한 개인차에 기인한 것이 된다 할 것이다.

즉, 환경조건을 갖추고 기회평등을 요구하면 요구할수록, 유전적 · 생물적 요인에 의해 사회계층으로의 소속이 결정되는 경향이 강한 것을 시사하고 있다.

그들에 대한 비판도 많다. 바로 (1) IQ는 정말 어느 정도 유전하는 것인가, (2) IQ는 학업성적을 어느 정도 규정하는 것인가, (3) IQ가 사회적 성공이나 실패를 과연 규정하는가의 세 가지 점으로 집약된다고 생각된다.

일반적으로 교육사회학에서는, 이러한 IQ논쟁에서는 거리를 두어 왔다. 그것은 교육사회학이 학업성적이나 학력 달성을 사회적 문맥에서 다루도록 하는 성격을 가졌기 때문이다. 만약 유전적 요소가 학업성적의 대부분을 규정한다면, 개인에 대해서는 노력하는 것의 낭비를, 교육자에 대해서는 교육하는 것의 무의미함을 선고하는 것이나 다름없다. 그러나 많은 교육사회학자는 현실에서는 인간의 능력은 가변적이라는 것을 믿고 있다. 반대로, 환경만능론의 입장에도 찬성하지 않는다. 만약 이상적 환경이 주어지면, 개인은 무한의 가능성을 발휘할 수 있냐고 물어 온다면, 아마 부정하지 않을 수 없을 것이다. 인간의 능력은, 유전과 환경의 상호작용과정 속에서 형성되어 간다고 받아들일 필요가 있다고 생각된다.

환경론적 입장

교육사회학에서는 유전보다 오히려 생육환경을 문제시해 왔다. 이 환경은 개개인이 생육하는 지역사회나 중간집단, 가정 등 여러 가지인데, 그 중심이 되는 것이 가정환경이다. 가정환경이 아이의 학업성적에 대해, 어떠한 메커니즘으로 영향을 주는가에 관해서는 다양한 설이 있다. 전통적으로 보면, 물질적 환경과 문화적 환경에서의 접근이 중심을 이루어 왔다.

첫째, 물질적 불리

이 생각으로는, 아이의 학습 환경—공부방이 있나 없나, 참고서나 백과사전이 갖춰져 있는가 없는가 하는 점이 문제가 된다. 또 우리나라처럼 학업성적을 둘러싼 경쟁이 가정이나 학교 이외(구체적으로는 학원 · 입시학원 · 과외 등)에 크게 존재하고 있는 사회에서는, 거기에 아이를 보내는 것만으로 경제적 부담 능력이 문제로 되어도 좋다. 물론, 물질적인 문제와 문화적 문제를 명백히 구분하는 것은 어렵다. 그렇지만 물질적 환경을 강조하는 입장에서는, 문화적 환경은 물질적 핸디캡의 가면에 지나지 않는다고 생각한다. 따라서 만약 아이들의 가정이 착취나 압박을 받지 않았다면, 생활스타일이나 문화레벨에서 보여지는 격차는 해소한다는 입장을 취하고 있다.

둘째, 문화적 박탈

이 생각은 오히려 가정에서의 가치나 태도의 유전에 주안을 두고 있다. 따라서 부모-자식 간의 사회적 과정에 착안한 연구가 중심이 되고 있다. 구체적으로는, 공부에 대한 부모의 격려, 기호문화로의 접근, 모든 문화적 시설의 이용, 욕구충만의 연기 등이 각 계층 간에서 달라졌다고 하는 점이다. 학교에서 실패한 아이들은, 학교에 적응하는 것을 어려워하고, 그러므로 주류 문화에 적합한 것을 방해하는 듯한 사고 · 태도 · 언어 양식을 익히고 있다. 즉, 실패의 문화를 학습하고 있다고 생각한다.

문화자본이론

이 이론은 물질적 환경과 문화적 환경을 혼합한 것에 특징이 있다. 이 이론을 제창한 대표적 인물로서 부르디에(P. Burudier)를 빼놓을 수 없다. 그는 현재, 콜레즈 드 프랑스와 사회과학고등연구원의 교수로 겸임하고 있는데, 그와 그 공동연구자들의 연구는 넓은 범위의 인문 · 사회 모든 과학에 큰 영향을 주고 있다.

한편, 학교는 경쟁과 선발의 장으로서 사람들의 주목을 집중시키고 있다. 그러나 이 경쟁과 선발의 장으로 들어오는 각각의 아이들은 대등한 자력을 가진 평등한 존재로서 옆으로 나란히 서 있지는 않다. 어떤 이는 풍부한 밑천을 가지고 여유를 가지고, 어떤 이는 불충분한 밑천을 필사의 노력으로 보충하면서, 또 어떤 이는 거의 도움이 되지 않는 될랑말랑한 밑천으로 반은 체념한 기분으로, 거기에 등장한다. 그 밑천이 바로 문화자본이다. 여러 가지 지식이나 어떻게 행동하고, 어떻게 말하나 하는 처신법을, 부유한 계급의 아이들은 가정환경에서 문화자본으로서 받아들이고 있다.

학교와의 관련에서 말하자면, 교육의 장에서 지배적인 것으로서 기능하고 있는 모든 문화유형이 있고, 그들은 일반적으로 그 사회의 지배적 계급의 하비투스(habitus = 무의식에서 주어진 바를 일상의 환경세계 안에서 배우고 익혀 갖춰 가는 태도)와 친화성을 가지고 있다. 이 하비투스는 언어이고, 교양이고, 대학에의 포부다. 이 하비투스에 의해 학교에서 성공인가 실패인가가 규정된다. 또한, 중 · 상층계급에서는 부모 · 형제 · 친척에 이르는 곳에 고등교육경험자가 있으면, 대학은 매우 가깝게 느껴지는 곳이다. 진학하는 것은 당연한 것으로서, 자연히 그에 따라 미래 이미지 · 각오가 준비되어 있다. 이에 대하여 하층계급에서는 고등교육경험자가 극히 얼마되지 않기 때문에, 대학을 자신과 인연이 없는 존재로서 생각한다. 이것들이 대학으로의 진학률에서 계층 간 격차가 되어 나타난다.

번스타인의 언어론

번스타인(B. Bernstein)은 언어를 중심으로서, 기회의 불평등에 빛을 비추고 있다. 그는 영국 사회에서 쓰여지는 언어가 계급에 의해 달라져 있다는 사실에서 출발했다. 한쪽은 중산계급에서 쓰여지는 언어인데, 이는 추상적이고 논리적인 '정밀코드'를 특징으로 하는 형식언어(formal language)다. 다른 한쪽은 노동자계급의 언어로, 구상적이고 정서적인 '제한코드'를 특징으로 하는 '대중언어(public language)'가 일반적으로 사용되고 있다. 가령 형식언어에서는 아이가 떠들 때, '좀 조용히 해 주면 좋겠어'라는 표현이 사용된다. 중산계급의 아이는 그것이 의미하는 바를 해독하고, 바로 자신의 행동에 반영한다. 하지만 노동자계급의 아이들은, '닥쳐'라는 표현으로 이해할 수 있지만, 앞의 완곡한 표현으로는 충분히 반응할 수 없다. 즉, 중산계급 아이는 '형식언어' '대중언어'의 어느 쪽도 이해 가능하나, 노동계급의 아이는 '대중언어'만 반응을 나타낸다.

그런데 학교는 주로 '형식언어'가 지배하는 세계이고, 거기에서는 중산계급의 아이들이 학교문화에 적응하기 쉽다. 반대로 노동자계급의 아이는 '형식언어'가 지배하는 학교교육에 친숙해지기 어렵고 부적응을 일으키기 쉽다는 것이다. 더욱이 중요한 것은, 이러한 언어타입이 지적 능력의 구조 자체를 다른 것으로 만들고 있다는 점일 것이다. 말의 발달은 지적 작업 능력의 발달에, 특히 추상작용 조작능력의 발달에 있어서 원동적 역할을 담당한다. 수식법이 풍부하고, 논리적이기도 한 '형식언어'를 사용하는 중산계급 아이는, 사고양식 그 자체가, 복잡 · 추상적으로 강해지는 경향이 있다.

교사기대의 연구

똑같이 학교생활을 보냈어도, 어떤 아이는 공부 잘하는 아이가 되고, 또 어떤 아이는 공부를 그다지 못하는 아이가 되기도 한다. 이러한 원인으로서, 이미 보아 온 것처럼 종래에는 개개의 학생의 지적 능력이나 가정적 · 문화적 환경이 논의되어 왔다. 즉, 아이의 성적상의 차이는, 학교 이전의 문제로서 검토되는 경향이 있었다. 당연히 이러한 입장에 서 있으면, 열등생에 대한 학교나 교사의 책임은 작은 것이 된다. 그런데 최근에는 오히려 공부 잘하는 아이, 못하는 아이라는 것은 사회적으로 만들어진 것은 아닐까. 보다 구체적으로는, 교사의 개개의 학생에 대해 다른 기대가 아이들에게 차이를 낳는 것은 아닐까 하는 연구가 활발해지고 있다. 211

이러한 연구의 선구가 된 것은, 로젠탈과 제이콥슨(R. Rosenthal & L. Jacobson)이라는 두 명의 심리학자의 의한 "피그말리온효과" 실험이다. 그들은 어느 초등학교에서 학년 말에 '하버드 습숙도 테스트'를 실시하였다. 테스트를 실시할 때, 교사들에게는 다음과 같이 전했다. '이 테스트는 내년도에 지적으로 급성장하고 실력을 발휘할 가능성이 높은 학생을 뽑는 데에 효과가 있으며, 게다가 그 예측 신뢰도는 높다.' 그리고 가을이 되어, 신학기가 시작하기 직전에 교사들은 학생 리스트를 건네받았다. 그 때, '이들 학생은, 저번 테스트에서 학년 전체에서 상위 20%의 성적을 거둔 학생입니다.'라고 설명했다. 실제로는 이 판정은 사실무근으로, 20%의 '특별'한 학생은, 분석을 위해 선발된 것에 지나지 않았다. 그러나 그 연도가 끝날 때 시행된 테스트의 결과, 이 선발된 학생들은 선발되지 않은 학생들보다 좋은 성적을 거둔 경향을 있는 것이 명확해졌다.

이 실험결과에서, 로젠탈과 제이콥슨은 '지적으로 우수한 아이'로서 무작위로 선발된 학생들에 대한 교사들의 강한 기대가 다른 학생들과 다른 취급을 하게 하여, 그 결과 학업성적이 향상한 것은 아닐까 하고 해석했다. 이 교사기대의 효과를 피그말리온효과라고 부르는 것이다.

그러면 왜, 어떤 메커니즘에 기초하여 피그말리온효과는 생겨난 것일까. 이 해석과 관련하여, 비행 등의 탈선행위에 대한 낙인이론이 대단히 참고가 된다. 브라운(C. Braun)은 〈그림 10-5〉와 같이 일련의 인과모델을 작성하고 있다.

① 여러 가지 정보가 교사에게 입력된다. 예를 들면 신체적 특징, 과거의 학업성적, 인종, 성별, 사회경제적 배경, 형제의 학업성적 등

② 그러한 정보를 기초로 하여, 교사는 특정의 학생에게, 특정 행동과 성적을 기대한다. 외관적으로 매력 있는 학생, 경제적으로 부유한 학생, 형이 공부 잘하는 학생의 경우에는 대체로 높은 기대를 걸게 된다. 이 중에서 특히 중요한 것은, 학생의 사회경제적 배경이다.

③ 이처럼 다른 기대를 가지고 있으므로 교사는 개개의 학생에게 다른 대응을 한다. 보다 많은 기대를 건 학생에게는, 점점 성적이 나빠져도 진학코스에 들어가게 하고, 수업 중에 지명을 많이 하고, 지명하고 대답하기까지 긴 시간 기다려 준다. 처음에 틀린 대답을 하더라도 다시 한 번 생각할 기회를 주고, 맞는 답을 하면 적극적으로 칭찬해 주는 방식이다.

④ 이러한 교사의 대응 방법으로, 학생은 교사가 자신에게 어떤 행동과 학업성적을 기대하고 있는지를 알고, 그 기대에 부응하도록 한다. 보다 기대를 받은 학생은, 자신을 가지고 높은 목표를 걸고 그것을 실현하고자 노력한다. 그 결과, 좋은 성적을 거두게 되는 것이다. '예언의 자기실현(self-fulfilling

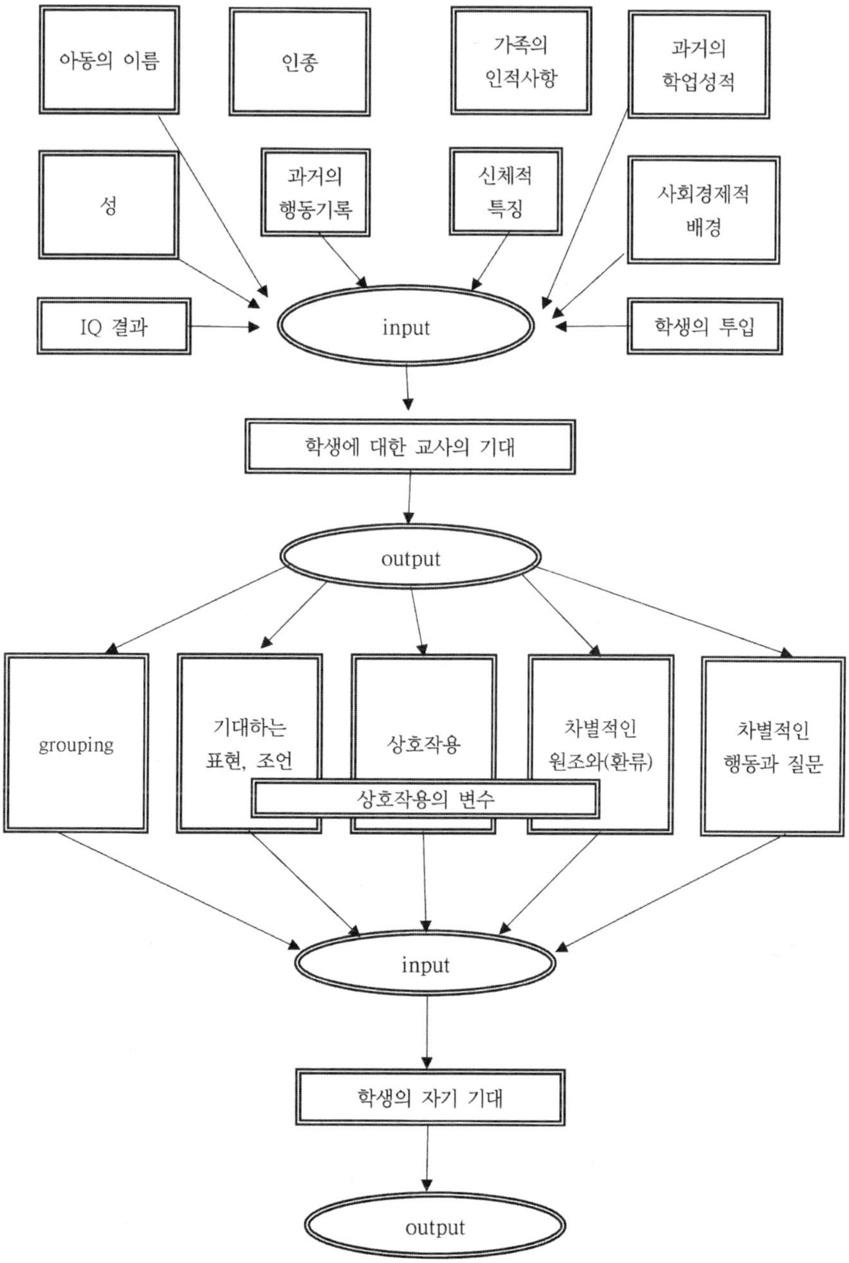

〈그림 10-5〉 피그말리온 효과의 생성 메커니즘

* 출처 : C. Braun, Teacher Expectation : Sociological Dynamics, p. 206.

prophecy)'라는 개념이 나타내는 것처럼, 하면 된다고 자신을 받아들이는 아이는 정말 공부를 잘 할 수 있게 되고, 자신은 "바보"라 생각하고 있는 아이는 어느덧 경멸받게 되어 버린다. 물론 우리들은 타인의 여러 가지 시선을 받고 평가받고 있다. 그 중 교사의 평가가 특히 강한 것은, 교사가 학생에게 있어 특별히 중요한 타인이 되기 때문이다.

⑤ 이러한 학생의 자기기대에 의해 기초한 행동은, 또 새로운 투입요인이 된 교사에게 영향을 주어, 교사의 최초의 평가에 진실성을 강하게 하는 것이 된다(그림의 점선부분). 이렇게 하여 최초로 걸었던 교사기대는 영속화한다. 피그말리온효과를 부정적으로 보면, 교사의 차별이나 편견의 문제로서도 생각할 수 있다. 그러나 지도기술면에서 받아들이자면, 교사가 긍정적 라벨을 조작하고 아이의 학교생활을 바람직한 것으로 이끌어 갈 수 있다는 적극적 가능성을 시사하고 있다. 교사가 학생에게 끝없는 기대를 걸면, 학생은 그 기대에 보답하고, 그 기대에 가까워지려고 노력하는 경향이 있기 때문이다.

4. 여성과 교육의 기회

교육기회의 확충

아마노(天野郁夫)가 지적했듯이, 1945년 이전의 학교체계는 정계와 방계 두 가지의 범주로 이해할 수 있다. 정계라고 하면 중학교-고등학교-제국대학으로 연결되는 학교체계이고, 방계라고 하면 실업학교-전문학교로 연결되는 학교체계다. 이 유형으로 말하자면, 여자교육은 확실히 방계였다. 대학교육을 예로 본다면, 여자에게 문호를 개방했던 대학은 적었으며, 사실상 여자는 대학교육에서 받아들여지지 않았다. 그 배경에는, 남자는 생활상 역할이 다르고, 여자는 남자에 비해 지능 · 체력 등이 떨어지므로, 동등의 교육을 받을 수는 없다는 생각이 존재하고 있었다. 관습상, 남녀별학을 해야 한다는 주장도 강했다. 교육 내용은 남자에게 높게, 여자에게 낮게가 원칙이기도 했다.

1945년 이후, 교육제도가 단순화되고, 여자에게도 남자와 같은 교육기회가 제공되게 되었다. 이 남녀평등 교육은 전후의 교육이념의 하나의 기둥이 되기도 하였다. 교육기본법은, 먼저 제시한 제 3조 이외에, 제 5조에서 특별히 남녀공학을 부르짖고 있다. 이렇게 종전 후부터 오늘날에 걸쳐서 교육기회의 남녀평등은 상당한 정도까지 달성되어 왔다.

고등학교 진학률을 보면, 1969년 이래, 여자가 높아지고, 1985년 현재, 그 차이는 2.2%가 되어 있다(그림 10-6 참조). 대학 · 단기대학의 진학률을 보아도, 1985년 현재 남자 40.6%에 대해 여자는 34.5%로, 남자에 비하면 약간 낮지만, 전전에는 생각할 수 없었던 교육기회의 확충이 실현되었다(그림 10-7 참조).

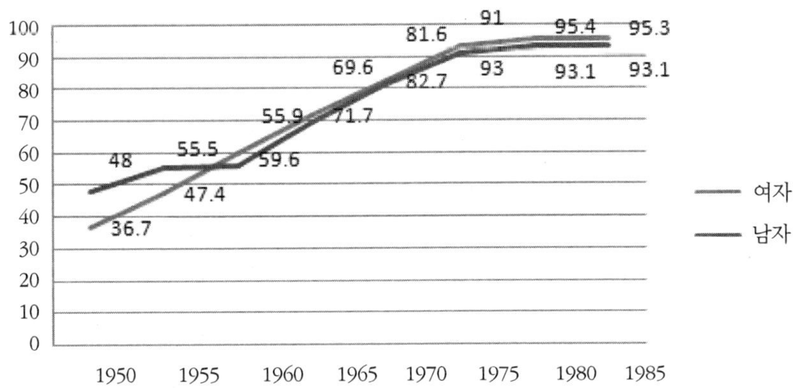

〈그림 10-6〉 **고등학교 진학률(남 · 여 비교)**

* 출처 : 국립여성교육회관, 여성의 현황에 관한 통계자료. 1986. p. 18.
* 각주 : 고등학교진학율=(진학자수+취직진학자수)/중학졸업자수 * 100

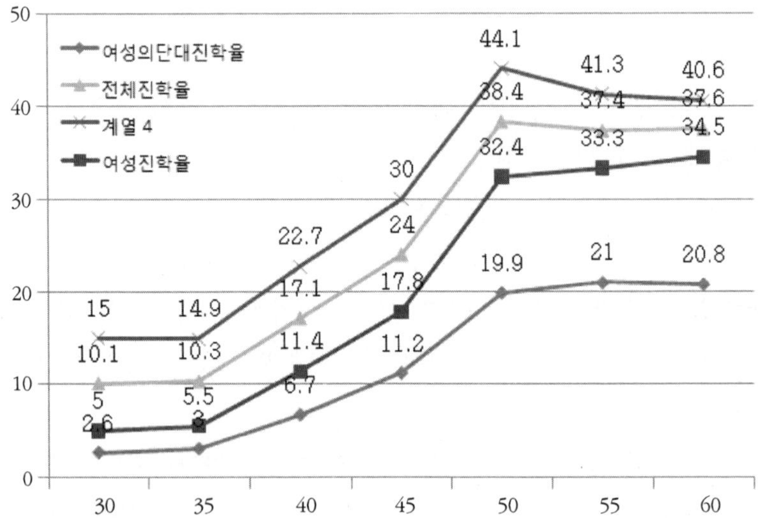

〈그림10-7〉 **대학, 단기대학 진학률의 추이**

* 출처 : 尾形憲他, 새로운 교육원리, 미네르바, 1986. p. 153.

성역할과 결부된 진학

그렇다고는 하나, 몇 가지 문제점도 있다. 그것은 고등교육을 예로 들어 지적하고자 한다. 그 첫 번째는, 여자가 단기대학에 집중하는 경향이다. 〈그림 10-7〉에서 나타난 것처럼, 1985년 여자의 진학은 4년제대학 13.7%, 단기대학 20.8%로, 단기대학에 진학한 자의 비율이 압도적으로 높아져 있다. 단기대학의 약 90%는 여학생이듯, 단기대학은 여자를 대상으로 한 고등교육으로서 정착했나 하는 관점이 있다. 그 배경에는, 결혼이나 직업을 위해서는 대학처럼 긴 교육기간은 바람직하지 않으며, 여자는 가정에 있으니까 교육레벨이 낮아도 된다는 생각이 존재하고 있다. 그 때문인지, 4년제 대학에 다니는 여자의 가정의 경제수준은 남자에 비해 상당히 높다는 경향도 있다.

두 번째는, 대학에서의 전공의 편중이다. 4년제 대학에서, 여자 우위의 전공분야는 가정학을 필두로 예술 · 인문과학 · 교육 등의 분야로, 해양공학 · 사회과학 · 이학 · 농학 등을 배우는 학생은 20% 이하로 되어 있다. 단기대학에서는 전체의 90% 가까이를 여자가 차지하고 있는 곳도 있고, 공업 · 농업 이외에서는 여자가 차지하는 비율이 압도적이다. 다만, 단기대학의 학과 구성에서는 가정 · 교육 · 인문과학의 세 분야가 압도적 비율을 차지하고 있는 것에서, 여자단기대학생의 80%까지가 이 분야의 전공이 되고 있다. 즉, 여성의 전공영역은 전통적으로 여성을 대상으로 해온 학부 · 학과에 편재하고 있다(〈그림 10-8〉 참조).

장래의 직업생활과의 관련으로 말하자면, 이러한 영역은 영양사 · 보건사 · 보모 · 유치원교원 · 초등교육교원 · 간호사 · 조산사 · 사서라는 전통적으로 여성의 직업으로 되어 온, 이른바 '준전문직'적 직업과 이어져 있다. 남녀평등화의 지표의 하나는, 여성의 직업적 지위에 있다고도 하지만, 준전문적 직업의 직업구조상의 위신은 반드시 높지 않다. 여성의 지위를 향상시키기 위해서는, 전문적 직업으로 보다 많이 진출해 갈 필요가 있고, 이를 위해서는 대학에서의 전공분야가 유동화되어 갈 필요가 있을 것이다.

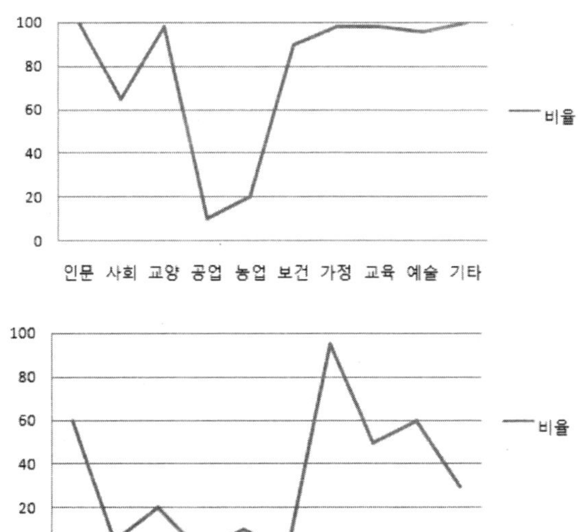

〈그림 10-8〉 **대학 · 단기대학 여성의 전공분야(1983년)**

성역할 코스 선택의 메커니즘

그러면 왜 여성들은 단기코스 · 여성 영역코스를 선택하는가. 그 첫 번째는 지적 능력, 흥미나 관심의 생물학적 성 차이라는 사고방식이다. 상세하게 검토하면 그러한 부분도 있을지도 모른다. 그러나 많이는 부모나 교사의 남자와 여자에 대한 다른 기대, 또 여성 자체가 "주관적"으로 이러한 역할을 선택한다는 메커니즘으로 설명할 수 있을 것이다.

NHK방송여론조사소의 데이터에 의하면, 남자의 경우 고교 · 단기대학까지라고 생각하고 있는 부모는 25%에 지나지 않으나, 그에 대해 여자의 경우는, 중학교 · 고교까지가 31%, 전문대학 · 전문고교까지가 43%이고, 대학 · 대학원까지라고 대답한 사람은 24%에 지나지 않았다. 이 10년간 남자에 대한 부모의 기대는 거의 변화하고 있지 않지만, 여자의 경우는 '고교까지'가 대폭으로 감소하고, 그 만큼 '전문대학 · 전문고교까지'가 증가하고 있다. 그 점에서는 부모의 여자에 대한 학력기대는 상승하고 있다. 그러나 한편에서는 4년제 대학이 되면 10년 전과 비교해서 거의 변화가 없다는 점에도 주목할 필요가 있을 것이다(그림 10-9 참조). 부모의 아이에 대한 학력기대는, 남자는 대학까지 여자는 전문대학까지가 일반적 경향이다.

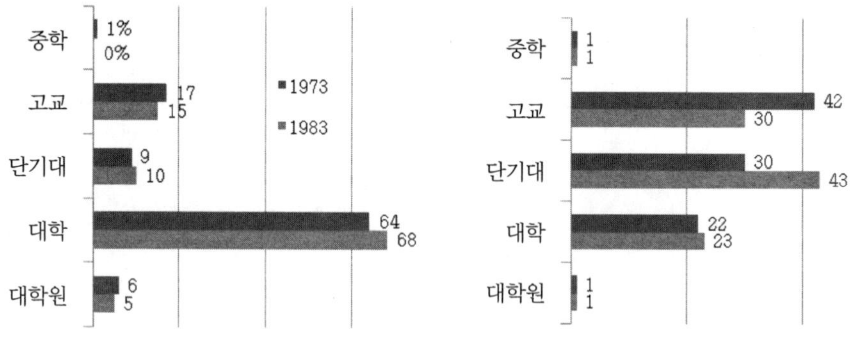

〈그림 10-9〉 **선호하는 교육수준(국민전체)-1973년과 1983년의 비교**

* 출처 : NHK방송여론조사센터, 일본인의 의식구조, 1985.

다른 한편에서 여자도 사회적 관습에 따라 성별역할분업이라는 생각을 갖추고, 그 때문에 부모의 기대와 본인의 기대가 "합의"하는 경향이 있다는 점에도 주목할 필요가 있다. 자립하고 싶은 뜻을 가지면서, 반면 남성에 의존해 살아가고 싶다는 여성의 심리를 다울링(C. Dowling)은, 신데렐라 콤플렉스라고 명명하였다.

성역할의 사회화

성역할이란 어떤 문화 속에서, 남녀를 특징짓는다고 생각되는 특성의 집합을 말한다. 그것은 결코 선천적인 것이 아니다. '사람은 여자로 태어나지 않는다. 여자가 되는 것이다'라는 보바르(S. Beauvoir)의 유명한 말도 있지만, 이 말로 대표되듯, 성차별 혹은 "여자다움"의 행동양식—순종 · 순수 · 상냥함 · 조심스러움이라는 특성—은 사회적 · 문화적 환경 속에서 후천적으로 형성된다. 성역할이 어떻게 하여 제 것이 되어 가는가 하는 연구가 근래 활발해져 왔다. 이에 의하면, 가정 · 학교 혹은 지역사회 등의 장에서, 부모 · 교사 · 동료집단을 통하여, 더 나아가 TV · 잡지 · 그림책 · 교과서 등을 통하여 아이에게 직 · 간접적으로 전해지는 것을 나타내고 있다.

이 성역할(여자다움)의 문제점은, 그것이 남성에의 종속이나 의존이기도 하고, 여성의 자기실현 · 사회참가를 막는 족쇄가 되고 있는 경우가 많다는 점이다. 오늘날, 성역할의 유동화가 페미니즘의 입장에서 주장되고 있는 것은 이 때문이라 말할 수 있을 것이다.

Journal (10)

제 11 장

시민사회활동과 볼런티어

1. 시민사회활동과 볼런티어의 관점
2. 시민사회활동의 발자취
3. 시민사회와 생활의 정치
4. 비영리활동으로서의 시민사회활동
5. 시민활동의 함정과 여는 공간

1. 시민사회활동과 볼런티어의 관점

「시민사회활동」과 「볼런티어」의 관계를 논의해 보면 다음과 같다. 「시민사회활동」이라는 것은 참가의 주체가 「시민」이라는 자격으로 모여, 자신이 관계한 일이나 문제에 집단으로 대응하는 활동이 가능하다. 한편, 「볼런티어」는 자유의지에 따라 참가하는 개개의 사람이 스스로 문제를 발견해 내고, 그 문제에 몰두하는 활동이라고 할 수 있다. 그렇게 하면, 이 양자는 자신들에게 관계된 문제 — 고령자 간호나, 지역공동체의 해체이거나 함 — 를 발견해 내고, 그 해결을 위한 같은 종류의 활동을 다른 측면에서 본 것이라고 할 수 있다. 결국, 시민사회활동은 「시민」이라는 「자격」이 문제가 되고, 볼런티어는 참가자의 「의지」가 문제가 된다. 단지, 시민사회활동 속에는 재택간호 등의 커뮤니티 · 비즈니스와 같은 사업을 메인으로 하는 것도 있고, 경제적 측면으로 본 경우 「시민사회활동 = 볼런티어」라고는 반드시 말할 수 없다. 일반적으로, 시민사회활동의 일부로서 볼런티어 위상을 정하여 두는 편이 좋을 것이다. 따라서, 본 장에서 시민사회활동과 볼런티어의 관계를 기초로 해 논의를 진행하지만, 특히 볼런티어를 기초로 한 시민사회활동을 중심으로 논의하고자 한다.

시민사회활동과 볼런티어는 반드시 사회 속에서, 게다가 다양한 상호행위를 포함해 전개하는 것이므로, 필연적으로 사회구조 변화의 영향을 받는다. 또 이 활동은 역으로 사회구조에 영향을 주는 경우도 있다. 이러한 사회와의 관련성에 항상 주의를 기울이는 시각을 사회학적 관점이라고 부르고, 이 관점에서 사실에 고찰을 더하는 경우 그 고찰을 사회학적 고찰이라고 할 수 있다. 따라서 현대 시민사회활동과 볼런티어의 사회학적 고찰이라는 것은 현대사회의 현상을 시민사회활동과 볼런티어를 통해서 생각하는 것이라고도 말할 수 있다.

사회학적 고찰의 특징에 관해서 생각하기 전에 이전까지의 연구를 간단하게 살펴보자. 지금의 볼런티어 및 그것에 의해 지탱되고 있는 시민사회활동에 대해서 다양한 조사연구가 이루어지고 있다. 그들 연구의 다수는 대략 다음의 4가지로 분류할 수 있다.

① 시민사회활동 · 볼런티어 사례보고 (예를 들면, 쥰 외 1997)
② 시민사회활동 · 볼런티어의 기술론 (예를 들면, 마크레거 외 1994)
③ 시민사회활동 · 볼런티어의 실태조사 (예를 들면, 경제기획청 국민생활국편, 1997)
④ 시민사회활동 · 볼런티어의 미래상 · 제언 (예를 들면, 나카다, 1998)

①은「어떤 활동이 있는가」 또는「지금까지 볼런티어는 어떤 것을 해 왔는가」 등을 개별 사례에 따라 보고하고, 시민사회활동이나 볼런티어의 즐거움, 유익함 등을 우리들에게 전하고 있다. ②는 많은 사람들에게 있어 미지의 세계인 시민사회활동이나 볼런티어에 참가하려고 생각한 경우 가이드가 되는 것, 또는 지금 하고 있는 활동에서 직면하고 있는 다양한 문제를 해결함에 도움이 된다. ③은 주로 지방자치단체나 정부가 사회상황을 파악하기 위해 하고 있다. 조사할 때의 목적이나 대상 등이 문제가 되지만 어느 정도 현황을 알 수 있다. ④는 시민사회활동이나 볼런티어는 사회를 어떻게 변화시킬 수 있는지를 그린다. 또 그러한 사회를 만들어 내는 그들의 활동이 생각대로 활동되도록 하기 위한 제도 등을 제언한다.

이들의 조사연구는 시민사회활동이나 볼런티어가 아직 뿌리내리지 않은 사회에 있어서 선구적인 연구이고, 이들 연구에 의해 시민사회활동이나 볼런티어가 넓어진 것은 분명하다. 그런 의미에서 아주 의의있는 것이라고 할 수 있다. 단지, 지금까지 다수가 유용성이라는 관점에서 시민사회활동 및 볼런티어를 연구하고 있다. 결국, 시민사회활동이나 볼런티어가 '어느 정도 사회에 도움이 되는가' 또는 '어떻게 사회에 도움이 되어야 하는가'라는 것을 주장하고 있다.

그러나, 이「도움이 된다」라는 말은 문제를 포함한 말이라는 것에 주의해 주었으면 한다.「도움이 된다」라는 것은 어떤 의미로「도움이 된다」인가, 그리고 누구에게 있어서「도움이 된다」는 것인가. 결국,「나」에게 도움이 되는 것은 반드시 타인에게 도움이 된다고는 할 수 없다. 또 「도움이 된다」는 것을 우선하는 사고방식은 아주 배타적인 것이 된다. 「도움이 된다」라는 것으로 자신의 주장을 정당화하는 것은 뒤집어 보면 「도움이 된다」는 것을 부정하는 것이 되기 때문이다.

물론 지금까지의 시민사회활동이나 볼런티어 조사연구가 쓸모없는 것이었다고 말하는 것은 아니다. 그렇지만, 이러한 「도움이 된다」라는 생각으로부터 수행되고 있는 조사연구만으로서는 인지하지 못하는 불평등이나 차별, 배제 등을 불러일으킬 가능성을 포함하고 있는 것에 눈을 돌리길 바란다. 우회적으로 설명한 것이 되었지만, 이러한 비판적인 시각이야말로 사회학적 고찰이라고 할 수 있다.

2. 「시민사회활동」의 발자취

「시민사회활동」이라는 말은 극히 일반적으로 사용되는 말이 되어 왔다. 시험적으로 인터넷의 검색사이트에서 「시민활동」이라는 단어를 포함한 홈페이지를 검색해 보면, 7000건 이상의 홈페이지가 해당된다. 「시민사회활동」이라는 말이 10년 안 되게 사용되기 시작한 말이라는 것을 고려하면 이 숫자는 많다고 말할 수 있다. 나카무라에 의하면 「시민사회활동」이라는 말은 1980년대 후반 경부터 신문기사에 나오기 시작(中村, 2000 : 31-34), 그 게재 건수는 최근 5년 사이에 급증하고 있다. 또 「시민사회활동」이라는 말에서 우리들이 생각해 낼 수 있는 의미, 즉 「자율적인 시민이 협동해서 스스로의 생활을 지키고 개선해 가는 활동」이라는 의미로 사용하게 된 것은 1990년대 초두라고 한다. 다양한 새로운 정책을 만들어 낸 혁신지향 정부에 시민교육의 일환으로 설치된 「시민사회활동지원센터」에서 그 초기의 모습을 찾아볼 수 있다.

이 「시민사회활동지원센터」가 설립된 배경에는 시민사회활동의 존재가 있다.

공해문제 등을 시작으로 시민사회활동을 추진하고 있었다. 이 운동은 산업발전에 따라 침식된 자신들의 생활을 지키는 것을 목적으로, 행정과 기업에 대항적인 운동을 만들어 넓히고 있었다. 처음에는 그다지 존재를 중시하지 않았던 행정당국도 그 움직임이 전국적으로 확산되면서 그것을 간과할 수 없었다. 거기에서 이들 운동에 대한 대응의 한 형태로 선택한 것이 시민교육으로서의 시민사회운동 지원이었다. 시민운동을 대결 또는 무시해야 하는 존재가 아니라, 「주체적 시민이 형성되는 프로세스의 모형」으로서 취급하고, 이 운동이 가진 교육적 의의를 인정하는 것으로 「시민사회활동지원센터」의 사업계획이 추진된다. 이 운동이 가진 의의의 인식 속에서 「일상의 생활을 중요하게 육성하려는 새로운 생활가치를 향해 사회적 지향성」을 꺼내어, 그것에 접근해 가는 시민을 주체적 존재로 키워나가는 의도가 있었을 것이다. 「새로운 생활가치」라는 것은 상당히 애매한 말이지만 지금까지 행정당국에 의지해 온 자신의 생활기회 결정에 자신들도 참가하자는 태도를 의미하고 있을 것이다. 즉 「참가에 기초한 민주주의」를 추진 · 장려하는 사고방식이다.

분명히 이러한 사회적 지향성을 가진 집단적인 사회행위를 「사회운동」과 「시민활동」, 「주민활동」이 아니라 「시민사회활동」이라고 명명한 것에는 「시민사회활동」이라는 말에서 연상되는 정치성 또는 반권력적 자세를 가능한 배제하고, 행정을 지원하기 쉬운 형태로 하려는 의도가 보여진다.

「사회운동」은 사회의 구조나 제도에 있는 모순 등으로 인해 생활하기 위한 다양한 주된 조건이나 기회가 부족한 경우에 이 상황을 해결하기 위해 이루어지는 집합적인 활동을 가리킨다. 따라서, 사회운동은 사회상황의 변혁이 큰 목표가 된다. 예전에는 노동자가 자신의 열악한 생활환경을 개선하거나, 이러한 상황을 만들어 내는 사회를 혁명으로 바꾸려고 하는 노동운동이 대표적 사회운동이었다. 그러나 노동환경이 개선되려면 노동자 이외에도 이의를 제기하도록 되어 왔다. 그 예로는 학생이 중심이 되어 「대인사회」로의 이의제기를 한 학생운동이나 여성해방을 목표로 한 페미니즘운동 등이 있다. 이렇게 사회운동은 여러 가지

운동을 포함한 넓은 개념이라고 할 수 있다.

그 중에서도 특히, 지역적으로 한정된 생활요건의 불충족이라는 문제에 대한 사회운동을 「주민운동」이라고 부르는 경우가 많다. 예를 들어, 쓰레기 소각장의 건설계획에 대한 운동이 거기에 해당된다. 주민운동의 특징은 활동지역이 한정된 것 외에 하나의 문제에 대해 행해지는 운동이라는 것에 있다. 따라서 그 문제가 해결되거나, 또는 해결불가능 상태가 된 경우, 운동이 일시적이라는 것도 있고, 다수의 사람들을 운동에 동원하는 힘을 가지지 못한다. 이러한 의미에서 반드시 지역적인 한계도 없이 시작이나 끝이 명확하지 못한 시민사회활동이나 볼런티어는 선을 긋고 있다.

또, 시민사회활동과 같이 시민이 모태가 된 사회운동에 「시민사회운동」이 있다. 시민사회활동과 시민사회운동은 엄밀히 구별이 되는 것은 아니다. 단지, 일반 인식의 수준에서 시민사회운동은 반체제, 반권력적 성격을 가지고 있고 시민사회활동은 권력과는 무관하다는 차이가 있다. 「나는 시민운동이 아니고 시민사회활동을 하고 있습니다」라는 말을 들을 때가 있다. 이 말은 이 상황을 잘 표현해 준다. 따라서 이론상 시민사회운동과 시민사회활동에 구별이 없고, 양자는 사회운동의 일부라고 할 수 있지만, 사회통념상으로는 큰 거리가 있다고 할 수 있다.

여기에서 현대의 시민사회활동을 생각해 봄과 함께, 우선 먼저 생각해 두어야 할 문제가 떠오른다. 그것은 왜 「새로운 생활가치를 향한 사회적 지향성」에 기초한 행위나 집단이 「정치적」 존재가 아니라고 간주되는 것일까. 바꿔 말하면, '왜 시민사회활동은 비정치적이어야 한다고 말해지는가'라는 것이다. 단지, 시민사회활동이 비정치적인 활동이라고 말하는 것은 아니라는 것에 주의해 주길 바란다. 여기에서 강조점은 이러한 활동이 비정치적이어야 한다고 생각되고, 그런 것이라고 인식되는 것이다. 결국, 이 점이 무엇보다도 먼저 생각되어야 하는 문제이다. 그것은 「정치」라는 것은 처음에는 상당히 특수한 영역으로 보이지만, 사실 모든 사회행위 — 특히 「공적인」 활동으로서 인식되고 있는 「시민사회활동」이라면 더욱 — 로 고려되어야 하는 매우 중요한 개념이기 때문이다. 게다가

「정치」라는 말은 너무나도 가까이 있어, 역으로 정확히 이해하고 있지 않은 말이라고 말할 수 있기 때문이다.

그 점에서 시민활동을 생각하기 위해서 우선 다음 절에서 「정치」에 대해 생각해 보고자 한다. 그러나 막연히 「정치」라고 해도 사람에 따라 이미지화되는 것이 다양할 것이다. 논의를 정리하기 위한 전 단계로서 현대의 사회구조를 고찰하는 것에서부터 시작하고 싶다. 왜냐하면, 정치는 항상 사회구조 속에서 무엇인가의 기능을 다해 가고 있고, 정치가 가진 시대적인 특징은 그 시대의 사회구조에서 찾을 수 있기 때문이다.

시민사회활동은 NPO(Non-Profit Organization=민간비영리조직)의 일부라고 할 수 있다(山岡, 1997 : 8). NPO는 「민간」, 「비영리」 활동을 하기 위해 만들어진 조직을 가리키고 있다. 「민간」은 알지만 「비영리」라는 것은 무엇인가? 필시 지금 NPO가 주목되는 이유는 이 「비영리」라는 것에 있는 것은 아닐까. 바꿔 말하면, 시민사회활동도 이러한 경제적인 관점에서 다루어질 필요가 있는 것이다. 다음으로 시민사회활동이 구조적인 전환을 맞이하는 현대사회에서 어떤 역할을 하는지 언급하고 싶지만, 그 전에 꼭 생각하길 바라는 것이 있다. 그것은 시민사회활동이나 볼런티어에 대한 다양한 비판이다. 이들 비판은 대상을 가진 것도 있다. 이들 의견을 받아들여, 그것에 대해 어떤 응답을 하는가가 시험되고 있다고도 할 수 있다. 끝으로 「공공권」이라는 개념과 함께 시민사회활동 및 볼런티어가 개척할 가능성을 가진 공간에 대해 생각해 보고자 한다.

3. 시민사회와 생활의 정치

'시민사회활동과 시민운동 또는 사회운동의 차이는?'이라고 질문받으면 많은 사람들은 다음과 같이 답할 것이다. 「시민활동은 가볍게 할 수 있지만, 시민운동은 가벼운 마음으로는 할 수 없다」든지, 「시민활동은 사이좋게 무엇인가를 하는 느낌이지만, 시민운동은 무엇인가 교조(敎條)적이고 살기라도 있는 느낌이 든다」. 이들의 공통된 것은 「시민활동=비정치적/시민사회운동=정치적」이라는 사고방식이다. 좀 더 생각해 보면, 이들 단어나 인식의 배후에 있는 것은 정치 또는 정치적 활동=나와는 무관하다는 도식일 것이다. 즉 정치는 필요하지만, 일반 「시민」에게는 무관한 것 또는 관계하고 싶지 않은 것으로서 인식되고 있다.

그러면, 이렇게 인식되는 「정치」 라는 것은 도대체 무엇인가. 일반적으로 정치는 국회나 지방의회에서 대의원이나 의원들이 하고 있는 정치적 행위, 또는 정치적 행위를 하는 행위자를 선택하는 작업=선거운동 및 투표라고 인식되고 있다. 의원들은 어떤 안건(예를 들어, 건강보험제도의 개혁 등)을 둘러싸고, 다양한 입장(예를 들어, 피보험자나 의사회 등)을 대표하는 자로써 의견(찬성이나 반대, 수정 등)을 논술하고, 자신의 이해를 실현화(보험제도 개혁 실행 또는 유지)하려고 한다. 그때, 상황에 따라서는 사전교섭이나 거래, 위압적인 행위를 한다. 또는 여러 가지 후원회나 강습회를 열어 여론을 형성해 간다. 이러한 소위 직업으로서의 정치가가 행하는 활동영역 일반을 「정치」라고 부르는 경우가 많을 것이다.

시민이 무엇인가 정치적인 행위를 하려고 생각한 경우, 개인으로서 행동하기보다도 집단으로 행동하는 편이 유리하게 된다. 그것은 결국 「시민사회운동」이라고 불러지는 집합적인 행위로 편성되어 간다. 그러나 운동이라는 집단적인 형태를 가졌다 해도 큰 어려움에 부딪힌다. 그들은 「정치가」와 대등하게 싸워야 하기 때문이다. 직업으로 하고 있으면 좋지만 따로 일이나 활동해야 할 영역이 있는 사람들, 곧 시민에게 이 정치적 활동에 자신의 생활 전부를 거는 것은 사실상 불가능하다. 그렇게 되면 그 결과는 분명하다. 많은 시민은 「운동」으로부터 멀어져 간다. 정치는 시민에게는 아주 귀찮은 것이 되어 간다. 그러나 우리들이 일반적으로 「정치」라는 말에서 연상하는 이러한 상황은 「정치」라는 말을 좁은 의미로 밖에 이해하고 있지 않은 것이다. 정치를 이런 좁은 의미가 아니라, 좀더 넓은 의미로 이해하는 것은 시민사회활동이나 볼런티어를 이해함에 아주 유용한 것이다. 그를 위해서 우선은 현대사회를 어떤 사회로서 접근할 수 있을지 생각해 보자.

「근대(modern)」라고 불리는 시대는 언제부터 시작되었나. 이것에 관해서 다양한 논의가 있지만, 많은 사람이 납득하는 것은 18세기 유럽에서 그 기원을 찾을 수 있다는 것이다. 근대와 전근대를 구분하는 것으로 계몽주의의 융성, 산업혁명의 진전, 도시적 생활양식의 보급 등이 있다. 계몽사상에서는 지금까지 사람과의 생활을 지배해 온 종교적 권위에 반대한 인간적 · 합리적 사유의 자율을 주장하고, 바른 입법과 교육을 통해서 인간생활의 진보, 행복 증진이 가능하다고 주장했다. 그리고 이들은 도시적 생활양식이라는 새로운 생활스타일을 만들어 내어 지금에 이르는 생활의 기본적인 구조를 만들어 내었다. 도시에서는 친밀한 자이외의 타인과의 접촉이 주가 되어 인간관계가 익명화되어 간다. 또, 지연 · 혈연 등의 결합이 약해지고, 지금까지 아이덴티티의 기본이 되어온 「전통」이 해체되었다. 그러나 「근대」와 「현대」가 모두 영어로 modern이라서 완전히 다른 것은 아니다. 사회는 항상 변화하고 있다. 그러한 의미에서 「현대」를 다음의 3가지 점에서 특징짓고 있다(Giddens, 1993 : 13-74).

첫째, 시간과 공간의 분리

둘째, 탈(脫)메커니즘의 발달

셋째, 지식의 성찰적 전유(reflective appropriation of knowledge)

과연, 이들 세 가지 요소는 어떤 것일까. 여기에서 「현대」를 이해하기 위해 조금 자세히 보자. 근대 이전 시간은 장소와 연결되어 있었다. 예를 들어, 일출이 하루의 시작이고, 개화가 봄을 고하고 있다. 또 시간 감각은 사계절의 순환에 따라 봄→여름→가을→겨울 그리고 다시 봄이 되는 순환적인 것이다. 그러므로 시간은 장소에 따라 다르고 부정확한 것이었다.

그러나 근대에 들어 기계시계가 보급되면서 사태는 변했다. 이 시계에 의해 측정되는 시간은 일분은 어디에 가도 같은 일분이었다. 결국 시계는, '공백의' 시간이라는 균일한 차원을 표시하고, 그 결과(예를 들어, 근무시간이라고 말하는 형태로) 하루를 정확하게 구분이 가능하도록 시간을 정량화해 버렸다(Giddens, 1993 : 31). 결국 시간의 공백화라는 것은 장소나 사계절에 의해 시간이 가진 의미가 사라져 버리는 상태를 가리키고 있다. 이것은 「시간공간으로부터의 분리」의 시작을 의미하고 있다.

이 「시간의 공백화」는 「공간의 공백화」를 일으켰다. 공간의 공백화라는 것은 지리적 한정을 가진 사회활동의 물리적 환경으로서 넓혀지고 있는 「장소(place)」와 그런 한정을 가지지 않은 넓혀짐인 「공간(space)」과의 관계를 나타내고 있다. 근대 이전 이 장소와 공간의 두 가지는 일치하고 있었다. 그러나 근대에는 장소를 공유하지 않는 타인(눈앞에 없는 타인)과의 관계가 발달해 있다. 예를 들어, 전화나 신문, 라디오 등의 매스미디어가 사회생활에서 중요한 역할을 하게 된 것에서도 알 수 있다.

결국, 근대에서는 「장소」보다도 「공간」이 발달해 공간은 무리하게 장소에서 잘려져 버렸다. 그 결과, 장소는 공간에 위치한 사회적 노력에 영향을 받아, 형성되어 가게 된다. 예를 들어, 토지 구획정리가 그 좋은 예다. 토지 구획정리는 그 토지에 사는 사람들의 의견(=「장소」에 뿌리한 사고방식)이 아니라 「전국종합개발계획」과 같은 전국적인 토지이용정책(=「공간」을 만들어 내는 사고방식)에 의해 결정되어 간다.

이러한 메커니즘은 「상징적인 토큰(symbolic token)」과 「전문가 시스템(expert system)」의 두 가지로 생각되고 있다. 「상징적인 토큰」이라는 것은 어떤 장소에서도 또는 어떤 사람에게도 유통 가능한 「상호교환의 모체」를 가리킨다. 그 대표적인 예가 「화폐」다. 원래, 교환은 동등의 가치를 가진 것을 교환하는 것이다. 석기시대의 조개껍질도 동등의 가치를 가진 것(예를 들어, 석기 등)과 교환하기 위한 모체였다. 그러나 현재 우리들이 이 조개껍질로 무언가 물건을 사는 것은 불가능하다. 이것도 이 조개껍질의 가치는 그 시대의 시간과 공간에 의해 규정되었던 규칙 외에 있는 우리들에게는 어떤 가치도 없기 때문이다. 하지만, 시간과 공간의 분리(=시간과 공간의 공백화)가 발생하고 있기 때문에 우리들이 정한 규칙이 장기간에 걸쳐 존속되거나, 많은 사람들에게 공유되게 된다. 그것과 동시에 교환의 모체도 일반화해 간다. 시간과 공간의 분리에서는 어떤 교환매체도 가치를 상징할 수 없게 된다. 그러나 인간은 무엇인가의 교환을 하지 않으면 생활해 갈 수 없다. 그렇기 때문에 이 교환을 자연스럽게 하는 일반적인 매체가 필요하게 된다.

따라서, 그 매체가 띠는 성질은 시간에서도 공간에서도 규정되는 것은 아니다. 이러한 의미에서 이 매체는 추상적이고, 상징성이 있다. 예를 들어, 지폐는 종이와 잉크로 되어 있다. 하지만 이것을 단순히 「종이」라고 생각하는 사람은 거의 없다. 그것은 「이것은 가치를 상징적으로 표시한 것이다」라는 규칙이 사회 전체에 확산되어 있기 때문이다. 「전문가 시스템」이라는 것은 「우리들이 오늘날 물질적, 사회적 환경의 광대한 영역을 체계화하고 과학기술상의 성과나 직업상의 전문가 지식의 체계」로 정의하는 것이다(Giddens, 1993 : 42).

앞서 사회는 항상 변화하는 것이지만, 이 변화의 방식이 우선 문제가 된다. 변화에는 다양한 것이 있을 것이다. 예를 들어, 성장, 퇴행 또는 개선이나 악화 등, 일반적으로 사회학에서는 사회의 변화를 기능분화의 측면에서 보고 있다. 사회의 중요한 구성요소인 가족을 예로 들어 보자. 가족은 다양한 기능을 가지고 있다(생식, 육아, 양육, 교육, 생산, 소비, 축제, 여가 등). 그러나 핵가족화되어 가면, 하나의 가족으로는 이 기능을 전부 할 수 없게 된다. 그 점에서 지금까지의 기능을 가족 외부 사람 · 기관이나 시설(학교 등)에 맡기게 되었다. 그리고 가족은 생식과 소비 등의 한정된 기능에 특화해 가게 된다. 또, 기능을 맡게 된 사람이나 기관도 점점 기능 분화해 간다. 이렇게 사회는 시대와 함께 기능을 분화시켜 간다. 이렇게 사회가 기능 분화해 가면, 한 사람의 사람이나 하나의 집단 · 조직이 모든 지식을 이해하는 것은 불가능하게 된다. 차를 운전해도 핸들을 꺾으면 어딘가로 굽어진다는 것은 알지만 왜 굽는가는 모른다.

하지만 현대에는 왜 핸들을 꺾으면 굽어지는가를 아는 것은 전문가 이외의 사람에게는 중요한 것이 아니다. 이렇게 사람 각각에게 필요한 지식의 선별이 생기고 있다. 더욱이 우리들은 브레이크를 밟으면 반드시 차가 멈춘다고 생각하고 있다. 하지만 이 확신은 무엇으로 보증되고 있는 것인가. 만약, 브레이크를 밟아도 차가 멈추지 않을지도 모른다. 그러나 우리들은 일상 그러한 불안을 가지지 않고 생활하고 있다. 달리 말하면, 전문가 및 전문가가 가지고 있는 지식에 대해 「신뢰」를 가지게 된다. 물론 이 「신뢰」에도 그다지 확증이 없지만 이렇게 「상징적인 토큰」과 「전문가 시스템」은 사회관계를 시간적으로도 공간적으로도 규칙의 직접성에서 잘라 떼어내 버린다. 이것에 의해 지금까지 시간과 공간에 의해 특징지어져 온 사회시스템은 추상적인 것이 되었다.

지식의 성찰적 전유에서 성찰(reflexivity)은 '숙고한다'의 파생어로 「반추적」이라는 의미가 있다. 결국 「성찰」이라는 것은 자신이 나타낸 것이 대상에 「반사」되어 「다시 한번」 자신에게 「되돌아오는」 모양을 나타내고 있다. 그리고 돌아올 때에 자신 속에서 일어나는 마음 속의 작용이 「성찰」이다. 기딘스(Giddens)는 이 성찰이 인간의 모든 행위에 작용하고 있다고 한다. 결국 "사람은 모두 행위의 불가결한 요소로서 일상적으로 자신이 행하는 것의 근거와 평상시 '접촉을 계속해 가지고 있다"(Giddens, 1993 : 53)라는 것이다. 그는 이 상태를 「행위의 성찰적 모니터링」이라고 명명하였다.

그러면 근대에서 왜 성찰이 문제가 되는 것일까. 근대 이전 행위의 근거는 「전통」이라는 불변의 요소에 의해 규정되어 있었다. 따라서 그 곳에서 「성찰=반성」을 움직이게 할 필요는 없었다. 그러나 근대에 들어와 시간, 공간의 분리에서 「전통」은 행위의 근거로서 힘을 잃었다. 거기에서 행위의 근거로서 생겨난 것이 회귀성이다.

그러면 전통에서는 시간과 공간의 결합이 필요했듯이 성찰에는 무엇이 필요한 것일까. 그것은 「지식」이다. 「지식」이라고 해도, 단지 단순하게 「저것을 알고 있다」라든지 「수학을 할 수 있다」라는 의미가 아니다. 여기에서 말하는 「지식」은 성찰을 움직임과 동시에 참조되는 정보로서의 「지식」을 의미하고 있다. 예를 들어, 「육아는 어떻게 해야 하는가」든지 「항공기는 자동차보다도 사고 발생률이 낮다」라는 것과 같은 정보를 가리키고 있다.

따라서, 성찰의 재료가 되는 「지식」은 전문성이 아주 높고, 그것이 유용한 정보인지 어떤지는 경험적으로 결정된다. 또 고도로 사회분화되고 있는 현대에서는 이 지식이 의도하지 않는 결과(예를 들어, 홍수를 막기 위한 방재 공사가 생태계 파괴를 부르는 등)를 초래하는 경우도 있다. 이상과 같은 세 가지의 요소가 혼재된 시대가 「현대」이고, 기딘스(Giddens)의 말을 빌리면 「포스트 전통사회」다. 그러면, 다음으로 이런 사회상황에 대응하는 「정치」의 의미에 관해서 생각해 보자.

오늘날 시민사회활동이 가지는 특성은 도대체 어떤 것인가. 시민사회활동은 현대사회 속에서 어떤 위치를 가지는가. 그것을 정치에 주목해 가면서 정체성의 관련에서 보자. 시민사회활동과 볼런티어의 활동내용과 대상은 각각 다양하지만 구성원의 동기라는 측면에 눈을 돌리면 스스로 무엇인가 하고 싶다는 점이다. 이 「하고 싶다」라는 의지는 그 사람의 자기정체성에 관련되어 있다고 말할 수 있기 때문이다. 기딘스는 포스트 전통사회에 있어서 개인이나 집단에게 문제는 자기의 자아동일성을 어떻게 형성할 것인가에 있다라고 말한다. 예전부터 「나는 누구인가」=자기정체감(identity)은 「전통」에 의해 근거되고 있다. 예를 들어, 집안의 가업을 잇는 것은 당연한 것이었다. 또 여성은 가부장제도 속에서 냉엄한 위치를 있을 수밖에 없었다. 이런 변화가 없는 생활 속에서 자기정체감은 보증되었다.

그러나 이 전통이 정체감(identity)을 형성하는 힘을 잃고 말았다. 인간은 자신이 무엇인지를 생각하지 않고 살아가는 것은 어렵기 때문에 이전의 정체성의 근거가 상실되어 버려도 또 정체성을 찾지 않고 있을 수 없다. 그 점에서 새로운 자기정체성의 근원을 찾게 된다. 그 과정에서 중요한 역할을 하는 것이 「생활의 정치」(life · politic)이다. 생활의 정치라는 것은 현대정치를 구성하는 두 가지 요소 중의 하나다. 현대에서 정치는 「해방의 정치」와 「생활의 정치」(life · politic)로 구별된다. 전자는 생활기회를 둘러싼 상호행위다. 즉, 생활기회에 불리한 영향을 주는 속박에서 개인이나 집단을 해방하는 것에 관계된 행위를 가리킨다. 거기에서 다양한 주된 권력이 작용되고, 정의 · 평등 · 참가가 중요한 문제가 되고 있다. 이것은 모든 주민운동이나 시민운동이 가지고 있는 정치성과 닮아 있다.

그리고 후자는 생활양식(life style)의 정치이고, 현대에서 자기실현의 정치다. 결국 생활의 정치(life · politic)는 자신의 정체성을 재귀적=반성적으로 확립시키는 계기를 만들어 내는 것이다. 전통이라는 근거를 잃은 정체성은 자신이 만들 수밖에 없다. 이때 "한 방향의 일관된 방법으로 미래의 프로젝트와 과거의 계획을 연결하도록 개인은 다양한 매개된 경험에서 나온 정보와 현재 자신과의 관계를 종합해야 한다(Giddens 1991 : p. 215)". 이것은 자신이 지금까지의 경험과 전문자가 소유한 지식이나 정보 등을 연결해 「자신의 진로」=생활정치를 발견해 냄으로 자신의 정체성(identity)이 만들어질 수 있음을 의미하고 있다.

시민사회활동과 볼런티어가 현대사회에서 가지는 의의는 그 활동 과정에서 자기 정체성을 발견해 내는 계기를 제공하는 것일 것이다. 시민사회활동이나 볼런티어는 우선 그 활동의 시작 시점에서 자신의 문제를「탐구하는」작업을 하고 있다. 그 작업은 무의미적일지도 모르지만, 시민활동에 참가하는 사람들에게는 확실하게 자신의 라이프스타일을 선택하고 있다고 할 수 있다. 그리고 많은 경우 그 활동 속에서 다양한 문제를 발견하게 된다. 이 문제는 대인관계라는 작은 것에서부터 윤리나 생명에 관계되는 큰 것까지 폭넓게 존재하고 있다.

우리들의 눈에 보이는 상황과 눈에는 보이지 않지만 우리들 생활을 규정하고 있는 존재들이 연결되어 있는 것을 깨닫는다. 눈앞의 고령자 생활의 질을 생각하는 것은 사실 사회전체 한 사람 한 사람의 생활의 질을 생각하는 것을 깨닫게 될 것이다. 그리고 이 연결을 확인하는 것이야 말로 현대사회가 어떤 시대인가를 이해하는 것이 되고 자신의 진로를 그리는 것이 가능하게 되는 것이다.

하지만 일상생활을 하는 것만으로 이러한 연결을 느끼는 것은 좀처럼 어렵다. 왜냐하면 앞에서도 설명했듯이 그러한 것을 인식하기 어렵게 사회가 분화되고 있기 때문이다. 이러한 상황 속에서 시민사회활동이나 볼런티어는 이 연결을 인식시켜 실현시키는 계기를 공유해 준다고 말할 수 있을 것이다. 이런 의미에서 시민사회활동=볼런티어는 아주 정치적인 활동이라고 말할 수 있는 것이다.

4. 비영리활동으로서의 시민사회활동

우리들은 좋아하든 아니든 시장경제사회에 살고 있다. 다양한 사람이 주장하고 있듯이 이 사회에서는 모든 것이 — 노동자나 교환뿐만 아니라 일상생활에 이르는 모든 것까지 — 상품화되어 있다. 상품화라는 것은 모든 것이 상품과 같이 일정기준에 의해 가치가 매겨지고 그것에 따라 교환되는 것을 의미한다. 따라서 상품화하기 위해서는 대상이 되는 것이나 행위 · 서비스가 계산 가능해야 한다. 그것은 그 대상의 경제적인 유용성에 의해 계산되는 것을 의미한다. 거꾸로 말하면, 경제적인 유용성을 가지지 않은 것은 버려지는 것이다. 무엇인가 구체적인 형태를 가진 것(예를 들어, 컴퓨터 등의 생산물)이라면 희소성 등으로 상품화는 문제없이 된다.

그러나 상품화의 원리로 하기 어려운 것도 있다. 그것은 친밀함이나 애정, 또는 성 등이다. 극단적인 예일지 모르지만, 시장경제사회에서 인간관계는 그 사람의 인성이 아니라, 그 사람과 사귀면 「손해일까 득일까」가 제일의 기준으로 설정되어 버리는 경향이 있다. 현대사회에서는 이 정도까지 모든 것에서 상품화가 진행되고 있다. 이렇게 우리들의 생활은 상당히 경제구조의 영향을 받고 있는 것이다. 따라서 시민사회활동을 생각함에 이런 관점을 놓쳐서는 안 될 것이다.

왜 '비영리'가 주목되는 것인가

위에서도 언급했듯이 시민사회활동이나 볼런티어가 경제적으로 주목되는 이유는 그것이 비영리이기 때문이다. 그러나 여기에서 확인해 두어야 하는 것은 「비영리=무상」이라는 것이다. 결국, 비영리라는 것은 공짜로 무엇인가를 하는 것은 아니다. 비영리라는 것은 보통 다양한 활동 속에서 얻은 이익을 관계자들이 분배하지 않는 것으로 정의된다. 역으로 영리기업은 이익을 관계자(종업원이나 주주)에게 다양한 형태(실적급이나 보너스, 주주배당)로 분배한다. 비영리라고 해도 활동대상자로부터 돈을 받는 경우도 있고, 경우에 따라서는 이익을 얻는 경우도 있다. 그러나 그 돈이나 이익은 실비로 쓰여지거나 다음 사업에 쓰여지거나 한다.

이미 언급했듯이 현대에서는 자신의 정체성에 영향을 주는 생활정치가 문제가 된다. 이런 상황 하에서 왜 시민사회활동이 비영리로 행해지는가. 또는 비영리일 필요가 있는가. 일반적인 설명으로는 「미션=사회적 사명」으로 되어 있다. 물론 그것은 종교적인 의미는 아니지만, 이것으로는 비영리 특징을 충분히 설명할 수 없다. 이런 함정을 피하기 위해 왜 「비영리」가 주목되는가를 한 번 더 생각할 필요가 있다. 우리들이 생활하는 사회는 일반적으로 「영리」적인 활동에 의해 지탱되고 있다고 하는 암묵의 양해가 있다. 그 이유로 지금까지 「비영리」활동은 가치가 없는 것으로서 사회 주변부에 내쫓겨져 있었다.

그러나 문화인류학 연구 성과에 분명히 되어 있듯이 사회가 영리적인 활동으로 지탱되게 된 것은 근대에 들어서고부터의 일이다. 그전까지는 모든 「비영리」적 활동이 사회 중심에 있었다고 말할 수 있다. 현대는 너무 경제합리주의를 우선시키는 경향이 강하다. 이 합리성은 우리들의 생활을 일정방향, 결국 자본을 축적하기 위해 좋은 형식으로 조직화되어 간다. 여기에서 삶의 의미는 반드시 계산 가능한 것이 된다. 하지만, 회귀성이 높아지고, 자신의 정체성에 사회의 관심이 집중되면, 그것에 대항적인 움직임이 나타난다. 그것이 비영리활동이다. 결국 「비영리」라는 것은 경제 합리성을 지나서 다름을 설명하는 가치의 전환이라고 할 수 있다. 물론 이 비영리적인 활동도 근대에서는 영리활동 속에서 밖에 살아남지 못한다.

5. 시민사회활동의 함정과 여는 공간

「시민」이 의미하고 있는 것

현대 시민사회활동에 관해서 생각해 두어야 할 중요한 문제 중 하나로 행정당국에 있어서 주체적 시민은 어떤 의미를 가지냐라는 것이다. 지금까지 시민사회활동에 참가한 주체 측의 문제를 주로 보아 왔다. 그러나 사회시스템 전체로 본 경우 이들 시민사회활동은 여러 가지 의문이 있다. 우리들이 「시민사회활동」이라는 말에서 연상하는 것은 경직적인 행정과는 다른 유연한 활동이고, 항상 바른 것을 「시민」의 입장에서 계획하는 존재다. 그러나 그렇게 된 경우, 두 가지의 문제가 발생한다. 우선 첫째는 「시민」이라는 것은 누구인가라는 것, 그리고 둘째는 「시민사회활동」은 절대적으로 바른 것인가 라는 것이다. 이러한 「시민사회활동」 또는 「시민」을 무조건으로 예찬하는 경향에 정면으로 이의를 주장하는 사람이 있다. 시민이란 다음과 같이 설명될 수 있다.

> 시민이라는 것은 도대체 무엇일까. 시민이라는 말에서 도대체 무엇이 의미되는 것일까. 사실은 이것은 명확하지 않다. 말의 사용법은 사람에 따라 다르고, 또 그 말하고자 하는 것도 다르다. 그럼에도 불구하고 「시민」이라는 말에는 많은 경우, 어떤 플러스의 이미지가 있고, 「시민」은 항상 정의의 측에 서 있다는 뉘앙스가 풍긴다.

이렇게 일반적으로 「시민사회활동」이라고 하는 경우, 거기에서 전제로 되는 것은 이해 · 관심이나 그 표현방법이 동일한 상당히 동질의 집단을 상정한다. 이것은 마치, 예전부터 노동운동의 기초가 된 노동자들은 단일 계급의식을 가졌다라고 주장되어 온 것과 상당히 비슷하다. 역사적으로 보아 노동자 계급이 단일의 계급의식을 가지고 있었다고 인정되는 것이 어려운 것과 같이 「시민」 전체가 상당히 비슷한 이해 · 관심을 가진 존재라고는 할 수 없다. 결국 「시민사회활동」의 주체인 「시민」이라는 개념이 상당히 애매한 것이다. 하지만 시민사회활동을 추진하거나 칭찬하고 있는 사람들 속에는 이러한 「시민=절대적 선」이라는 의식을 무반성적으로 믿고, 우리들은 새로운 시민사회를 만들어 내고 있다고 생각하고 있는 사람들도 있는 것이 아닐까. 그런 경우 몇 가지 의문이 생긴다.

「자발성」이란 무엇인가

오늘날의 볼런티어 활동의 의의를 눈에 띄게 목소리 높여 강조하고 있는 대상은 누구인가? 사실은 그것이 「시민사회가 대립하고 있는 국가시스템을 대표하는 위치에서 특히 조직적으로 볼런티어 활동의 추진」이 행해지고 있는 것을 알 수 있다(長野, 1999 : 75). 이것은 현재사회 시스템을 유지함으로써 볼런티어 활용이 상당히 좋음을 나타내고 있는 것은 아닐까.

물론 이렇게 볼런티어가 사회시스템의 유지를 위해 이용되고 있다는 것은 그 볼런티어에 참가하는 사람이 그 활동에서 얻는 「가치」와는 다른 차원의 문제다.

따라서 여기에서 논의되고 있는 것은 개인의 관점이 아니라, 사회 전체로 본 경우(시민사회활동도 포함) 볼런티어가 어떤 사회적 기능을 책임지고 있는 가라는 것이다. 왜, 이런 논의가 필요한 것일까. 나카노에 의하면 현대 볼런티어 추진의 조류는 전시 중의 국가 동원의 논리와 상당히 비슷하기 때문이다고 한다. 여기서는 우선, 「자발성」이라는 개념을 문제로 한다. 일반적으로 자원봉사의 특성은 세 가지로 설명될 수 있다. 그것은 「자발성」, 「공공성」, 「무상성」이다. 그 중에서도 「자발성」은 어느 책에서도 첫째로 설명되고 있다.

「자발성」은 「스스로가 진행해 무언가를 하는 것」이라고 말할 수 있다. 그리고 그 점에서 전제되는 것은 「스스로가 진행해 무언가를 하는 것이 가능한 주체」의 존재다. 주체라는 것은 「단지 거기에 있는」 존재라고 생각할지도 모른다. 결국, 주체의 존재는 어떤 의문을 가질 필요가 없는 것으로 생각될지도 모른다. 그러나 다양한 연구 성과로부터 「주체」는 역사적 · 사회적으로 만들어진 것이라고 말해지고 있다. 기딘스(Giddens)의 말을 빌리면, 현대의 「주체」를 모든 평가의 기준으로 하고 있다. 그 결과, "자발적인 볼런티어는 그 사회적 기능에서 생각하면 차라리 무자각적인 시스템 동원에의 참가에 지나지 않고, 볼런티어의 자발성을 단지 칭찬하는 시민 사회론은 그 점을 덧발라서 진행시키는 시스템 동원의 중대한 성과에 기여할 수도 있다"(長野, 1999 : 76).

결국 세상을 위해 좋은 것이라고 생각해 참가하고 있는 시민사회활동이나 볼런티어는 자발성을 배제하면 어딘가에서 논리가 맞지 않는다. 그것은 결과로서 모순이나 문제를 잉태하는 사회구조를 온존시키는 것이 될지 모른다.

그런데 「자발성」에 관한 엄격한 비판을 받은 후에 어떤 것을 말할 수 있을까.

지금까지 많은 사람이 시민사회활동이나 볼런티어가 「만능약」이 아닌 것을 이해했다고 생각한다. 하지만 「만능약」이 아니므로 「독약」인가라고 하면 그렇지는 않다. 어떤 약에도 처방이 있고, 부작용이 있다. 그와 같이 시민사회활동이나 볼런티어에도 강점과 한계점이 있다.

이탈리아의 사회학자, 메루치는 재귀성이 높아지는 현대에서 개인과 사회의 관계를 「개인화의 잠재력」이라는 용어를 사용해서 설명하고 있다(Meruchi, 1997 :

43-50). 개인이 전통적인 것에서 떨어져 나옴에 따라 개인은 뿔뿔이 흩어져「개인화」되어 간다. 이 개인화에 의해 행위자가 자신의 행위를 조건이나 수준에 대한 통제 능력이 증대함으로써 사회가 행위의 반추적인 자원을 빼어버릴 가능성이 생긴다. 따라서 시민사회활동이나 볼런티어도 자기의 행위를 통제하고, 반추적으로 자신의 정체성을 살리는 것은 가능하지만, 역으로 사회시스템에 먹혀버릴 가능성도 가지고 있는 것이다.

그러면 어디로 갈 것인가는 운에 달린 것일까? 또는 역시 압도적인 힘을 가진 사회시스템에 먹혀 버릴까? Meruchi는 지배적 코드에 대항하는 집합적 정체성(identity)을 사회운동 등의 집합적 행위로 보고, 그것을 구성하는「새로운 공공공간」에 시스템에 먹혀 버리지 않는 가능성을 보였다.「새로운 공공공간」이라는 것은 눈으로 보기는 어렵지만, 사람들이 공유하고 있는 문화적 가치의 자유로운 표현을 가능하게 하고, 그것에 관한 논의가 활발하게 행해지는 장을 지칭하고 있다. 도대체「새로운 공공공간」이라는 것은 어떤 의미로「새로운」것일까. 종래 생각되어졌던「공공성」이나「공공권」은 어디가 다른 것일까. 그것은 이 공간에 참가하는 사람들과의 상호성이다.

그들은 무엇인가 사적인 이해를 조정하기 위해 공공공간을 구하는 것이 아니다. 개인화가 증대된 개인은 정보화 등에 의해 자신들을 지배하고 있는 시스템이 눈에 잘 보이지 않게 되어 있는 것을 알고 있다. 현대에서 한편 개인의 자유가 증대했듯이 무엇인가 독자적 행위를 하는 것은 상당히 어려운 것을 알고 있다. 바꿔 말하면, 자신들의 행위에 고유의 의미를 발견해 내는 것이 거의 불가능함을 깨닫고 있다. 거기서 그들은 이 지배적인 시스템을 보게 해서「의미」를 되찾는 것에 관심을 가진다. 이 재획득을 위해서는 개개인이 개별적으로 행동해서는 역부족이다. 그를 위해서 집단적인 행위를 가능하게 하는 토양이 필요하게 되어 왔다. 정말 이 토양이야말로「새로운 공공공간」이다.

이 공간은 집합적인 행위의 기반이면서 이 기반을 만들어 내는 것은 개인화된 개인에 의한 집합적 행위다. 앞으로 시민사회활동이나 볼런티어에서 요구되는 사회적 의의는 이러한 공공공간을 열어가는 것에 있는 것이 아닐까. 이런 의미에서 시민사회활동과 볼런티어는 삶의 정치이고, 정치적 활동으로 간주될 수 있을 것이다.

후주

*1. 「다른 사회상황」에 관해서는 두 가지의 큰 사고방식이 있다. 하나는 현재를 어디까지나 「근대」의 연장으로 보는 입장이고 다른 하나는 현재가 「근대」와 전혀 다른 원리로 구성된 사회라고 보는 입장이다. 전자를 「하이퍼 모던」, 「철저화된 근대」 등으로 부르고, 후자를 「포스트 모던」 등으로 부른다. 덧붙여 여기에서 언급한 Giddens는 전자의 입장에 서 있다고 말한다.

*2. 두 가지의 「공간」이 나왔으므로 조금 정리해 보자. 「시간과 공간의 분리」나 「공간의 공백화」로 표현되는 「공간」은 넓은 의미로 사용되고, 「장소(place)」와 비교되는 「공간(space)」은 좁은 의미로 사용되고 있다.

*3. 단, 여기에서 기능분화는 진보와 동일한 것이 아니라는 것을 주의하라. 글 속의 계몽사상의 설명을 보면 알겠지만, 「진보」라는 사고방식은 당연한 것이 아니라 시대나 사회에 특유한 사고방식이다. 한편, 기능분화는 실태를 나타내는 말이다. 따라서 기능분화=진보화라고는 할 수 없다.

*4. 볼런티어 논의 속에서 유상 볼런티어의 문제가 있다. 이것은 볼런티어 정신은 무상봉사이어야 한다라는 주장이 넓게 공유되고 있기 때문에 유상 볼런티어를 볼런티어로 볼지 어떨지의 논의다. 이것에 관해서는 여러 가지 입장의 논의가 가능할 것이다. 예를 들어, 「볼런티어 정신과 참여」라는 이념적인 논의나 볼런티어에의 동원 · 코디네이트와 같은 실무적인 논의 등, 여기에서는 사회경제적인 측면에서 볼런티어나 시민사회활동의 특성을 무상성이라는 측면에서 보는 것으로 한다.

*5. 집합적 identity라는 것은 「상호교류하고 있는 모든 개인에 있어서 생기는 상호작용적이고 공유된 정의」다(Meruchi, 1997 : 29). 또 메루치의 identity 개념은 「자신은 누구다」라는 것이 아니라, 「일상생활에서 심각한 문제상황에 직면할 수밖에 없는 현대인이 특수한 관심을 테마화해 가면서 집합적으로 형성되는 identity에 참가하는 것으로 개인화, 개별화하는 것에 의해 형성되는 identity를 가리키며, 그 자체가 유동적인 프로세스」이다(衫上岡史, 1998 : 74).

Journal (11)

제 12 장

교육개혁과 학교의 미래

1. 교육개혁의 의미
2. 학교개혁의 맥락
3. 학교교육의 현상
4. 학력과 학력사회

1. 교육개혁의 의미

두 개의 축

학교교육은 지역사회교육과 가정교육과 함께 교육작용의 일부를 담당하고 있다. 따라서, 학교개혁은 이 넓은 교육개혁의 일부를 이루는 것이다. 그러나 오늘날 교육 전체 중에서 학교교육이 차지하고 있는 위치는 매우 크다. 이 점에서, 교육개혁과 학교교육은 비슷한 의미에서 사용되기까지 한다. 적어도, 교육개혁을 논하는데 있어서 학교개혁을 제외하고 논할 수는 없는 상황에 있다.

학교는 사회의 교육기관이다. 이것은 학교가 사회와 어떤 관련을 갖고 어떠한 역할을 담당하는가 하는 학교의 사회적 기능이 문제가 된다. 학교는 사회로부터 이러한 기능을 맡아 주었으면 하는 사회적 요청을 받는다. 한편, 학교는 한 사람 한 사람의 학습자의 전인적인 성장 · 발달을 촉진하고 사회인으로서의 자립을 의도한다고 하는 교육적 기능을 갖고 있다. 이 학교의 사회적 기능과 교육적 기능이 잘 융화되어 있을 때는 학교개혁은 필요하지가 않으며 문제도 되지 않는다. 그러나 양자가 종종 모순과 대립을 야기한다. 이러한 모순 대립을 조정하고 극복하기 위하여 학교개혁의 문제가 부상되어진다.

바꾸어 말하자면, 학교의 사회적 기능과 교육적 기능이라고 하는 두 개의 축의 상호모순을 계기로 하여 학교개혁이 전개된다. 따라서, 비교적 사회의 변화가 느슨한 경우에는, 학교개혁의 문제는 대두되지 않는다. 반대로, 오늘날과 같이 사회의 변화가 급속하고 다면적으로 되면 학교개혁의 문제가 끊임없이 대두 되고 사회 문제화 되는 경향이 있다.

개혁의 수준

학교의 사회적 기능과 학교의 교육적 기능과의 상호모순이 생겼을 때, 이 조정 · 극복을 피하기 위한 몇 가지 논의가 필요하며 다음과 같이 요약될 수 있다.

첫째, 학교에 의해서 이루어지는 사회자체의 개혁이 문제가 되는 경우다. 소위 말하자면 사회개혁의 차원이다. 가령, 학력사회가 존재하고 있는 한, 오늘날 존재하고 있는 학교의 제 문제가 해결될 수 있으며……하는 식이 바로 그것이다.

둘째, 학교의 사회적 기능과 학교의 교육적 기능의 양자의 상호 조정을 도모하려고 하는 경우다. 양자를 동시적으로 변화시킴으로써 모순 · 대립을 조정하려고 하는 것이다. 예를 들어, 사회의 산업구조와 직업구조에 적합한 형태로 인재를 선발하고 배분하는 학교의 사회적 배분 기능은, 개성을 신장하고, 인간성을 풍부하게 기른다고 하는 교육적 기능과 대립하는 경우가 많이 있다. 이러한 경우에 개성의 신장을 의도한다고 하는 점에서 학교의 교육적 기능을 다양화, 탄력화하고, 개인의 선발 가능성을 확대시킴으로 인해서 양자 대립의 조정을 꾀한다고 하는 사고방식이 그것이다.

셋째, 학교교육의 실제를 바꿈으로써 거기에서 배우고 자라가는 학습자를 매개로, 간접적으로 사회의 혁신을 의도한다고 하는 것이다.

이 학교개혁의 내부에는, 또 몇 가지 수준의 차원이 있다. 학교와 지역사회 · 가정의 교육, 학교와 지역사회교육이라고 하는 다른 교육기관, 교육의 장과의 상호조정의 수준이 있다. 평생교육 구상을 바탕으로 이러한 수준의 학교개혁의 문제가 부상되고 있다.

또 한 가지는, 학교내부 자체의 개혁이 있다. 학교가 지향하고 있는 교육적 기능, 그 목적을 달성하기 위하여 어떠한 학교조직을 구상해야 하는가, 교사의 역량을 어떻게 고양시켜 갈 것인가, 커리큘럼을 어떻게 바꿀 것인가, 교수법을 어떻게 바꿀 것인가 하는 수준의 개혁이다. 물론, 이러한 각각의 수준은, 실제로 학교개혁에 있어서는 서로 뒤얽혀 있는 경우가 많고, 그래서 그것만으로도 복잡한 양상을 띠면서 학교개혁은 전개된다.

개혁, 개선, 혁신

학교의 개혁이라고 해도, 그 개혁의 정도, 수준에 맞게끔 몇 가지의 용어상의 쓰임 분류가 될 때도 많다. 개혁이라고 하는 경우는, 일반적으로 학교제도를 포함한 개혁을 의미하고 있다. 이에 대해서 최근에 비교적 자주 사용되고 있는 용어로 학교 개선이 있다. 이러한 경우에, 앞서 진술한 학교의 내부 개혁에 집점을 두는가, 그 개혁이 진행되어 가는데 어떤 조력체제를 겸비하는가가 중심과제가 된다.

한편, 학교개혁의 정도에 맞게 학교혁신과 학교개혁이라고 하는 분류가 적용되기도 한다. 혁신이라고 하는 것은, 이제까지는 없던 신교육의 사고방식에 따른 근본적인 개혁을 의미하는 것으로, 시스템 자체의 대대적인 개혁을 수반하는 것으로 사용되어진다. 이에 대해서 개혁이라고 하는 것은 이때까지의 시스템 자체에는 근본적인 변혁을 하지 않고 일부 시스템을 새로운 사고방식에서 변화시키는 경우에 사용된다. 여기에서 말하는 학교개혁에 있어서는, 이들을 총칭해서 의미하는 것으로 쓰이고 개혁인가, 개선인가, 혁신인가, 변혁인가 하는 구체적 검토는 논의의 대상에서 제외하기로 한다.

2. 학교개혁의 맥락

근대학교의 성립

우리들이 오늘날 학교라고 칭하고 있는 근대적 학교는 18세기경에 발생한 산업혁명과 내셔날리즘을 계기로 성립되었다. 즉, 산업혁명으로 인하여 축적되었던 부의 힘에 의하여 다수의 기업가가 중간계급과 결탁하여 인문주의적 교양을 중심으로 하는 중등학교가 보급되었다. 또한, 산업혁명으로 인한 경제적 발전으로 국가의 재정적인 여유가 생겨나, 초등학교를 정비하고 의무제를 시행하는 것이 가능하게 되었다. 그리고 새로운 산업구조에 맞는 교육기관이 필요해져서 전통적인 도제제도 대신에 전문적인 직업교육기관으로서의 실학학교를 성립시켰다.

첫째, 국민교육 제도의 정비

한편, 이미 18세기의 프로이센에서는 절대주의 국가의 유지와 지배를 목적으로 해서 국가가 국민을 육성하기 위한 방안으로서 의무교육을 시행했다. 특히 19세기가 되자 프랑스혁명을 계기로 발흥한 내셔날리즘을 바탕으로 국가권력이 지배의 목적 실현을 위한 수단으로서, 학교의 설립과 운영에 적극적으로 착수하기 시작하였다. 특히 각국의 군사상의 경쟁이 치열해진 1870년 이후 이러한 국민교육제도의 정비와 학교교육의 중앙집권화가 촉진되었다.

이러한 내셔날리즘을 계기로 한 학교교육제도의 국가적 관리를 강화해 가는 이면에 19세기 후반부터 시민혁명에 의한 인권사상, 민주주의 사상이 확대, 보급됨에 따라서, 또 산업혁명에 의해서 새로운 지식과 기술의 필요성이 강조되는 와중에 일반대중의 교육에로의 요구가 높아졌다. 그 사상적 원천은 이미 프랑스 혁명기에 만연하고 있던 자유와 평등의 제도적 보장이라고 하는 점에 있다. 거듭 말한다면, 교육을 받을 수 있는 권리의 제도적 보장이라고 해도 좋다 하겠다.

둘째, 20세기 이후의 학교제도

20세기 이후의 학교제도는 국가의 지배적 목적의 실현이라고 하는 내셔날리즘의 측면과, 국민의 교육권 보장이라고 하는 민주주의의 측면이 상반하는 입장을 취하고 있다. 이러한 측면에서 제기되어 나온 기본원리로서, 의무제, 기회균등, 중립성, 무상제를 들 수 있는데, 그 내실은 전술한 두 가지 측면의 근원에 바탕을 두고 있다. 또한, 이러한 근대 학교의 성립을 촉진하는 가운데, 간과할 수 없는 학교의 내부 개혁상의 중요한 것으로, 베르 · 랑카스타법(조교법)이 있다. 이제까지의 개인지도의 형태 대신에 학급이라고 하는 조직을 기반으로 하는 총체적 지도의 형태를 고안해 내었다. 이에 따라 효율적으로 많은 학습자를 교육하는 일이 가능해졌다.

20세기 초의 개혁

19세기 말부터 20세기 초에 걸쳐서 두 가지 측면에서 학교는 커다란 개혁의 시기를 맞이하게 된다. 구체적 내용은 다음과 같다.

첫째, 중등교육의 대중화 움직임이다. 무상 · 의무제의 초등교육이 정착되자, 이제는 중등교육에로의 진학 요구가 높아진 것이다. 이러한 가운데 전통적인 엘리트를 위한 학교 계통과, 일반대중을 위한 학교 계통이라고 하는 복선형학교체계가 생겼는데, 그러한 복선형 학교체계를 통일하여 단선형 학교체계로 일원화하려는 것이 유럽에서 전개되었던 "통일학교운동"이다. 여기서 모든 국민이 고등교육에로의 진학의 기회가 평등하게 주어져야 한다는 민주주의의 윤리가 근저에 자리매김하고 있었다.

둘째, "신교육"의 대두다. 이제까지 행해져 왔던 지식주입주의의 학교에 대해서 학습자의 자발적인 흥미와 활동을 중심으로 하는 아동 중심주의 학교관으로 대치되었다. 또한, 이제까지의 학교가 지식과 기술을 내용으로 지식학교, 교수학교이었던데 대해서, 학습자의 생활과 작업을 내용으로 하는 작업학교, 생활학교로 대치되었다.

그리고 이제까지의 학교가 사회와의 직접적인 관계를 거부한 " 학교성역론"의 경향에 기울어져 있던 점에 대해서, 혹은 사회의 현상을 유지해 간다는 기능에 치우쳐 있었던데 대해서, 학교와 사회와의 직접적인 관계를 중시하고, 학교의 사회화를 도모함과 동시에, 학교의 개혁을 통해서 사회의 개혁을 초래하게 한다고 하는 사회개조의 기능, 지역사회 학교의 사고방식으로 대치되었다.

나아가 학습자의 흥미 · 관심과, 활동 · 경험을 중시하는 신교육의 사고방식은 학교 내부의 교육내용과 교수법의 개혁을 초래하였다. 교육내용에 있어서 이제까지의 교과의 틀을 재편한다고 하는 커리큘럼의 융합화와 통합화의 방향을 제시하는 한편 활동중심의 커리큘럼의 편성 등이 추진되었다. 교수법에 있어서는 이제까지의 교과의 틀을 형식적 · 계획적인 방법에서, 학습자 개개인의 개성을 중시하는 방법을 고안하여, 학급 · 학년 · 총체적 지도라고 하는 지도상의 조직개혁도 이루어졌다.

교육현대화 운동

1980년대부터 대규모적인 학교개혁이 추진되었다. 그것은 한 마디로, 교육현대화운동이라고 불리워지고 있다. 그 계기가 되었던 것은, 소위 “스푸트니크 쇼크”를 받았던 미국에서 국방교육법을 제정한데 기인한다. 즉 다시 말해서, 과학기술의 혁신, 지식 폭발의 시대를 맞았음에도 불구하고, 학교의 내측은 진부한 내용과 미온한 부분이 존재하여 그 어긋남을 극복함으로써 국가를 강화하고 경쟁에서 이긴다는 사고방식이 제기되었다.

이를 위한 방안으로서는 현대의 첨단과학을 계통적으로 학습시키고, 지적 엘리트를 육성하는데 주안점이 놓여졌다. 그 중에서도, 과학기술교육을 중심으로 교과에 있어서 구조와 학습의 방법으로서의 발견학습이라고까지 하는 “학습중심 커리큘럼”이 개발되었다. 또한, 새로운 교육의 방법으로서, 프로그램 학습과 티칭 시스템 등에 의한 학습공학의 탄생을 보았다. 이러한 새로운 방향을 제시하는데 있어서 커다란 영향력을 가진 것이 브루너(J. S. Brunner)의 “교육의 과정(Process of Education)”이다.

또한, 국가의 교육의 이러한 결속은 “교육투자론”의 사고를 보급하고 확대시켰다. 즉, 교육은 사회개혁의 열쇠이며, 국가를 부강하게 만드는 기본이라고 하는 생각이 높아지고, 소비에서 투자가 자리잡게 되었다. 이와 같은 학교의 생산적 기능의 중시 방향은, 선진제국 뿐만이 아니라, 개발도상국가에 있어서도 특히 중시되게 되고, 국가적 차원뿐만 아니라 개인의 차원에도 확대되었다.

3. 학교교육의 현상

학교 비판

1980년대 이후 학교는 흔들리게 되어 그 위기가 논해지게 되고 비판이 행해져 그 소생이 과제로 되었다. 거기에는 몇 가지 계기가 있다. 한 가지는 학교현대화 운동에로의 반성이다. 그것은 국가의 육성에 입각한 지적 엘리트의 육성에 공헌한다는 것이었는데 그 지적 엘리트는 편협한 전문주의에 사로잡히고, 인간성을 상실하고 있다. 환경문제나 빈곤문제 등의 사회문제가 현재화했던 것도 이러한 인간성을 상실한 지적 엘리트에게 사회를 맡겨서는 안 되다고 하는 반성이다.

그리고 대중사회, 정보사회, 기술혁신시대, 다원적 가치의 사회 라고 불리우는 격심한 사회 속에서 개인은 압도당하고, 소외되고 있다. 한편, 점점 거대화하는 관리사회에서 순응이 강제되고, 개인은 있을 장소를 상실하게 된다. 이러한 근대사회의 체질과 문명의 실체가 문제시되었다. 이 문명 비판의 근거로서, 사회선발과 교화와 순응을 강제하는 학교 자체의 실체를 근본적으로 비판하고, 자유롭고 창의적이며 인간적인 교육의 실태가 모색되게 되었다. 그러한 의미에서, 학교개혁의 핵심을 학습자를 중심으로 재고하려는 발상의 원점에 있으며, "새로운 신교육의 시대"라고 지칭하기도 한다.

학교개혁의 방향

그 학교개혁의 방향에 있어서도 한결같지는 않다. 학교개혁의 방향에 관한 논의는 다음과 같다.

첫째, 가장 급진적 학교개혁론으로서 "탈학교론"을 들 수가 있다. 여기서는 근대학교의 기본원리인 기회균등, 의무제, 무상제 자체를 문제로 삼는다. 이들의 원리로 지탱해 온 근대학교는, 결국은 국가의 요청에 개인을 불러들이고 제도로서의 학교의 폐지를 요구한다. 즉, 자유롭고 창의적인 인간적 활동으로서의 본래의 학습은 학교에 의해서 상품으로 바뀌어지고 인간으로부터 소원한 것 같은 것으로 이해되고 있다. 따라서 진실된 학습을 바라는 데는 오늘날 학교제도로서는 불가능하다는 주장이다.

둘째, 학교의 인간화론을 들 수 있다. 이것은 학교 자체의 존재를 전제로 해서 그 학교의 내부 기능을 개혁하도록 의도하는 것이라고도 할 수 있다. 전자가 디스쿨링(De-schooling)이라고 불리우는데 대해서, 이 사고방식은 리스쿨링(Re-schooling)이라고 불리운다. 즉 다시 말해서, 학교의 소생을 어떻게 꾀하는가이다. 핵심은 오늘날 학교에서 볼 수 있는 인간성 경시의 풍조를 개선하고, 인간미가 넘치는 학교를 만들며, 인간의 인간다운 생활을 영위할 수 있는 사회를 어떻게 만들어 내는가를 전망하는 것이다. 구체적으로는, 인간과 인간과의 협동관계에서 비롯되는 학교문화의 창조, 개성을 신장시키고 창조성을 기른다고 하는 학습형식의 변혁을 중심으로 하고 있다. 교사가 전 지식의 원천은 아니고, 어린이를 학습의 주체로 파악함으로써 종래의 획일적이고 강압적인 조직을 개편하려는 데 특징이 있다. 오픈 스쿨(open school), 무학년제, 팀티칭(team teaching) 등에로의 강조가 그것이다.

셋째, 학교의 기능축소론이라고도 불리워질 수 있는 것이다. 바야흐로, 교육 즉 학교교육이라고 하는 관념하에서 교육이라고 이름이 붙은 것은 너무나도 많다. 그리하여 학교는 움직일 수 없는 상황에 빠지고 있다. 그럼에도 불구하고, 그 교육을 완전하게 맡고 있는가 하면 그렇지도 않아 탈락자를 내고 있다. 그래서 새삼스럽게 학교는 학교가 아니면 할 수 없는 교육의 기능을 담당하는 기관이라고 재편하려는 것이다. 특히 평생교육 구상 가운데에서 학교교육과 지역사회교육과의 상호의 역할과 연계의 실체가 모색되고 있는 것이 그 일례다.

특히, 학교교육의 실태로서 기초교육의 중시론이 나타나고 있다. 미국에서의 움직임 등이 그것으로, 오늘날의 학교에 있어서는, 매우 중요한 사항이 등한시되고 있거나 대용품으로 대치하고 있다고 하고 기초적인 학습내용을 강조하는 것으로서 이에 도전시켜야 한다고 하는 것이다. 그리고 그 배경에는 학력의 향상이야말로 국력의 향상에 연관된다고 하는 국가로서의 위기감이 존재하고 있다.

4. 학력과 학력사회

학력의 의미와 기능

학력이란 학업성취에 관한 이력이며 직력이나 거주력과 마찬가지로 개인의 생애에 걸친 생활의 역사, 즉 경력은 측정하는 하나의 지표다. 성이나 연령 등 생득적인 속성이 아니고 사회적으로 획득되는 속성으로 시대에 따라서 그 속성이 다르게 나타난다.

하비거스트(Robert Havighurst)에 의하면, 교육에는 기능적 가치와 상징적 가치가 있다. 가령 어떤 사람이 공과대학의 기계공학과 교과과정을 수료한 후 기사가 되었다면 그가 받은 교육은 기능적 가치를 갖는데 그것은 업무에 필요한 능력을 나타내기 때문이다. 이에 반하여 어떤 사람이 개인 비즈니스를 통하여 많은 돈을 벌어 자녀를 가업과 연결하기 전에 일류학교에 보낸다면 그 자녀가 받은 교육은 상징적 가치를 갖게 된다. 다시 말해서 교육 자체가 지위상징으로서 작용하는 것이다. 이 두 가지 측면은 실질로서의 학력과 상징으로서의 학력을 나타내고 있다.

학력을 취득한다 함은 당연히 어떤 학교교육을 받는다는 것을 의미하기 때문에 그 결과로서 개인은 새로운 지식, 기술, 태도를 습득하게 된다. 이렇게 교육의 결과를 습득하는 것이 실제 목표이다. 이를 실질로서의 학력이라 부른다. 한편

학력을 존중하고 평가한다고 할 때 학력 획득으로 얻게 되는 실질적인 내용이 아니라 획득된 학력 자체가 갖는 의미가 존재한다.

학력이란 실현된 능력을 나타내는 한 그것은 하나의 업적에 지나지 않는 것이다. 그러나 그러한 실력 내지 능력과는 상관없이 형식적 자격으로서 학력이 직장에서 의미를 갖는 경우도 있다. 이런 의미에서 학력은 성이나 연령과 같은 일종의 귀속적 지위(ascribed status)가 된다. 여기서 이른바 "학력의 신분화"가 일어나게 된다. 그렇다면 사람들이 이러한 학력증서로부터 이미지를 만드는 능력개발이란 것을 향유하는 의미는 과연 무엇인가?

학력이 갖는 의미는 실력과 잠재 능력의 어느 것이 중시되느냐에 따라 달라진다. 실력을 중시한다면 학력은 무엇을 할 수 있는가를 말하는 것이고 잠재 능력을 중시한다면 학력은 잠재능력, 즉 고도의 지적 능력을 뜻하게 된다. 다시 말해서 일정한 사회에서 지배적인 능력관이 학력의 의미를 규정하는 경향을 볼 수 있다.

미국의 경우, 학력이란 개인이 가진 직무수행 능력의 종류와 정도의 지표이며 증명서인데 반해 독일에 있어서는 무엇을 어느 정도 받고 있는가에 따라 직업인이면 일을 실제로 어느 정도 할 수 있는가 하는 실용적 능력을 기대할 수 있는 것을 의미한다. 우리의 경우에는 학력이란 특정 능력의 표출보다는 일반교양의 수준과 사물을 이해할 수 있는 가능성에 초점이 있는 것으로 보인다.

학력의 기능은 도구적 기능과 질서적 기능으로 설명되어질 수 있다. 학력의 도구적 기능이란 일정한 학습 결과로서의 학력이 직업적 역할수행에 유용하다는 측면을 가리킨다. 가령, 의사의 역할수행에 있어서 의학에 관한 지식과 기술은 도구적 기능을 가진다고 볼 수 있다. 학력이 도구적 기능을 갖는 한편 취득한 학력은 그 사람에 대하여 일정한 자격을 평생 동안 보장하게 된다. 이런 의미에서 학력은 개인에게 자신의 힘으로서는 어떻게 할 수 없는 특정의 신분을 부여하게 되어 일종의 귀속적 지위를 보장하는 보증서가 되는 셈이다. 이를 학력의 질서적 기능이라고 부를 수 있다.

학력은 그 자체를 높고 낮음에 따라 사람을 높게 또는 낮게 분류하는 기능을 가지고 있다. 이와 같이 학력은 사람들을 계층화시키는 한 요인이 되기도 한다.

도어(R. Dore)에 의하면 교육은 졸업장이라는 학력따기 경쟁으로 변질되었다고 지적하고 있다. 교육과 '학력따기'의 차이점은 그 과정에서 나타나고 있다. 지식이란 습득 자체를 목적으로 추구되는 경우도 있지만 실리를 목적으로 추구되는 경우도 있다. 그 어느 경우에 있어서도 그것이 교육인 이상 목표는 지식의 습득 그 자체인 것이다. 이에 반하여 학력경쟁의 경우, 학생들의 관심사는 지식의 습득 그 자체가 아니라 습득했다고 하는 증명을 받는데 있는 것이다. 다시 말하면, 교육이 어떤 일을 하기 위한 학문이라면 학력따기란 직업을 얻기 위한 경쟁일 것이다.

학력사회의 구조와 과제

학력사회란 사람들의 사회적 지위를 결정하는데 있어서 학력의 힘이 상대적으로 큰 사회라 정의할 수 있다. 개인의 사회적 지위는 그 지위를 점하고 있는 사람이 가지고 있는 속성(예를 들면, 직업, 수입, 학력, 재산, 주거공간 등)의 요인에 의하여 결정되는 것이다. 일반적으로 이들 요소 중에서도 학력이 차지하는 비중이 상대적으로 큰 경우에 이를 학력사회라 한다. 학력사회의 구조와 전개를 설명하는데 있어서 논의의 초점인 고학력화 현상은 주로 대학학력의 수요증대와 이에 따른 학력경쟁 그리고 대학학력소비자의 급증현상을 지칭하는 것으로 보인다.

고학력화 현상은 인적자본론에 바탕을 두고 설명되어지기도 한다. 우리나라에서 학력은 선진기술의 훈련 가능성을 나타내는 지표로서 높이 평가되고 있다고 본다. 즉, 산업화가 수입된 기술에 크게 의존하고 있는 상황에서 수입기술을 획득할 수 있는 고등교육 수준의 학력이 높이 평가되었다는 것이다. 그리하여 고등교육 수혜자는 채용, 승진, 임금 등에서 유리한 위치를 차지하게 되었다.

그 동안 우리 사회가 산업화되는 과정에서 사회적 지위분배를 위한 장치로서 학력이 크게 이용되고 있다는 사실은 이미 많은 사람들이 지적해 왔다. 다시 말해서, 상위계층은 그들의 학력수준을 높임으로써 특권적 지위를 유지하고자 하며 하위계층은 학력수준을 높여 계층상승을 실현하고자 한다. 그리하여 학력

수준은 점차로 상승하고 있으며 결국 학력이 지위경쟁 수단으로 활용되어 과잉 학력 현상으로 나타나고 있다.

고학력화 현상과 관련된 학력사회의 구조와 전개를 교육체제의 내적 요인과 외적 요인으로 나누어 생각해 볼 수 있다. 교육 외적 요인은 가치관, 교육관, 산업구조 및 계층이동 형태, 학력인구 변화, 취업, 임금구조 등이 있고 내적 요인으로는 단선형 학제의 구조와 그 경직성, 단순성, 인문계 고등학교 위주의 교육과정 운영과 진로지도 미비 등이 있다.

이러한 교육체제 내외적 요인들은 복합적인 상호작용에 의해 학력 경쟁을 유발하고 학력 경쟁은 학력의 상승, 즉 고학력화 현상을 초래하고 있다. 고학력 획득에 의한 학력경쟁 과정에서 각종 사회문제가 유발되며 이러한 문제를 해결하기 위해 고학력 기회를 확대한 결과, 고학력 실업이라는 문제가 발생하게 된다.

고학력 현상을 부추기는 가장 중요한 요인으로 지적되고 있는 학력 간 고용과 임금 격차는 학력사회를 형성시켜 사람들로 하여금 고학력을 추구하도록 하는 요인으로 작용하고 있다. 그리고 우리 사회의 뿌리 깊은 학력주의는 학력위주의 고용과 임금 관행을 조장시켜 왔다고 볼 수 있다.

학력위주의 고용과 임금 관행과 가치관 및 교육관은 해방 이후 붕괴된 계층구조가 새롭게 정착되어 가는 과정에서 교육의 계층상승 효과를 증대시켰으며 이러한 현상에 의해 전통적인 학력주의 가치관은 더욱 강화된 면이 없지 않으며 학력위주의 사회적 관행은 중등학교의 교육과정이 대학입시 위주로 운영되게 할 뿐만 아니라 다양한 진로지도를 가로 막는 요인으로 작용하기도 한다.

Journal (12)

제 13 장

여가사회와 여가교육

1. 여가사회와 생활구조의 변화
2. 여가사회화와 여가생활의 전개
3. 여가교육의 실천과제

1. 여가사회와 생활구조의 변화

현대인의 일반적인 생활스타일 · 생활리듬은 많든 적든 시계와 캘린더로 측정되는 사회화된 시간에 의하여 구조화되어 있다. 특히 사회의 존속 · 발전에 있어 절대불가결의 사회적 활동인 사무 · 노동이 시각 · 하루 · 1주 · 1달 · 1년이라는 시간단위에 의해 주기적으로 편제되어 있는 구조가 중요하다. 일하는 날과 휴일, 사무의 시작과 마침 시각이 사회적으로 제도화되고 고정화되어 있는 것, 또 사회적 활동 속에서 시간 대 결정이란 기준으로 보았을 때, 일이 최우선 서열에 있음으로써 일 이외의 모든 활동에 배분되는 시간이나 일시는 불가피하게 일과 연결되지 않을 수 없다. 그런 의미에서 현대사회의 일반적 생활스타일은 일하는 시간을 중심으로 이의없이 구조화되게 된다. 이것은 우리들의 생활스타일이 일하는 시간의 양과 배분 방법에 의해 강대한 영향을 받는 것을 시사하고 있다. 따라서, 만약 일하는 시간이 시계와 캘린더에 의한 구속을 받지 않는다고 하면, 우리들의 생활형태는 다양성과 개별성으로 가득차고, 지역사회의 구성원에게 공통의 표준화된 생활리듬을 유지하게 하는 것은 매우 어렵다.

생활형태와의 관계에서 보이는 현대적 의미의 시간 개념은 산업혁명 이전에는 체계적으로 존재하지 않았다고 보아도 좋다. 그것이 명백하게 등장한 것은 자본주의적 생산양식, 특히 기계제 공장 생산의 도입에 의해 생활시간상 노동시간과 자유시간이 엄격히 구분되고 생활공간이란 면에서도 직장과 사생활공간이 분리되고부터이다. 특히, 1980년대부터 시작된 노동시간 단축운동 중에, 1847년 영국에서 제정된 노동법(The Ten Hour Bill)이 형식적으로는 현대적 시간구조의 시발점으로 큰 역할을 하는 것처럼 생각된다. 레저와의 관계로 보면, 이런 법률에서 자유시간이 확고한 기초를 우리들의 생활스타일 · 리듬 속에 쌓음과 동시에 게으르고 태만함 혹은 무가치 덩어리란 음률을 띤 쉬는 시간(spare time)이란 개념에 대신하여 노동시간과 대치하는 자유시간이 싹트는 계기를 얻었다.

그 후, 일이 시간적으로도 공간적으로도 배타적 성격을 강화하고 첨예화해 가면서 자유시간은 그 자립성과 독자성을 높여 일하는 시간과 나뉘어졌다. 이와의 관계에서 일하는 지역에서 분리되고, 일에 맞추어져 온 도덕적 지역에서도 해방된 자치공간으로서의 사생활스타일이 생활의 형태를 정하는 중요한 의미를 가지게 되었다.

노동시간의 단축 요구나 그것을 실현하기 위한 운동은 20세기에 들어, 8시간 노동제의 확보를 목표로 하여 특히 영국, 프랑스, 독일 등에서 강력히 추진되었는데 이런 운동의 성과가 1919년 제1회 ILO 총회에서의 8시간 노동조약의 채택 및 1935년의 주 40시간 노동조약의 채택이란 형태로 결실되었다. 그러나, 이러한 ILO의 노동시간 단축을 향한 적극적인 자세에도 불구하고, 대부분 선진공업국의 대응은 소극적이고 시간단축의 템포는 느리고 주 40시간 노동제가 일반에게 구체화되는 것은 제 2차 세계대전 이후가 된다. 예를 들면 주당 노동시간을 해마다 살펴보면 미국에서 주 40시간 노동이 구체적으로 정착하는 것은 1950년 이후이고 노동시간 운동의 선봉국가인 영국에서는 현장노동자의 정규노동 시간이 주 40시간을 깨는 것은 1970년대에 들어서면서부터이다(하루 8시간, 주 40시간을 8-40 노동제라 부른다).

특히 1962년 ILO에 의해 채택된「노동시간의 단축에 관한 권고」가 중요한 역할을 했다. 이로써 8-40 노동제가 빠른 속도로 노동시간의 주류가 되고 생활스타일의 변혁을 향한 태동이 생겨난다. 즉, 하루 노동시간과 주단위 노동시간이 사회적으로 제도화되고 동시에 그들이 특정한 시간대나 요일에 배분됨으로써, 이것을 축으로 한 생활시간표의 재편에 착수하기 때문이다.

특히, 중요한 것은 8-40노동제가 형식적으로 하루 16시간, 주 128시간의 일하지 않는 시간(nonwork time)을 공인한 점에 있다. 주단위로 보면 총 생활시간의 78%를 사생활 공간에 배분했다는 것이 우리들의 생활 스타일에 대해 결정적 의미를 가진다. 일하는 시간과 자유시간을 이렇게 제도화하는 것이 생활리듬도 사무와 비사무의 양극 편성으로 이끈다. 그리고 미세한 조정을, 장기적으로 생활스타일의 단계적 · 발전적 변혁을, 사람은 어쩔 수 없다. 노동시간 단축을 향한 움직임은 여러 가지 장애를 극복하면서 활성화되고 있다. 그러나, 아직까지도 탈공업화시대에 적합한 템포로 점진적으로 단축이 실현되고 있는 것은 아니다.

미래의 노동시간에 대한 예측은 가장 어려운 문제의 하나로 되어 있다. 그 원인은 노동상황이나 경제적 환경에 대한 예측의 불확실성에 의한 것보다도 노동시간에 대한 습관이나 고정관념의 타파에 대한 전망이 서지 않는다는 점에 있다. 그러나, 이러한 성가신 문제가 있음에도 불구하고 비교적 가까운 장래에 실현될 노동시간의 모습에 대해서는 흥미 깊은 예상이 많이 있다.

칸(Kahn)과 위너(Winner)는 미국에서는 2000년에 노동시간이 주 3일 · 하루 5~7이 될 것을, 또 만델은 사회주의사회에서도 주 20~24시간 노동 · 하루 5~6시간(즉, 주 4일제)이 될 것을 예측하고 있다. 팻모어(Patmore)는 주 4일제 · 주 30시간 노동이 확실한 선이라고 예고하고, 필(Phil)은 미래의 노동시간을 주 20~25시간이라 보는 것이 타당한 선이라고 추정하고 있다.

이런 예측을 종합적으로 보면 대개 주 20~30시간이란 범위로 잡고 있는데 이에 대해 리는 「현재로는 주 25~30시간 노동이란 것이 광기같은 꿈은 아니게 되었다」라고 단정한다. 프래스티(Prestti)도 2100년에 도래한 사회를 제 3기 사회(tertiary societies)라고 이름 붙이고 거기서는 1년 노동시간이 1,200시간이 되고 연간 40주 · 주 30시간 노동이 될 것을 시사하고 있다. 현실에 입각하여 구체적으로 이 시사를 음미하면 주 4일제, 하루 5~7시간 노동, 1년당 10주 휴가제가 된다. 극단적인 예로는 듀 허스트(Du Herst)와 같이 2000년에는 주 평균 15시간 노동으로 주 2일제가 된다는 몽상에 가까운 예상도 있다. 물론, 노동시간과의 관계에서 1주 7요일제를 개정하여 8요일제 혹은 9요일제로 캘린더 그 자체를 근본적으로 변경하기라도 한다면 이런 예상수치는 큰 폭으로 수정되게 되는데 현재 일정표를 답습한다는 전제에 입각한다면 결국 주 4일제 · 하루 5~7시간이란 예측치는 현실적으로 타당한 선으로 보아도 괜찮다.

노동시간 단축운동 속에서 선도적 역할을 하고 있는 주 5일제의 발상지이기도

한 매사추세츠 주에서 시작된 「행복혁명 : 주 4일제」가 1972년 시점에서 미국에서는 이미 1,500사에 의해 도입되어 실시 중인 것을 포함하면 그 수는 3,000사에 이른다고 알려지고 있다. 단지, 주 4일제는 일반에게 주 40시간 노동이란 틀 속에서 실시되어 이른바 노동시간 단축이라기보다도 노동일의 축소라는 형태로 운용되고 있다(이 방법을 이하 4-40제라고 부른다).

미국의 경우, 주 4일제를 채용하고 있는 기업에서는 노동시간은 주 36시간, 취업일수는 주 5일, 순환교대는 1.5교 체제가 가장 많은 수치로 완전 주 4일제를 채용하는 데에는 대외적으로 위험성을 가지는 것을 시사하고 있다.

즉, 주 4일 노동제는 경영자의 결단 하나로 도입 가능하지만, 완전 주 4일제가 되면 "거래처는 시끄러운 것이다"라는 그물에 걸려 예상치 못한 부메랑 효과를 받거나 「고객은 시들기 쉽다」는 말대로 심한 타격을 받을 가능성도 있고, 전통적 노동일제와의 대결이란 요소도 더해져 대외적으로 제약을 받기 때문에 기업의 실시를 주저하는 것은 부인할 수 없다. 주 4일제로 이행한 기업의 대부분은 중·소규모로 그것도 기술적 조건이 고도화했기 때문이 아니고, 우선 다른 요인에 의해 이행했다는 사실이다. 이 혁신적 아이디어의 근저에는 노동시간 단축으로의 적극적인 연구라기보다 오히려 노동력 확보를 위한 핍박의 노무관리대책이란 의도로 받아들여진다.

주 4일제를 도입한 기업의 대부분은 형식적으로는 그 이유로서 노동력 요인(labor factors)과 비노동력 요인(nonlabor factors)의 양면을 들고 있다. 노동력 요인이란 도덕의 고양에 강력한 요인이 되고 수혜사항(benefit)으로서 위력을 가지는 것, 노동력 경비를 절감할 수 있는 것, 노동력 확보를 쉽고 원활히 할 수 있는 것, 결근의 감소, 정착률의 향상 등을 위해 주 4일제를 도입하는 것을 가리키고, 비노동력 요인이란 생산비의 절감, 생산의 효율, 제 비용의 절감, 판매 촉진 등을 목표로 도입하는 사례를 지칭한다. 그러나, 현실의 도입경위를 보면, 노동력 요인, 특히 노동력 확보와 도덕 향상을 위한 결정자로서 도입된 사례가 압도적으로 많다. 즉, 주 4일제를 기업의 매력 포인트로서 호소함으로써 구인활동을

유리하게 전개할 것을 노리고, 기업 매력이 없는 기업이 노동력 확보를 위해 발안한 최후의 수단이 주 4일제의 도입이었던 것이다. 따라서 그것은 노동조건의 개선이라는 발전적 자세에서 나온 것이 아니고 어디까지나 편의적인 전략임에 틀림없었다.

기안단계에서의 이러한 경위야 어쨌든 노동시간의 연속적 단축 경향은 분명하고 농업부문을 제외하면 주당 노동일수나 노동시간 단축을 향한 잠재적 기반은 생산체제라는 면에서 보면 확실히 굳어져 가고 있다. 남겨진 문제는 노동습관이나 노동시간에 대한 전통적 통념의 변혁과 노동자의 태도나 노동조합의 자세에 달려 있다. 특히 후자는 이념상이야 어쨌든 실천상은 노동시간 단축과 노동기회의 보장의 포화적 균형 혹은 양자의 한계효용에 대한 판단이 문제가 된다.

이러한 약간의 미해결 과제는 있다 해도 주 5일 · 40시간제가 지금 노동조건의 최소한의 허용기준이 되어 있는 현상태에서 추측하면 4-30제가 가까운 장래에 실현될 것이라는 예측은 상식을 벗어난 것이 아니고 그 적중률은 꽤 높고 확정적인 것으로 추정된다.

2. 여가사회화와 여가생활의 전개

모든 생활영역을 인간화한다는 것은 인류의 초역사적 비원이다. 이 비원을 실현함에 있어 귀찮은 문제는 인간화를 구체적으로 측정하는 기준, 즉 인간적 가치란 구체적으로 무엇을 가리키는가에 대한 보편적 척도의 애매함에 있다. 일반적으로 인간화를 측정하는 판단기준은 현존하는 사회의 경제적 · 정치적 · 윤리적 · 심리적 · 사회적 제요인이 복잡하게 서로 얽히면서 형성되기 때문에 그 형태와 내용은 다양성으로 풍부하다.

이론적으로 인간화는 주어진 개인의 필요와 관심의 충족도 및 개인의 자기실현 · 자기표현 기회의 확대도에 비례하여 필요나 관심의 억압도나 자기실현 · 자기표현의 기회의 압축도에 반비례한다. 그런데, 필요, 관심, 자기실현 · 자기표현이란 개념의 구체적 대상물은 시공을 통해 항시적이 아니고 천변만화하고 필요, 관심, 자기실현 · 자기표현의 각 내부구조나 내부 구성요소 간의 우선 서열도 시시각각 변화한다. 따라서, 인간화의 문제는 (1) 인간을 둘러싼 역사적 · 사회적 · 경제적 · 정치적 배경, (2) 각 생활영역에 대해 부여된 사회적 · 문화적 가치체계, (3) 사회인식 일반에 의해 조건 붙여지고, 영향을 받는 것을 전제로 하여 접근하지 않으면 안 된다. 이러한 관점에 서서 현대사회에서의 인간화기준을 음미할 때, 그 판정요인이 개인의 심리적 요인(특히 개인의 표현 혹은 확인이란 주관적 수준에 속하는 차원)과 사회적 요인(특히 민주화란 객관적 수준에 속하는 차원)을 축으로 하여 구성되는 것을 알 수 있다. 그리고, 일반적 경향을 보면 일하는 영역에서보다도 레저영역에서 이들 인간화기준이 보다 충족되고 있다고 판정되고 있다. 사무 · 노동에서의 인간소외 현상이 상식화한 것이라도 사무 · 노동의 인간화가 사회적으로 문제시되는 것을 알 수 있다. 그러나, 일이 그 내재적 가치를 소실하고 비인간화=인간소외를 항진해 가는 중에 기업은 만연과 성행을 방치하고 방관해 온 것은 아니다. 산업합리화와 일의 인간화는 자칫하면 역설적 관계에 빠지기 쉬운데 양자의 통합을 목표로 하여 기업이 정력적으로 추진해 온 시행에는 그 평가를 둘러싸고 찬반양론이 있다 해도 주목할 만한 획기적 시책도 많다. 레저사회로의 지향성을 강화해 가면서 노동 · 일하는 공간의 인간화를 단념하고 그 딸린 공간을 전면적으로 레저공간으로 나누고 있는가와 같은 논조도 보이지만 사무 · 노동의 궁극적 가치(경제적 합리성)의 실현이란 제약 속에서 일하는 공간의 인간화로 향한 기업 노력의 흔적을 과소평가해서는 안 된다.

기술혁신, 산업합리화가 항진하면서 대규모 조직을 중심으로 하여 일이 전문화→단순화→비인간화라는 경향을 강화하고 이른바 일이 인간의 기본적 필요를 저해하는 문제가 발생하고 인간적 필요와 일의 내용과의 조화, 즉 사무 · 노동의 인간화를 촉진하는 방법이 모색되기 시작한다. 1954년 개최 국제노동회의(ILO)에서 당시의 국제노동기구(ILO) 위원장은 노사관계에 관한 우리들의 기본방침은 인간적 요인(human factor)을 강조하는 점에 있다.

가장 기본적인 문제는 노동자에게 일에 대한 목표감(목적의식)을 초래한다. 사람은 이 목적감을 가질 때에만 — 사회의 복지를 위해서 자신의 일이 어느 정도 공헌하는가를 인지할 수 있을 때에만 — 자기 자신의 참가치를 신뢰할 수 있다고 서술하고 일의 인간화를 구체화하는데 있어 하나의 시점을 시사했다. 물론, 사무 · 노동의 인간화를 향한 기운은 웨브의 산업민주주의의 주장 이후 구체적으로는 급진적 노동조합주의(syndicalisme), 길드사회주의, 직장위원노동(Shop Steward Movement) 등이 대두하는 1910년대에 싹터 제 1차 세계대전 이후, 서서히 성숙하고 제 2차 세계대전 후의 모든 산업민주화운동 속에서 그 성과를 높여가고 가속해 가는데 명실공히 기존의 일 · 노동 시스템을 인간화를 축으로 대폭 변혁하고 새로운 산업 질서나 사무 · 노동의 조직화를 추진할 필연성이 구체화되는 것은 1950년대에 들어서부터이고 특히 1960년대에 촉진되는 참가를 중심으로 한 의사결정기구의 개혁 · 개선의 일의 인간화를 연구할 때의 기준 방향성을 결정지을 중요한 반석이 된다. 그 때, 일의 인간화와 참가와의 이념적 관계에 대해서는 「일에 만족을 주는 요인은 예를 들면 일의 자율성(job autonomy), 책임, 통제, 의사결정의 권한 등에 관한 소망에 밀착해 있다.」 혹은 「노동자가 보유하고 있는 지배력이 커지면 커질수록 일에 대한 만족도도 커진다」란 명제에서 암시적으로 참가의의를 「인간화」와 연결짓는 것, 게다가 「참가에 의해 얻을 수 있는 만족은 (1) 자립 · 독립의 필요를 충족시킨다. (2) 도달하는 결정이 사적 이익과 일치한 듯이 느끼고 통제에 대해 강제적 색채를 느끼지 않는다는 장점이 있다. (3) 욕구불만을 경감하고 참만족과 도전감을 얻는다」라고 적극적으로 참가의 심리적 효과와 인간의 가치와의 관계를 주장하는 등 다양성으로 풍부하다. 그 중에서도 배키(E. W. Bakke)가 「생산적인 일은 인간의 발달과 만족의 원천이다.

조직은 개인에게 의미있는 참가와 자기표현의 기회를 가능한 한 최대한 제공하지 않으면 안 된다라고 하고 노동으로의 동기부여의 결정요인으로서 자기실현을 들고, 「자기실현은 사람이 의사결정에 어느 정도 참가할 수 있는지, 또 사람들이 일을 하는데 있어 그 룰, 조건, 계획 등의 결정에 어느 정도 유효한 발언권을 가지는지에 달려 있다」라고 지적하듯이 혹은 밀러와 폼이 「노동이 만족의 원천이 될만하다고 한다면 형식적 조직을 종업원이 자신의 일체험을 능동적 · 자율적인 것으로 느끼고 자신의 액면가치 이상의 고가치로 활용되고 있음을 자각할 수 있도록 그들을 의사결정에 참가시키는 시스템으로 변혁해야 한다」라고 강조하듯이 일에 대한 자아포락(task involvement)이나 일에서 얻는 충실감 · 만족에서 의사결정으로의 참가가 열쇠를 쥔 이른바 동기중시형의 사조는 1960년대 후반이 되어 일반화하고 꽤 무르익었다. 지금까지 일의 인간화를 추진할 때의 방향성은 일의 확대(job enlargement), 일의 로테이션(job rotation), 일의 충실(job enrichment) 등 허즈백이 말하는 「수직적 직무부하의 원리」에 상징되는 일 그 자체의 내용에 밀착하여 나타내기 쉬웠던 관점에서 접근되어 이른바 doing의 수준이 아니고 planning이나 decision making의 수준에서 생각될 만하다는 시점이 주류를 점하게 된다. 웨브부처가 역설한 「산업민주주의 사상」(Webb and Webb, Industrial Democracy, 1897)이 점차 실천단계에 들어갔는데 이 방향성을 구체적으로 촉진함에 있어 그 의의와 전망을 둘러싸고 확고한 의견일치가 있는 것은 아니다. 예를 들면, 노동자 지배를 전면에 낸 노동자공장 구상에서는 참가는 노동에 의한 통제를 지칭하고 그 구체적 시스템의 최적 모델로 잘 알려져 있는 것이 자주관리를 축으로 한 유고슬라비아 스타일이 있다. 이 스타일에서는 기업의 통치기능(governance function)은 일반투표(referendum), 직장회의(Zbors), 각 부문 단위의 노동자협의회(Plant and Economic Unit Workers' Council), 중앙노동자협의회, 집행위원회(Governing Board)란 여러 기관이나 수단을 통해 집행되는데 그들은 모두 조직구성원 전원의 직접적 혹은 간접적 참가에 의한 의사결정을 제도화한 것이다. 이에 대해 선진자본주의국에서는 하나는 노사협조 노선을 축으로 한 합동위원회(joint committee)나 합동협의회(joint consultation)라는 형태로의 참가를 들 수 있는데 그것은 매슈(Masch)의 말을 빌리면 「이해를 깊이한다」는 것을 목표로 한 「미리 정하는 것을 공식화하는 수단」으로서 혹은 노동자에게 발언의 기회를 주는 장으로서의 의미를 가지고, 다른 하나는 「how to」에 관계된 결정에의 참가, 즉 전통적으로는 관리자 · 감독자의 특권으로 보여진 결정사항으로의 일반종사원의 참가를 들 수 있고, —

워커는 이 참가를 관리 · 실행적 결정과정으로의 참가라고 부르고, 로버트슨(Robertson)은 「과업중심의 참가」라고 부른다 ― 이것이 실은 참가기구의 시스템화를 생각할 때의 주요 유형이 되고 있다.

사회의 생활시간 구조가 메카니즘으로서 일을 축으로 하여 전개하고 있는 것과 개인이 일을 토대로 한 생활스타일을 편성하는 것과의 사이에는 반드시 일차적인 관련이 있는 것은 아니다. 사실, 자유시간의 증대와 그 자립성이 주원인이 되어 현대인의 생활관심이 비업무 공간을 중심으로 하여 전개되고 있음을 나타내는 통계자료도 많다. 특히 일에 속박되지 않는다, 혹은 지배되지 않는 생활스타일을 소급하는 생활관의 대두, 자유시간의 유효한 이용 ― 레저의 충실 ― 을 통해 생활에 의의와 만족을 얻으려 하는 사생활 중심의 인생관 숙성 등에 의해 레저에 중심적 매력을 두는 생활습관의 보급 · 침투는 현저하다.

탈공업화 사회가 성숙함에 따라 노동시간에 생산한 상품을 자유시간에 다 파는 기술이 노골적으로 되고 여가를 차지하기 위해서 레저상품이나 레저서비스를 창출해 내는 시장 전략이 일반화해 왔다.

이미 자유시간의 가치가 그 시간에 이용할 수 있는 상품이나 서비스를 적극적으로 시장화함으로써 실질 가격 이상으로 고가치를 매길 수 있게 되었다. 그 결과 비인격화된 노동과정에서 준비되는 일의 가치가 레저의 가치로 청산되게 되고 이것이 반대로 레저의 가치가 일이나 경제 그 자체를 직격하는 사태를 낳게 되었다. 많은 레저상품이나 레저서비스의 기획에 박차를 가한다. 이러한 동향 속에서 바야흐로 생산활동에 대한 실천적 필요나 심리적 소망과 자유시간이나 레저를 원하는 강력한 소망과의 밸런스를 어떻게 결제하면 좋은가 하는 문제가 발생하고 있다. 이런 것은 레저가 정말로 지배적 가치가 되고 이것이야말로 탈공업화 사회의 지표이기도 함을 시사하고 있다.

따라서, 생활리듬은 시간적 메카니즘에 의해 규제되기 때문에 분명히 일이 주도성을 가지고 또 생활시간의 내적 구성은 일에 우선 좌석을 주고 편제되기는 하였지만 생활스타일 · 생활관을 토대로 하여 구축된 생활의 질적 구조, 즉 생활의 멜로디는 자유시간이나 레저의 가락으로 조율되는 것은 부정할 수 없다. 그런 의미에서 일의 리듬으로 레저의 멜로디를 연주하는 생활스타일이 탈공업화사회의 특질이라 할 수 있겠다. 전통적인 일 중심사회와는 다르고 인간을 평가하는 활동영역은 다원적이고 어떠한 기준으로 어떤 활동영역을 가장 중시하는가는 개인의 선택문제로 바뀌고 일차원적인 보편적 원칙이나 우선 서열에 의해 타율적으로 결정되는 것은 아니게 되었다. 여러 가지 합리화나 민주화를 추진한 이데올로기가 동시 상승적으로 국민의 생활관 · 생활의식에도 파급하여 사생활 합리주의나 사생활 중심주의를 골자로 하는 새로운 생활신조를 유발하고 쾌적한 생활 · 즐거운 인생을 이상으로 하는 생활스타일로의 필요를 장려 · 조장 · 육성하는 데에 연동한 것이다.

대중소비사회를 실현하기 위해서는 건전한 인간적 생활을 향수함에 있어, 레저나 오락, 사생활의 충실을 위해 돈을 쓰는 일, 그에 관심을 보이고, 열중하는 일이 바람직한, 또는 가치있는 일이라는 사회적 감찰을 대중에게 줄 필요가 있다. 소비와 가치관과의 사이에 격차나 갈등이 있다면 대중의 대량소비를 연출하는 것은 어렵다. 대중이 지지하는 사회적 · 정신적 가치에 익숙하지 않은 상품이나 서비스는 대중화할 수 없다. 산업은 자기의 실리적 필요와 대중의 개인적 생활요구와의 균형을 경제적 레벨로 유지하기 위해서 무엇보다도 우선 소비 필요를 환기하기 위한 의식변혁에 전력을 경주하고 생활스타일과 소비와의 사이에 새로운 패턴을 조성해야 한다는 다채로운 전략을 구사해 왔다. 이 과정에서 소비 필요의 증폭 · 강화와 교환으로 문화적 창조생활의 원천으로서의 업무의식이 저하 · 유명무실화하고 가정생활의 충실과 레저의 의의의 재조명이라는 문제가 부상되었다.

산업의 측면에서 선도 · 추진된 대형소비의 동태 속에서 대중은 새롭게 싹튼 지역에서의 공유생활관심(communal life interests)과 배운 소비술과의 임기응변이 풍부한 통합을 도모한다는 난제를 그들이 얻을 자유시간과 벌이를 축으로 하여 자율적으로 해결하는 것이 강요되어지고, 특히 금전소비적 레저가 일반적 대중수준으로 확대되면서 바람직한 생활스타일에 대한 방향성이 문제가 되었다. 이 방향성에서 눈에 띠는 특색은 레저를 토대로 하여 개인의 생활설계나 사회의 생산시스템이 전개되었다는 점이다. 그 논거는 레저양의 확대나 레저의 자립성이라는 면이 아니고 현대인의 자기의식이 주로서 레저추구에 나타난 관심이나 필요를 핵으로 육성되고 있는 것, 바꾸어 말하면 레저가 자기 확인의 원천이 되고 생활스타일의 기반이 됨에 있다.

인간적 가치 · 생활스타일 · 소비패턴 · 레저추구란 사생활 공간을 지배하는 윤리적 규범을 민주주의의 필연적 귀결이라는 가치의 다양화 아래서 논리적 공식주의에 근거하여 임의적으로 확정할 수 있을 정도로는 점진적 · 누적적인 고찰이 있는 것은 아니고 설령 그 나름대로의 것을 제시할 수 있다 해도 실질적으로 유명무실화하는 것이 확정적인 현 상태에서 보다 나은 생활에 대한 보편적 · 모범적 모델을 명시하는 일은 불가능에 가깝다. 물질적 안락이 반드시 인간의 행복에 부합하지 않는다.

자기실현, 자주성의 보장이 결과적으로 파괴행위(vandalism)로 귀착한다라는 식으로 이념과 현실과의 괴리도 대단하다. 사생활 공간의 모범모델의 문제, 즉 생활의 질 문제가 단순한 인생철학의 틀을 넘어 대중의 면전에 나타남으로써 대중은 부응없이 이 실천과제에 대한 대응이 다가옴에도 불구하고 현실은 소비사회에 익숙해져 그 위에 서서 보다 나은 생활로의 가능성을 모색하는데 지나지 않는다. 가정이나 자기 자신의 즐거움을 위해서 보다 많은 자유시간을 바라고 이 자유시간을 보다 충실하게 하기 위해서 수입의 증대를 원하는 만큼의 타개책이 새로운 생활스타일로의 적응 모드이고 이른바 보다 나은 생활의 모델을 사정권에 넣은 후의 생활스타일의 전망이라 말하기에는 걸맞지 않다.

그러나 분명한 것은 철학적 논점은 어쨌든 간에 인간적 생활 · 인간적 성장으로의 소망이 대중의 관심사이고 그것을 실현해야 하고 태동하기 시작한다는 점이다. 그리고, 금후 점차로 이런 경향은 강해지고 원칙적 · 장기적으로 보면 사생활이나 레저추구가 지역사회 생활의 중추로까지 숙성함은 필수다. 그런 의미에서 지역사회에서의 사생활 공간이나 레저 공간의 질적 충실을 추진하는 모체로서의 국가, 지방자치체의 역할과 책임은 금후 계속 증대할 것이다. 그 위에 지역사회가 공급하는 레저시설이나 레저기회의 여부가 또한 원칙적으로는 레저정책이 지역사회 공간의 인간화도를 측정하는 중요한 지표가 됨에 틀림없다. 산업주도의 적극적인 마케팅 전략에 의해 연출된 소비사회화를 받아들여 그로부터 행정측이 레저사회화를 향한 리더십을 발휘하는 시대에 돌입한다. 소비지향적 생활양식으로의 몰두 뒤에 대중이 요구하는 생활스타일은 획일적인 표준화된 문화패키지의 단순한 소비에 만족하지 않고 창조성이나 자기표현에 가치를 두는 적극적인 문화활동을 핵으로 하여 구성되어야 한다. 모든 생활에 대해 내재적 가치, 즉 인간적 가치를 묻는 시대, 일과 동등하거나 그 이상의 무게로 레저를 중시하는 생활관이나 가치관의 등장 · 확대되는 사회의 도래는 가까워져 오고 있다. 그런 의미에서 레저사회로의 이륙은 뒷바퀴를 남기고 완료한다고 해도 큰 잘못은 없을 것이다.

3. 여가교육의 실천과제

우리 사회에서 전반적인 교육수준이 개선될 수 있도록 더 많은 사람들이 교육적이며 동시에 자신의 만족과 기쁨의 원천이 되는 여가활동을 삶의 한 양식으로 추구하는 경향이 증대하고 있다. 여가활동을 일과 조화시키는 것은 흥겨운 상황에서 학습하는 것을 가능하게 한다.

오늘날 경제적으로 선진화된 국가에서는 모든 국민에게 실제적인 여가지향적 교육을 제공하는 양상이 확산되어 가고 있다. 우리 사회가 궁극적으로 추구하는 삶의 질의 문제는 여가를 논하지 않고서는 결코 해결방안을 제시할 수 없을 것이다. 여가가 있는 삶과 사회는 모든 사람이 살고 싶어하는 공동체라는 확신을 가지고 있다. 여가교육에 대한 논의는 학문적인 도전뿐만 아니라 실천적인 의지를 분명히 요구하고 있다.

여가란 무엇인가에 대한 개념적 이해는 시간모형, 활동내용모형, 그리고 활동가치모형에서 설명될 수 있다. 우선 '시간모형'은 인간적으로 사용할 수 있는 시간이라는 의미를 여가를 규정하여 의무적 활동이 부과하는 명백하고 공식적인 의무로부터 해방된 시간이나 금전이나 대가를 전제로 하지 않는 활동시간으로 자유시간과 여가를 동일시하는 것이 특징이다. 이 모형에 따르면 여가를 일과 의무적 활동, 생리적 필수활동에 속하지 않는 생활공간, 즉 휴식, 기분전환, 취미, 스포츠, 그리고 문화적 창조에 관한 생활공간으로 이해하고 있다.

'활동내용모형'은 구체적인 활동형태로서 여가를 규정하여 자유시간과 여가를 구별하여 시간잔여형의 정의와는 다른 활동개념으로 자유시간 내에서 나타나는 활동내용을 중시한다. 그리고 '활동가치모형'은 특정한 가치와 이데올로기와의 관계에서 '여가의 방식'을 개념 안에 내장시키려고 하는 것으로 여가를 가치실현적 활동으로 간주하는 특징을 가지고 있다.

여가의 본질을 규명하기 위해 그라지아(De Grazia)는 여가를 본질적으로 쾌락이나 행복에 직결되는 것으로 간주하면서 인간의 자유로운 정신을 계발하는 측면을 강조하고 있다. 그러한 측면에서 여가는 하나의 이상이며 인생에 즐거움과 아름다움, 그리고 자유를 가져다 주는 것으로 보았다.

그에 의하면 여가란 일상적인 필요에서 해방된 상태를 지칭하는 개념이며 이러한 상태에 있는 사람이 여가를 즐기고 있는 것이라고 하면서 항상 규범적인 여가에 집착하고 있다고 볼 수 있다.

전통적으로 여가교육은 다양한 활동에 대한 지식과 기술에 대한 교육이나 레크리에이션 프로그램 편성과 방과 후 프로그램을 통하여 참여기회를 제공함으로써 여가를 위해 사람들을 교육하는 과정으로 여겨져 왔다. 여가교육의 가장 일반적인 인상은 가치있고 현명한 여가활동이 무엇인가를 교육한다는 것이다. 따라서 여가교육은 내용보다는 오히려 과정에 관하여 잘 설명될 수 있으며 그것을 통하여 자신과 여가에 대한 이해와 여가에 그들 자신의 생활양식과 사회조직과의 관계에 대한 이해를 증진시키는 총체적인 발전과정으로 간주된다.

먼디(J. Mundy)와 오덤(L. Odum)에 따르면 여가교육은 여가와의 관련을 통하여 자기 자신을 알게 되는 것이며 자신의 삶에 있어서 여가의 활용을 증진시키기 위한 인간의 잠재력 개발에 중점을 두어야 함을 주장했다. 따라서 여가교육의 궁극적 목표는 사람들이 여가를 통하여 그들의 삶의 질을 증진시킬 수 있도록 하는 것이다. 그리하여 여가교육은 여가선용이 무엇인지를 가르치고 프로그램계획을 통하여 여가기회를 제공하고 다양한 여가활동을 위한 기술들을 개발하는 것이다.

일찍이 스펜서(H. Spencer)는 그의 『교육론』에서 여가의 선용을 준비하는 교육을 강조한 바 있다. 그는 지육 · 덕육 · 체육의 교육사상을 기반으로 하여 여가교육을 최후의 단계로 규정하고 있다. 1930년대 국제노동기구(ILO)의 창설은 여가시간의 확보와 여가선용의 문제를 공론화하는 계기가 되었고 여가교육과 여가선용이 사회정책의 하나로서 국제적으로 자리매김하게 되었다. 1948년 유엔총회에서는 '세계인권선언'이 만장일치로 채택되었으며 제 27조에는 여가교육의 필요성이 기본적 인권의 확인에 의해 제기되었다. 1970년대 이르러 대중여가시대의 도래를 선언하는 각종 모임이나 조직들이 다양하게 활동을 전개하기 시작하면서 여가교육은 새로운 국면을 맞이하고 있다.

여가의 증대는 오늘날 우리들이 직면하는 사회문제를 야기시키고 있으며 야외교육이나 환경교육이 대안으로 논의되고 있다. 뿐만 아니라 야외활동의 급격한 확대로 자연보호에 대한 적정한 규제와 레크리에이션 자원의 계획적 정비가 요청되고 있으며 대중여가시대에 맞는 새로운 인간상을 요구하고 있다. 여가를 선용하는 방법의 학습으로서 여가교육이 과학기술의 학습과 나란히 교육의 당면과제로 부각되고 있다. 여가교육은 단지 어떤 여가활동의 형식을 가르치는 것이 아니라 개개인이 처한 생활의 제조건 · 건강 · 체력 · 경험 · 관심 등 개개인의 차이를 인정해야 한다.

오늘날과 같은 대중화된 사회에서 어느 한 사람에 적합한 개성있는 여가활동의 건설을 요구하는 것이 여가교육의 관심이다. 그것은 어떤 활동을 억제하는 것이 아니고 진정으로 개성있는 풍부한 여가활동을 개개인이 어떻게 해서든지 획득해 갈 수 있도록 격려하고 협력해 가는 것이고 또한 개개인이 가진 풍부한 여가활동 능력의 개발에 참여하는 것이 되기도 한다.

여가에 대한 교육의 필요성, 인간의 생리적 · 심리적 · 사회적 측면과 그것의 바람직한 발달과 형성을 고려한다면 역시 무시할 수 없을 것이다. 다시 말해서 여가의 본질을 충분히 되새긴 후에 자유롭게 스스로의 여가를 스스로의 힘으로 개척하고 창조해 갈 수 있도록 개개인을 어떻게 지원해 가는가가 여가교육의 목표라 할 수 있다.

'노동은 여가를 위해서', '여가는 노동을 위해서'라는 양자의 상호관계가 있다. 직업교육과 교양교육의 의의는 단순하게 나누어서 구별할 수 없는 부분이 있지만 일단 노동을 위한 교육과 여가를 위한 교육으로 나눌 수 있다. 이것은 분명 직업교육과 교양교육 각각의 특색을 이해하는 데는 편리할지는 모르지만 너무나 단순하고 명쾌하게 나누어진 것이라 생각된다. 직업을 위한 교육의 여러 가지 생산기술은 직업을 위해 도움을 줄 수 있다.

따라서 여가를 위한 교육이라는 것은 뭔가 특별한 교육내용이 있는 것이 아니라 모든 교과에서의 학습내용 그 자체가 각자의 여가에 활용될 수 있다. 문제는 그것을 각자의 여가에 활용할 수 있도록 교육하고 있는가 하는데 있다. 여가를 위한 특별교육이라기보다는 각 교과에서 학습한 사항 자체가 의미있는 여가를 보내기 위한 기초가 된다. 가령, 수학에서 배운 사항은 많은 수학 퍼즐(puzzle)에서 살릴 수 있고 과학의 자연학습은 야외활동의 장에서 살릴 수 있으며 더욱 발전시킬 수도 있다. 오히려 일반교육에서 배운 사항 전부가 스스로의 여가생활이나 여가교육에 활용될 수 있을 것이다.

인간은 항상 보다 나은 것을 추구하는 존재다. 생활 속에서 스스로가 보다 나은 여가생활의 설계를 할 수 있도록 노력하는 것이 필요하다. 하는 일없이 지내고 사치나 향락에 빠지는 것을 여가라고 하기보다는 날마다 스스로가 여가를 보내는데 적합한 기술의 습득이나 연습에 전념하는 것이 여가를 보내는 방법의 일면이다. 또 여가를 지내는 방법에 대한 현명한 선택을 하고 보다 나은 여가

생활을 추구하여 행동할 수 있는 모든 준비를 갖추어 나가는 일은 보다 나은 여가생활을 위한 조건정비와 더불어 생각해도 무방하다.

전문적인 준비(즉 교수요목) 프로그램의 발달에 이용되어질 수 있는 교육과정 계획에 수많은 연구방법들이 있다. 사실상, 모형들이나 조직 그리고 사람들이 만족할 수 있는 연구방법들의 배열은 너무 지나치게 자극적일 수 있고 그리고 교육과정을 계획하는 사람들을 혼란시킬 수 있기 때문에 사람들이 여태까지 익숙하게 알려지고, 확실하고 쉽고 그리고 적어도 비교적 안전한 방법들을 회피하고자 한다는 것은 드문 일이 아니다. 이러한 너무 지나친 선택은 Perry가 분리되고 격리된 과정들이 대부분의 학생들의 사전학습 경험들을 포함하는 단편적인 교수과정(교사가 되는 과정)으로서 묘사한 교육프로그램을 이끌어 왔던 요인들 중의 하나일 수 있을 것이다. 패리(Perry)는 "얄팍한 관심은 비록 있다고 할지라도, 받아들여질 수 있는 일반적인 수준의 능력의 발달에 주어진다"라고 계속해서 말하고 있다.

여가교육에 관계하는 전문적인 준비(교수요목)에 접근하는데 있어서 교육과정 계획의 어떠한 형태나 조직을 제안하거나 주장하는 것이 우리의 의도가 아니고 대신에 전문적인 프로그램 범위 내에서 여가교육의 포괄성에 관련하여 교육가들의 역할이나 책임에 초점을 두고, 여가를 위한 교육과정에 관계되는 지식이나 기술들의 핵심을 전달하는 것이 우리의 의도다.

여가교육이 오락, 여가, 임시교과과정(의작교과과정 : parks curricula)의 한 부분으로서 만들기 위해 이용되는 전략(계획)과 관계없이 오락교육가들은 그들이 교과과정에 관련되기 때문에 다음에 수반하는 문제들을 잘 고려해야 할 것이다. 해결되어져야 할 두 가지 문제가 있는데 하나는 널리 행하여지고 있는 오락의 예비교육과 강조점에서부터 여가의 예비교육과 강조점까지에 이르는 우리의 교과과정에서 재교육과 재차 강조를 할 필요가 있는가 하는 것이고, 또 하나는 우리의 교과과정이 단지 여가교육과 강조점보다 오히려 여가의 예비교육과 강조점을 가지고 있는가 하는 점이다. 전 교과과정의 여가예비교육은 그 프로그램의 한 면으로써 오락과 공원서비스에 초점을 둔 하나의 부수물을 포함하는데 이것은 전 재원이 그들의 의뢰인(clients)들과 함께 여가교육 프로그램을 계획하고 만듦으로써 필요로 하는 예비교육과 비교되어진다. 여가에 대한 초점이 전 교과과정에 스며든다면, 한두 과정 내에서 단지 고르지 못한 겉보기의 여가만이 있을 때 그리고 "여가교육 404"라 불리는 어떤 것에 대한 질서정연하지 못한 과정의 첨가만이 있을 때보다 여가에 대한 교육을 할 때 학생들을 훈련시킨다는 것이 훨씬 더 쉽다.

해결되어져야 할 또 다른 문제는 우리의 능력으로서 여가교육을 하는데 있어서 학생들의 능력에 필요하고 기여하는 것들의 가치나 평가를 기대하는 행동, 지식, 기술들이 있는가 하는 것이다. 예를 들면, 다양한 프로그램 분야에서 기술들의 발달에 상당한 주의를 기울이느냐 그리고 비록 어떤 주의가 있더라도 토론과 상담기술의 발달에 거의 주의를 하지 않느냐, 학생들이 교수를 어떻게 잘하며 한 집단이 어떻게 잘 형성되어지느냐에 대한 세부적인 주의, 활동영역의 나머지를 통하여 학생들의 상호작용 그리고 커뮤니케이션의 특성이 그 활동의 단지 중요하지 않은 부분으로서 계속해서 주목되어지지 않고 주의를 기울이지 않을 때 남녀학생들의 목소리는 어떻게 잘 고안해 내는지에 대한 세부적인 주의가 있는가, 혹은 학생들은 문자 그대로 연극의 모든 이론들, 이론들의 주요 제안자, 이론들이 발전되었던 시대 그리고 프로그램의 참여자들의 여가관심을 측정하기 위하여 이용되어질 수 있는 아직도 알려지지 않은 하나의 평가기구 조사까지 토론할 수 있을까 하는 것이다. 여가에 대한 의뢰인들을 교육시킬 학생들을 준비하기 위하여 우리는 이론상으로 화제에 대하여 교실에 1시간의 교실 토론시간을 주지 않을 수 없다. 학생들은 삼투과정을 통하여 자동적으로 체계적인 교육과정의 고안이나 초점 없이 하나의 범위 내의 능력을 흡수하지도 발전시키지도 못할 것이다.

여기서 논의되어져야 할 마지막 문제는 그들이 미래에 대한 그들의 의뢰인들을 다루기를 원하는 방법과 마찬가지로 우리는 우리들 자신이 학생들과 함께 일하는 방법이냐 하는 것이다. 실제 문제를 봄으로써 그들은 사람들이 그들의 삶에 기여하는 앞으로 활동적인 여가행동을 발전시킬 수 있도록 하는데 요구되어지는 조직형태 그리고 전문적인 연습 형태를 배우는가? 사람들은 그들이 여태까지 취급해 왔던 것처럼 다른 사람들을 취급하는 경향이 있다는 사실에 직면하는 것은 놀라운 일이다. 그들이 만일 범위를 깨뜨릴 중요한 간섭이 없다면 그들이 접촉해 온 행위들의 종류, 그리고 조직형태들을 발전시키는 경향이 있다. 우리 모두는 너무 자주 교육상 긍정적이고 "중요한 간 섭력"이 아닌 대신에 우리는 적어도 더욱더 작용의 반대결과를 낳는 방법들을 발전시켜야 하면, 영속화시켜야 한다. 우리들은 학생들과 인간적인 방법으로 행동합니까. 혹은 그들은 악을 필요로 합니까? 그리고 우리는 그들의 결정하고 문제를 해결하는 능력을 기르고 고무시킵니까? 혹은 우리는 우리의 범위 이내에서 이론적이고 그들의 학원생활의 실제와 아무런 관계가 없는 연습문제들을 결정하거나 풀어나갑니까? 그리고 우리 자신의 분야는 개방체제, 즉 이것은 우리의 게임을 하기를 혹은 전혀 하지 않기를 기대하는 학생들과 밀접합니까? 학생들은 우리의 제한된 분야 이내에서 그들 자신의 학원의 생활 그리고 개인적인 생활의 특징에 영향을 미칠 때 앞으로 활동적일 수 있느냐? PALE(Position Statement on Leisure Education)는 여가교육을 통하여 일어나는 가치들은 우리들 자신의 직업적인 준비 계획안에서 가르쳐져야만 한다고 진술함으로써 이 문제들을 표방한다. 교육가로서 만일 우리가 그들이 다루는 사람들 내에서 차례로 하나의 여가윤리를 촉진할 수 있는 윤리를 가진 학생들을 개발시키기를 바란다면 우리는 인간성 연구의 조직을 지닌 인간윤리를 가질 필요성과 연습할 필요가 있다.

여가교육에 관하여, 미래 실천가의 훈련의 한 가지 중요한 사실은 그들 자신의 삶에 있어서 여가장소의 직접적인 초점과 그들 자신의 여가태도 및 가치들의 설명을 포함해야 한다. 즉 미래의 여가교육의 촉진자는 개개인의 여가교육과정을 습득할 필요가 있다.

여가교육을 위한 학생들을 준비하기 위하여 또한 그들은 여가교육의 개념들, 원리들, 목표들, 그리고 대상들에 대한 분명한 이해와 문학에서 이용되어지는 다양한 술어 학에 대한 참고의 개념적인 조직을 소유해야 한다는 것이 절실하다.

전문가들이 여가에 대한 교육을 효과적으로 하기 위하여 혹은 정말로 오락,

여가, 공원의 분야에서 실시하기 위하여 인간행동의 이해를 소지해야만 한다는 것은 말할 필요조차 없다. 그러나 요구되어지는 깊이 있는 이해라는 것은 하나의 초보적인 심리상태의 과정에서 얻어질 수 있는 것을 초월한다. 자아개념, 자부심, 자신감, 자기 확신과 같은 분야의 운동력을 이해하는데 더욱더 강조되어져야 한다. 더욱더 면밀한 주의가 인간행동, 태도, 가치발견, 그리고 변화의 동기에서 지식을 발전시키는 데 집중되어져야 한다.

Journal (13)

제 14 장

학습사회의 과제와 전망

1. 학습과제의 관점과 개념적 기초
2. 학습사회의 원리 : 가치의 탈제도화
3. 학습사회의 과제 : 학습관의 전환
4. 학습사회의 구상과 전망

1. 학습사회의 관점과 개념적 기초

학습사회라는 말은 허친스(Robert M. Hutchins)가 그의 저서를 통해 처음으로 사용함으로써 주목을 받게 된 것이다. 허친스는 미국의 고등교육에 영향을 미친 교육자이며 행정가이기도 한다(Cohen, 1964). 그는 미국의 명문대학 예일대학에서 법률학을 전공한 뒤 30세 때 시카고 대학의 총장이 되어(1929) 20여 년간에 걸쳐서 대학교육의 개혁에 큰 역할을 수행한 사항은 주지해야 할 사실이다. 그는 미국의 기계적 기술문명과 거기에서 파생된 오도된 직업 전문교육을 비판하였으며 그의 사상적인 기반은 그리스와 로마 이후 현대에 이르는 유럽의 지적 전통을 만들어 온 위대한 사상가들의 저술 속에서 발견하고 있다. 허친스는 이러한 사상을 기반으로 미래사회론을 발전시켰는데 그것이 바로 「학습사회론」이며 거기서 그는 이러한 논의를 역설하고 있다(Hutchins, 1968).

「학습사회」에 대한 본격적인 논의는 1971년 유네스코의 교육개발에 관한 국제위원회의 세미나 보고서인 '인간화 교육'(Learning To Be) 속에서 미래의 사회형태를 지향하는 개념으로서 사용하기 시작했다. 여기서 당시 프랑스의 수상이요 교육자인 포레(Edgar Faure)가 위원장으로 활약해서 작성되었기에 포레 보고서(Faure Report)라고도 하며 Faure Report는 학습사회에 관한 논의를 구체화시키고 있다(Faure, 1972). 다음으로 미국의 카네기재단에서 고등교육에 관한 연구보고서가 작성되었는데 거기서 미래를 지향하는 생활과 노동, 그리고 봉사에 이르는 길이라는 내용 속에서 「학습사회」의 모습을 설명하고 있다(Carnegie Commission, 1973). 우리나라에서는 1980년대에 이르러 제5공화국 헌법에 평생교육 실시에 관한 조항을 언급하였고 평생교육 진흥에 관한 보고서에서 비로소 "학습사회"라는 말을 사용하고 있다. 즉, 평생교육의 의의 가운데 사회에 있어서 다양한 교육의 기회를 확충해야 하는 필요성이 고조되고 있으며, 이른바 학습사회의 도래가 기대되고 있는 것이다. 또한 학습사회의 실현은 우리나라 평생교육의 지향해야 할 방향이

기도 하다.

허친스는 학습사회를 "모든 성인 남녀에게 언제든지 어떤 형태의 성인교육을 제공할 뿐만 아니라 학습, 성취, 인간화를 목적으로 한 모든 제도가 그 목적의 실현을 지향하도록 가치의 전환을 이룩한 사회"라고 정의하고 있다(Hutchins, 1968 : 10-11).

그들은 인생의 각 단계별 시기에 모든 사람에게 모든 형태의 성인교육을 제공하기 위해 한정된 국소적인 노력만으로는 만족하지 않는다. 그들은 자신들의 사회를 구성원 모두가 자기의 능력을 최고한도 발달시킬 것을 목표로 하는 사회가 형성된 것이다. 오늘날의 수준에서 보면 아테네 사람들은 무한한 국민이었다. 폭넓게, 치밀하게, 가치성이 높게 고도로 조직화된 교육과정과 근대적인 건물은 그들에게 있어서는 미지의 산물이었다. 그들에게 교육제도라고 불리 우는 것은 거의 갖고 있지 않았다. 그러나 그들은 인간의 교육자였다. 아테네에서 교육은 특정한 시간, 특정한 장소에서, 생애의 특정한 시기에 행해지는 격리된 활동은 아니었다. 그것은 사회적 목적을 가지고 있었다. 아테네 사람들은 문화에 의해서 교육되었던 것이다.

우리들은 위에서 짐작할 수 있듯이 허친스가 생각하는 학습사회라고 하는 것은 단순하게 교육기회가 모든 성인에게 개방되어 있는 사회라는 의미만은 아니며 교육제도가 발달되었다고 반드시 학습사회라고 지칭할 수 없다. 허친스가 주장하는 '학습사회란 학습, 성취, 인간화를 목적으로 하며 모든 제도가 그 목적의 실현을 지향하도록 가치의 전환을 이룩한 사회'이며, 구성원 모두가 자기의 능력을 최고한도까지 발달시킬 것을 지향하는 사회다. 요컨대 교육의 목적을 직업을 얻기 위한 수단이 아닌 인간화에 두는 것으로 가치가 전환되지 않고서는 학습사회가 실현되었다고 말할 수 없다고 하는 것이 허친스의 기본적 이해다. 그러면 그는 왜 이러한 학습사회의 실현을 중요하다고 생각하는 것이며 또 어떻게 하면 이러한 사회가 실현된다고 하는 것일까? 우선 허친스는 왜, 학습사회의 실현을 중요시하는가 하는 점에 입각해서 살펴보자.

허친스는 미래사회를 노동에서 해방된 사회, 즉 여가사회라고 보고 있는데 이에 대해서 두 가지의 극단적인 전망이 가능하다. 첫째는 비관론이고 둘째는 낙관론이다. 다시 말해서 인간이 노동에서 해방되어 자유시간을 갖게 되면 타락한다고 비관적으로 생각할 수도 있고 또 다른 측면은 인간은 노동에서 해방된 여가사회를 살아가게 되고 그러한 사회에서 인류는 비로소 현명하고 즐겁게 산다는 인생의 참된 가치의 실현을 위하여 시간을 사용할 수 있도록 하는 한편, 그렇게 하지 않으면 안 된다고 생각할 수도 있는 낙관론이 있다.

비관론자의 대표적인 사람으로 케인즈(John M. Keynes)를 들 수 있는데 그에 의하면 인간은 원래 충동과 본능의 면에서 경제문제의 해결을 목적으로 진화해 왔다. 그러므로 경제문제가 해결된다면 인류는 그 전통적인 목적에서 해방된다고 보고 있다(Keynes, 1963 : 358-372). 그렇지만 이것은 인간을 위하여 그렇게 되는 것일까? 하는 문제를 생각해 보아야 한다. 만약 인생의 참된 가치가 따로 있다고 믿게 되면 그러한 전망은 인간에게 있어 보다 나은 상태에로의 가능성을 높여줄 것이다. 인간이 수많은 세대를 통해서 고정화시켜 온 습관과 본능을 수십 년 뒤에 버려야 할 필요가 있게 된다는 점은 명백하다. 인류는 여가를 획득하면 진실된 영원의 문제, 즉 슬기롭게, 즐겁게, 착하게 살아가기 위하여 당면한 고생으로부터의 자유와 과학과 확대 재생산에 의해서 창출되어진 것 같은 여가를 어떻게 사용할까 하는 문제에 비로소 직면하게 된다. 그러나 어디서나, 누구든지 간에 여가와 풍요로운 시대의 도래에 어떠한 공포감에 휩싸이게 될 것이다. 오늘날 세계 도처에서 볼 수 있는 부유층이나 유한계급의 행동에서 판단한다면 전망은 비관적임에 틀림없다.

다음으로 낙관론자의 대표로 토인비(Arnold Toynbee)를 들 수 있다. 그는 여가라고 하는 선물은 그것을 받아본 적이 없는 사람에 의해서 악용될 우려가 있다고 보고 문명의 발달과정에서는 소수의 유한계급 사람들에 의한 여가의 창조적 활용이 원시적인 차원을 뛰어넘을 수 있는 인간의 모든 진보의 원천이라고 주장하고 있다(Toynbee, 1963 : 134-135). 산업사회에 있어서 여가는 구태연하게 소수의 특권계급 이외의 모든 사람들에 의해서 실업을 초래하는 부정적인 것으로 여겨져 왔다. 산업노동자에게 있어서 실업은 소득의 손실과 자존심을 수반하기 때문에 악몽으로 되고 있다. 현대사회에 있어서 실업자는 일하는 사회로부터의 추방자와 같이 느껴지고 있다. 그리스 사람은 여가 속에서 인간의 모든 비전을 발견할 수 있다고 했다. 오늘날 자동화시대의 도래와 함께 모든 산업노동자에게 소득과 자존심 그리고 사회적 존경의 손실을 수반하지 않는 풍요로운 여가가 머지않아 제공되어질 수 있다고 본다. 이러한 여가를 갑자기 확보하게 되면 처음에는 그 일부가 오용될지 모르지만 곧 교육을 통하여 그것을 어느 정도 규제할 수 있을 것이다. 생활 속에서 무의도적이며, 비조직적인 학습활동은 일생에 걸쳐서 이루어진다. 생활의 경험은 좋든지, 그렇지 않든 간에 우리들을 가르친다. 그러나 과거 수십 년 동안에 걸친 빈곤한 문명사회에 있어서 학교교육은 특권계급의 경우에도 청년기의 종료와 함께 끝나는 것이 일반적이다. 그런데 그것이 지금 불행한 결과를 초래하고 있다. 학습은 서적에 의한 학습을 유효적절하게 활용하는 것만으로 경험을 얻을 수 없는 단계에서 이런 학습에 식상화되어 있다. 미래의 풍요로운 사회에 있어서 모든 남녀에게 언제든지 어떤 형태의 평생교육이라도 제공할 수가 있게 될 것이다. 오래 전 덴마크에서는 농업혁명의 실현을 통하여 축적된 이윤 중의 일부를 희랍식으로 덴마크 고등학교를 설치해서 자발적인 성인고등교육을 활성화하는데 사용하였다는 사실은 잘 알려져 있다. 오늘날 덴마크의 이러한 학제 속에서 우리들은 과학의 힘으로 움직일 수 있는 풍부한 기계들에 의해서 창출되는 평화를 위한 원자력과 자동화, 그리고 여가시대에 있어서 온 인류에게 개방된 앞서가는 교육의 모습을 찾아볼 수 있다.

위에서 살펴본 대로 미래사회에 대한 두 가지의 상반된 전망이 있는데 허친스는 미래사회를 인간이 노동으로부터 해방된 여가사회로 전망을 하고 있으며 그러한 사회에 있어, 인류는 '현명하게, 즐겁게, 착하게 살아간다' 라고 하는 인생의 참 가치의 실현을 위하여 시간을 사용할 수가 있게 되며 또한 그렇게 되지 않으면 안 된다고 생각하는 것이다. 『여가사회를 향하여』와 『여가의 사회학』의 저자로서 알려진 프랑스의 사회학자 듀마즈디에(Dumarzdier)에 따르면 단순한 휴식과 기분전환에서가 아니고 자기개발을 위해서 여가가 사용되어져야 한다고 주장하고 있다(Dumazedier, 1967 : 14). 허친스는 이러한 낙관적 입장에 있다. 그는 인간은 본성으로서 평생에 걸친 학습을 계속할 수 있다고 보고 과학은 인간이 그러한 능력을 가지고 있음을 입증하고 있다고 지적하고 있다. 또한 그러한 학습은 인생의 진정한 가치의 실현을 지향하도록 해야 한다고 주장한다. 다시 말해서 이상적인 직업의 선택과 인재양성을 위한 교육은 인생의 진정한 가치실현을 위한 교육으로 전환되지 않으면 안 된다고 생각한다. 물론 직업을 위한 훈련과 재교육의 기회가 필요 없다는 것은 아니다.

교육은 이제까지 개인적으로 좋은 직장에 취업한다는 것, 사회적으로는 인재를 양성하는 것을 중요한 목적으로 해서 발달해 왔다. 오래 전부터 교육은 정치, 경제, 사회의 발전에 중요한 역할을 담당해 왔고 이러한 인식은 지금도 존재하고 있다. 인간을 자본으로 간주하는 사상은 경제학의 사상과 함께 오래되었는데 1950년대에 이르러 교육이 경제발전에 기여하는 바가 크다고 하는 것이 실증적으로 시사되어짐에 따라 새로이 이 사상의 계보가 교육투자론에서 부활된 것이다. 시카고대학의 농업경제학자 슐츠(Thedore W. Schultz)를 비롯한 구미의 경제학자들은 학교교육의 발전이 경제의 성장에 어느 정도 기여하였는가? 또는 기여할 수 있는가? 에 대한 연구를 하였다(Schultz, 1977 : 313-324). 종래에는 경제의 성장을 초래하는 요인은 노동과 물적 자본이라고 생각되어져 왔었다. 그런데 그러한 고전적인 경제발전론에서는 경제성장을 설명할 수 없는 것이 실증적으로 제시되어 그것을 계기로 물적 자본 외에 양으로서의 노동이 아닌 질을 가미시킨 인적 자본이라는 요인을 도입하여 경제성장을 설명하려 하는 교육투자론이 등장한 것이다. 이것은 선진자본주의 제국에 있어서만 전개되었을 뿐만 아니라 소련에서도 스토리미린에 의한 깊은 연구가 나타났으며 또한 소위 개발도상국에 있어서도 주목이 되어 경제발전계획과 교육계획의 이론적인 기초를 제공하였다. 그러나 1970년대에 접어들면서 경제발전을 위한 인재를 교육의 주요한 목적으로 하는 위와 같은 교육투자론에 대한 의문이 제기되게 되었다. 허친스는 세계가 인재의 과잉에 고심하고 있는데도 고등교육기관들은 아직도 기를 쓰고 인재를 늘리려 하고 있다고 인재양성을 목적으로 해 온 오늘날 교육의 잘못을 지적하고 있다.

위에서 살펴본 바와 같이 허친스는 탈교육투자론으로서 학습사회론을 전개하였다. 투자란 경제학에서는"어떤 일정기간 내의 실물자본의 증가분 혹은 동기간 내에서 국민총생산 중에서 소비되지 않았던 부분"이라고 정의하고 있는데(Hutchins, 1968 : 154) 이것을 교육적인 입장으로 생각하면 일정기간 내에 있어서 지식과 기술의 증가분이라고 할 수 있을 것이다. 이것은 일정한 지식과 기술의 증가가 실현된다면 교육은 끝나게 된다는 것을 의미하고 있다. 이렇게 생각하게 되면 이제까지의 교육은 전부 투자적인 견해에 입각해 있었다고 할 수 있다. 요컨대 교육은 어떤 특정한 목적을 달성하기 위하여 조직되어 왔던 측면을 부인할 수 없다. 따라서 그 목적이 달성된다면 교육은 끝나게 되었던 것이다.

허친스는 이제까지의 인간의 목적은 일한다고 하는 것에 놓여져 있었는데 미래사회에 있어서는 노동시간은 단축되고 그에 수반된 여가시간이 증대함에 따라서 인간은 일한다고 하는 전통적인 목적에서 해방되리라고 예상한다. 그리고 만약에 그것이 실현되었다고 한다면, "모든 사람에게 비로소 인간이 될 기회를 제공한다"(Hutchins, 162)고 생각한다. 또한 사회 전체가 생존에 대해서 염려하지 않고 공동의 선의 발견과 실현을 위하여 헌신할 수 있다는 사회가 되도록 해야 한다고 주장하고 있다.

그러나 허친스는 거기에서 '사회는 어떻게 되는 것일까, 인간을 어떻게 시간을 보내려 하게 될까, 교육은 독자적인 힘을 발휘할 수 있게 되었을까 하는 의문을 제기하게 된다. 여기서 교육의 독자적인 힘이라고 그가 말하고 있는 것은 '일하기 위하여'라는 특정한 목적을 위한 힘이라고 하는 의미라 생각되어지는데 그가 위와 같은 의문을 제기하는 것은 서양에서는 노동시간이 감소되었음에도 불구하고 국민의 지적 활동의 측면은 여전히 활발해지지 않았다고 하는 역사적인 현실에 대한 인식에 기인하고 있다.

허친스에 의하면 인간은 여가가 증대되면 자동적으로 그것을 정말 인간적으로 되기 위하여 이용할 수 있게 되기까지는 낙관적으로 생각하지는 않았던 것이다. 그러나 인간은 본성으로서 평생에 걸쳐서 학습을 계속할 수가 있는 것이다. 과학은 인간이 그러한 능력을 가지고 있음을 입증하고 있고 인간의 본성에 기대를 걸고 있다. 또한 그는 인간이 성인이 되어서도 학습을 계속할 수 있는 것은 인간성의 상실과 감각이 흐려짐을 방지할 뿐만 아니라 성인으로서의 풍부한 경험에 의해서 이해력이 증대되어 학습의 효과가 어린이의 경우보다도 커진다라는 점에 주목하고 있다. 학습사회에 대한 허친스의 기본적 이해는 '인간적으로 계속할 수 있는 방법은 학습을 계속하는 것이다'라는 사실과 '체계적인 학습을 그만 두는 것은 현명해 질 기회를 스스로 포기하는 것이다'라는 점에서 발견될 수 있다 (Hutchins, 14). 이러한 기본적 이해의 귀결로서 학습의 목적은 결코 무언가를 얻을 수 있는 수단이 되어서는 안 된다는 사실이다.

기금까지 일하는 것이 인생의 목적이었기 때문에 교육과 학습은 일하기 위한 준비라고 여겨져 왔다. 교육이나 학습은 홍역과 같은 것이라고 간주되어 왔다. 그러므로 일단 그것을 받게 되면 또 다시 받을 필요는 없어지며 실제로도 또 다시 받을 수도 없게 된다. 이러한 견해는 교육제도를 단계로 조직화함에 의해서 더욱 강화되어 왔었다. 각 단계에 도달하면 그 이전의 단계는 수료했다는 것이 된다. 그리고 만약에 교육이 직업, 결혼, 학위 등을 위한 수단이라고 여겨지게 되면 그 목적이 달성되었을 때에 교육의 역할은 끝나게 된다. 만약에 교육이 특정한 시점에서 끝나게 되고 어떠한 것을 얻기 위한 수단이라면 교육은 그 시점을 지나고 나면 무의미해 질 수밖에 없을 것이다.

2. 학습사회의 원리 : 가치의 탈제도화

의무개념의 재인식

학교교육은 학교체제의 개혁과 국민의 소득수준 향상 등의 제 요인에 힘입어서 대중화를 이룩해 가고 있고 또한 평생교육의 기회도 급속하게 확대되어 가고 있다. 그러나 그러한 기회를 이용하는 사람은 늘어나고 있다고는 해도 고학력자가 대부분이므로 따라서 대중화하고 있다고 하기에는 문제가 제기된다.

학교교육의 발달 유형은 나라에 따라서 차이가 있으며 공교육의 발달이 의무교육을 중심으로 전개되었다고 하는 공통점을 지니고 있다. 게다가 그 의무는 취학의무, 요컨대 학교라고 하는 정해진 장소에 재적하는 권리를 말하다. 다시 말해서 의무나 권리도 학교라고 하는 일정한 기관에 매달려 있는 것이 일반적인 것이다. 이러한 경향은 특히 우리 나라에 있어서 현저하다(김영석, 1985 : 86).

통상적으로 학교라고 불리우는 것을 우리들은 초등학교, 중학교, 고동학교 등을 생각한다. 그리고 직업청소년학교, 공민학교, 새마을 청소년학교 등도 각종 학교라고 지칭되고 있으며 학교라고는 이름이 붙여 있지는 않지만 교육기관으로서의 시설규모, 교육내용, 조직, 피교육자의 자격 등에 대해서 일목요연하게 규정을 갖추고 있는 기관도 허다하다. 가령, 새마을 유아원, 직업훈련기관, 기능양성기관 등을 들 수 있다. 이렇듯 넓은 의미에 있어서의 학교는 교육을 받기를 원하는 자 혹은 수혜받을 의무가 있는 자가 모여 있는 것이다.

그러나 교육은 일부러 그러한 시설까지 가지 않고서도 가능하다. 라디오와 TV와 같은 대중매체에 의해서 자신이 획득하고 싶은 지식과 기술을 배울 수 있다. 소위 자기주도적 학습을 가능하게 하는 기회가 오늘날 점차로 확대되어 가는 경향을 보이고 있다. 요컨대 현재의 교육의 장과 기회는 양적으로 확대하거나 또는 내용적으로도 다양화하고 있다. 학교에는 사회적 지위의 상승수단이라고 하는 기능이 있다. 엘리트를 양성하는 대학, 게다가 특정한 명문대학에 국민의 관심이 집중되어 있는 것도 바로 그 때문이다. 또 대학에 가기 위해 연루되는 고등학교, 중학교, 초등학교가 정규의 형식적인 학교계통으로서 국민에게 인식되어지고 있으며 또한 실제적으로 정규의 학교가 선발기능을 담당해 주기를 국민이 기대하는 것도 그 때문이다. 그러기 때문에 '당신의 학력은?' 하는 물음에 ××대학입니다 라고 답하게 되는 것이다.

이와 같은 정규의 형식적인 학교 이외의 학교는 설령 학교라고 이름이 붙여진다고 해도 그들은 주변적인 지식과 기술을 가르쳐 주는 단순한 주변적인 장소로서 인식되고 있는 실정이다. 주변적인 지식과 기술밖에 가르쳐 줄 수밖에 없는 학교는 주변인만 양성해 준다고 하는 통념을 내포하고 있기 때문에 그러한 학교를 졸업하였다고 대답하는 것은 '나는 주변인입니다' 라고 선언하는 것이므로 그런 대답을 하는 것은 극히 예외 중의 예외라고 하게 되는 것이다. 이처럼 오늘날 국민의 대부분은 학교를 이른바 정규의 학교라고 생각하고 있으며 학교는 사회적 상승이동에로의 길을 약속해 준다고 하는 기대를 안고 있다. 그러나 이러한 생각과 기대는 과연 올바른 것일까? 우리 나라에 근대적인 학교제도가 도입이 되고 오늘날 같이 세계에서도 유수의 교육의 나라로 발전한 배경에는 학교가 사회적 상승에로의 지름길을 열어 준다고 하는 국민의 기대에 부응해 준 바가 컸던 것이다. 그러나 오늘날에 와서는 학교가 이제는 예전과 같은 사회적 상승에로의 국민적 요구에 부응한다고 하는 것은 어느새 불가능해지고 있다(Hurn, 1985 : 6-12). 그것은 학교가 양적으로 보급된데 기인하는 바가 크다. 현재 우리나라에서는 거의 99%에 가까운 어린이가 중학교를 진학하고 있으며 중학교 졸업자의 90%가 고등학교에 진학하고, 약 57%가 대학과 전문대학에 진학하고 있다. 이렇듯 교육이 양적으로 점차 보급되면 단순히 고등교육을 받은 것만으로 높은 사회적 지위를 기대하기란 불가능하게 되어 버렸다.

근대적 교육제도가 우리나라에 도입이 된지 100년이 가깝는데 이 100년 동안의 교육발전 과정은 정규의 학교교육을 중심으로 한 것이다(김영철, 1981 : 33). 그리고 이 학교교육 중심의 교육발전은 국가적 요청과 국민의 사회적 상승에로의 욕구에 부응하는데 기인한다고 볼 수 있다. 그러나 오늘날에는 학교교육에 이러한 기능을 기대할 수 없게 되어가고 있다. 요컨대, 학교교육 인구의 증대는 학교의 사회적 선발기능을 약화시켜 버렸다. 학력편중의 풍조는 아직 부분적으로 잔존해 있다고 해도 이제는 학력에 의한 차별은 사회적으로 엄숙하게 비판되어야 할 상황이 확대되고 있으며 본인의 노력과 업적이 정당하게 평가되는 상황이 생겨나고 있음을 명확히 하고 있다. 이러한 맥락에서 새로이 제창되고 있는 학습사회에로의 전망은 밝아지고 있다고 할 수 있고 학교교육의 양적 확대의 효과라고 해도 무방하겠다.

그러나 그럼에도 불구하고 학력지향은 약간은 약해지는 조짐이 보이기는 하나

구태의연하게 강함에는 별반 차이가 없다. 이것은 교육이란 학교라고 하는 전형적인 기관에 일부러 나가서 받아야만 한다는 취학의무 개념이 뿌리깊게 박혀있는데 기인하는 것이 아닌가 생각된다. 학력은 그 자체가 나쁜 것은 아니다. 그것이 실질을 수반하지 않고 학력이라고 하는 형식적인 표식이 사회적 기능을 갖는 데에 문제가 있다. 바꾸어 말하면 학교는 거기에서 일정한 지식과 기술을 습득하지 않음에도 불구하고 재적한다는 그 자체에 가치가 있다고 하는 사고방식과도 상통하는 것이다. 이것은 deschooling을 주장한 일리치(Illich)가 「가치의 제도화」라고 일컫고 있는 현상이다(Illich, 1990). 제도가 거기에 있기 때문에 그것을 이용한다고 하는 의미에서 「가치의 제도화」는 공교육제도의 역사적 변천과정의 특성의 하나로 간주할 수 있다. 공교육제도의 중심인 의무교육의 의무에는 취학의무, 설치의무, 그리고 보장의무라고 하는 세 가지 개념이 포함되어 있는데 역사적으로는 먼저 취학의무가 제도화되고, 나머지 두 가지의 의무는 거기에 종속되어 발달하였다. 우리 나라의 경우에는 그러한 현상이 특히 현저하다. 요컨대, 국가적 요청에서 취학을 의무화시켰기 때문에 환언하면, 국민을 억지로 학교에 다니게 해야 하므로 공권력은 학교를 설치하고 그것을 무상으로 하는 등의 형태에 의해서 보장하지 않으면 안 된다고 생각하게 되었다(김영식 : 62). 1980년대에 이르러 학교교육의 양적 확대가 현저해진 것은 학교제도의 개혁과 소득수준의 향상이라고 하는 요인에 의한 바가 매우 컸던 것인데 앞에서 언급했듯이 강렬한 취학의무 개념이 흐르고 있었던 것이다.

그런데 학습사회라든가 평생교육이라고 하는 개념은 이러한 취학의무 개념으로부터의 탈피를 요청하고 있는 것이다. 평생교육은 기본적으로 개인의 필요성에 응해서 학습의 내용, 방법, 장소, 시간 등을 자유로이 선택할 수 있도록 하고 있다. 그러나 우리나라에서는 교육이란 것과 취학을 결부지어서 생각하는 경향이 강하므로 따라서 배운다는 것을 즐겁지 않고 괴롭다고 여기는 생각이 원래부터 강하게 작용해 왔기 때문에 평생교육에 대해서는 심정적인 거부와 부정적인 견해도 있어 왔다. 평생교육에 대한 이론적 반론은 대체로 관리사회론의 입장에서 행해지는 경우가 많다. 다시 말해서 인간의 생애를 공적인 입장에서 교육화하는 것은 교육의 평생관리이며 그것은 관리사회를 일층 강화한다 라고 하는 것이다.

평생교육에 대한 위와 같은 반론에는 두 가지의 공통점을 내포하고 있다. 첫 번째 공통점은 교육이라고 하는 것은 소위 말하자면 강제적이고 일방적으로 가르치는 것이므로 따라서 즐겁지 않다는 견해다. 교육은 본래 敎와 育의 두 가지의 요소를 포함하고 있으며 그렇기 때문에 그 어느 것이 결핍되어도 敎育이 되지 않는데 그 어느 것을 중히 여기는가에 따라서 전달관과 육성관이라는 두 가지의 교육관이 있다. 이제까지의 교육사상과 교육이론에 있어서는 이 두 가지의 교육관이 대립하여 다투어 왔다. 현재에도 이 두 가지의 대립은 해소의 국면을 맞고 있다고는 할 수 없다. 그러나 현실의 교육실천은 이제까지 기본적으로는 교(敎)에 치우쳐 온 게 사실이다. 평생교육에 대해서 반발이나 반론이 생겨난 것은 교육(敎育)에 대한 일반의 인식이 교(敎)의 그것에 대한 것이었기 때문이다.

두 번째의 공통점은 교육이라고 하는 것은 지적인 교육이라는 인식이다. 교육이란 지적인 말만을 학습시킨다고 이해하는 사람에게 있어서는 교육을 평생 동안 계속한다는 것, 요컨대 교육의 평생화는 괴롭다고 여겨짐에 틀림없다. 현대에 있어서 평생교육론은 그것에 대한 반발과 반론에서 제기되고 있는 위와 같은 문제를 정말로 받아 내려고 하고 있음에도 불구하고 반론이 제기되는 것은 이상과 같은 사고에 기인하는 바가 큰 것이다. 또 한평생교육의 기회가 확대되고 있음에도 불구하고 대중화의 방향이 아직 미흡한 것도 같은 이유에 의한 것으로 보인다. 따라서 평생교육을 대중화하고 학습사회를 실현하려면 의무개념의 재인식이 필요하다고 하겠다.

학습성과 평가하는 체제의 도입

가치의 제도화로부터 탈피하기 위하여 중요한 것은 학습성과를 정당하게 평가하는 체제의 확립이다. 가치의 제도화로부터 탈피하는 길은 의무라는 개념을 다시 생각하는 것만으로는 의미가 없다. 능력, 흥미, 관심, 적성 등의 다양화에서 생겨나는 다양한 필요에 대응할 수 있는 다양한 교육과 학습의 기회가 존재하지 않고 획일적이고, 한번의 기회밖에 없다고 한다면, 요컨대 어떤 대체적인 기회가 없다면 그 기회의 이용은 어떠한 목표를 달성하기 위해서 행해진다고 하기보다도, 이용 자체에 가치가 있다고 생각하게 된다. 그리하여 가치의 제도화가 생기는 것이다. 따라서 가치의 제도화로부터 탈피하기 위해서는 다양한 교육의 기회를 보장하는 것이 필요하다. 그러나 기회가 다양한 것만으로는 가치의 제도화로부터 탈피는 완전한 것이 될 수가 없다. 왜냐하면, 기회를 이용한 성과를 평가하는 체제가 결핍되어 있어서는 마찬가지로 기회를 이용했다는 그 자체에 가치가 있다고 하는 의미에서 가치의 제도화가 필연적으로 생겨나는데 별반 차이가 없기 때문이다.

취학률 지상주의로부터 탈피

가치의 제도화를 탈피하기 위해서 지적하고 싶은 것은 취학률 지상주의로부터 벗어나야 한다. 즉, 학교=교육이라고 하는 관념을 타파해야 할 필요가 있다. 본래 교육발전의 수준은 취학률과 진학률이라는 수량적인 지적에 의해서 측정되어 왔다. 한국교육개발원(KEDI)이 지난 1985년 이래 매년 발표하여 온 우리나라 교육지표에 있어서 교육수준을 측정하는 중심적인 지표는 진학률이었다. 그러나 학습사회에서 개인의 학습성과를 정당하게 평가하기 위해서는 근대학교의 발전을 지탱하여 온 취학률 지상주의로부터 탈피가 불가결의 조건이다. 이제 우리나라에서도 평생교육 프로그램이 차츰 활기를 띄고 있는데 평생교육 프로그램의 이름하에 제공되는 교육기회의 이용률, 참가율 등에 의해서 학습사회의 발전수준을 측정하려 한다면 그것은 취학률 지상주의의 영역을 뛰어넘는다고는 말할 수 없게 된다. 물론, 자유롭게 선택할 수 있는 교육기회가 다양하게 설정되는 것도 중요하지만 동시에 개인적인 학습, 자주적인 학습집단에 의한 학습활동에도 주목해야 할 것이다. 오늘날 지역을 단위로 한 여러 가지 문화적 활동이 평생교육 프로그램의 이름하에 활발하게 진행되고 있는데 이러한 활동을 학습사회의 중요한 측면으로서 위치를 설정할 수가 있을 것이다. 가령 여성회관을 중심으로 전개되는 여성들의 취미, 교양강좌나 생활의 지혜와 부업을 위한 직업기술강좌, YMCA에서의 각종 건강교육프로그램, 취미교실, 청소년상담실 운영, 소집단 클럽활동과 봉사활동 등이 있다. 이러한 활동은 단순한 개인의 즐거움의 차원을 넘어서 지역사회 활동으로 자리를 잡아가고 있으며 이들의 활동은 일정하게 정해진 장소에서의 취학이 아니고 관심을 같이 하는 사람들의 모이는 활동이며 이것은 여가시간의 증대 속에서 경제적인 풍요로움보다도 생활의 질과 윤택함을 희구하는 사람들이 증대하고 있다는 것을 의미하고 있다. 우리들은 이러한 사회 속에서 평생학습의 전개에 주목을 하여야 할 것이다. '무엇을 위한 학습'이 일생에 걸쳐서 이루어지는 학습사회가 건설되기 위해서는 지역사회 그 자체가 학습의 장으로서 재편성되어야 할 필요가 있을 것이다.

3. 학습사회의 과제 : 학습관의 전환

현대사회의 도전

학습사회를 건설하기 위해서는 가치의 탈제도화와 함께 학습관의 전환이 요청되어진다. 종래의 학습은 일정한 지식과 기술을 배우는데 거치고 그것에 의해서 일정한 직업을 획득하게 되면 완료하는 것으로 생각해 왔다. 그러나 현대사회에 있어서는 학습을 평생에 걸쳐서 계속하는 것이 사회인으로, 직업인으로서, 가정의 구성원으로서, 따라서 인간으로서 필요해지고 있는 것이다. 우리 인간은 존재하는 한 여러 가지 도전에 직면하게 된다. 질병, 사랑하는 사람의 실종, 일생의 동반자(배우자) 선택, 직업의 선택 등 헤아릴 수 없이 많다. 이들의 도전은 현대인만이 만나는 것은 아니다. 소위 인간으로서의 숙명이라고 할 수 있다. 그러나 이것은 종래는 평생교육을 요구하려고 하는 성질의 것은 없었다. 그런데도 현대사회는 이상과 같은 도전에 새로운 요소를 보태고 있다. 랑그랑(Paul Lengrand)은 그러한 요소로서 다음과 같은 것을 들고 있다(Lengrand, 1970).

- 가속도적 변화
- 인구의 급증
- 과학기술의 발달
- 정치적 영역의 도전
- 정보
- 여가
- 생활양식과 인간관계 위기
- 단체
- 이데올로기의 위기

변화의 속도가 가속적으로 빨라지고 있는 것은 새삼 말할 필요가 없다. 완전히 변화가 없는 시대는 없었는데 이제까지의 변화는 수 세대에 걸쳐서 끊임없는 노력을 요구하였다. 그런데 이제 한 세대, 혹은 짧은 주기에 여러 가지의 변화가 생기고 있다. 이와 같은 상황 속에서 노인에게서 젊은이에게로, 부모로부터 자식에게로 각각 사회에 적합한 지식과 기술을 전달하는 것을 중심으로 한 전통적인 교육의 유형은 재검토를 강요당하지 않을 수 없다.

인구의 증가는 어느 나라에서나 출생률의 증대와 수명의 연장에 의해서 점점 촉진되는 경향을 보이고 있는데 이에 대처하기 위해서는 교육의 양적인 증가만이 아닌 교육의 본질 그 자체의 변화를 필요로 하고 있다. 전통적인 교육제도의 구조를 그대로 두고 확대해 간다고 하는 것은 이제는 인구증가의 압력에 의해서 제대로 그 기능을 수행할 수 없게 되고 있는 것이다. 과학기술의 진보가 현대사회의 특질이라고 하는 것도 새삼스럽게 언급할 필요가 없는데 인간의 전 역사를 통해서 과학자와 발명가의 전체 숫자의 90% 정도가 현존하고 있다. 이러한 사실은 그것을 열심히 입증하고 있다. 또한 과학적 발견과 그 대규모적인 응용의 사이에 있는 괴리가 끊임없이 축소되어 가고 있다는 사실도 중요하게 간주되어야할 부분인 것이다.

우리들은 기술의 영역에서 일어나고 있는 급속한 변화에 종종 눈을 돌릴 필요가 있다. 가령 10여 년 전에 과학의 최첨단이었던 발견과 과정이 대개의 경우 이미 진부한 것으로 되고 말았다는 것에 관심을 갖게 된 것이다. 진공관은 트랜지스터로 대치되고 나아가 트랜지스터는 마이크로 회로에 의해서 바뀌고 있는 것이다. 만약 교육의 목적이 미래의 사회에 대해서 자기 자신을 적응시킬 수 있도록 훈련하는 것이라면 학습자에게 배울 것을 가르치는데 노력을 집중하지 않으면 안 된다는 결론에 도달할 수 있다. 이러한 것은 평생학습의 필요와 요구 때문이다.

정치의 영역에 있어서의 도전에 대해서는 각국에 있어서 각국의 상황은 상당히 차이가 있지만 현재 우리들의 세대의 인간은 계층구조마저도 근본적으로 변화하여 새로운 지배계층이 대두되어 시민과 공권력 사이에 새로운 관계가 창조된 사회로 나아가고 있는 것이다. 정보는 커뮤니케이션의 영역에 있어서 매스미디어가 놀라울 만큼이나 발달함으로 인해서 우리들의 생활 속에 대량 유입 침투되어 온다. 정보화 사회라고 하는 것은 그러한 상황이 진전된 사회라고 하는 의미다. 현대인은 끊임없이 대량으로 창출되는 정보를 주체적으로 처리하거나 선택하는 능력과 나아가서는 스스로 정보를 창조하는 능력을 기르도록 요청되고 있는 것이다.

여가로 세계의 대부분 사람들의 일상생활에 대해서 결정적인 영향을 미치고 있다. 지금에 와서 도시나 농촌이나 그리고 인간 그 자신이 일생 중의 어느 시점에 있어서는 모든 인간의 존재를 부각시키는 이미지로 충족되어지고 있다. 그러나 이들 메시지는 해독이 되지 않으면 곤란하며 회화와 음악과 시와 과학과 다른 사람과의 커뮤니케이션을 위한 말은 습득되어져야 한다. 그래서 여가에 대한 교육자의 기본적인 업무가 있는 것이다. 생활양식과 인간관계에 있어서의 위기는 부모와 자녀와의 관계를 다시 생각하는 것만으로도 명백한 것이다. 이러한 사실은 지금 세계의 대부분 나라가 직면하고 있는 심각한 문제다. 아버지는 자신의 성장을 지배해 온 패턴에 의하여 자신의 행위를 모델로 하여 자기 자신의 자녀에게 강요하려 하는데 이러한 아버지는 과오를 범할 위험이 있는 것이다.

지금까지 인간의 육체는 문명의 발달 속에서 인간을 마비시키고 좀 먹는 타부와 금지사항의 엄한 망 속에 갇혀서 그것에 의해서 억눌려 버리고 말았다. 그러나 이제는 그 육체가 지금까지의 이데올로기와 습관에 의해서 만들어져 온 장애가 조금씩 줄어져 왔던 것을 이용해서 우리들의 매일 생활 속에 바로 들어갔던 것이다. 특히 그것이 많은 이윤을 낳는다고 하는 것에서 교묘한 상행위에 이용되고 있다. 그래서 이러한 현상의 유해한 효과를 줄이는 한편, 인간존재의 실상과 보다 더 일치를 이루도록 함에 의해서 조화를 이룬 풍부한 인생을 보낼 수 있도록 조성한다는 것이 평생교육의 책임이다. 끝으로 이데올로기의 위기라고 하는 것은 '확신이 제아무리 강한 것이었다고 하더라도 거기에는 조금씩의 의문이 내포되어 있다'고 하는 상황을 가리키는 것이다. 현대사회에 있어서는 한 가지의 신념을 평생에 걸쳐서 확고하게 지닌다는 풍조는 점차 사라지고 있다. 이것은 반드시 파멸적인 회의주의가 아니라 건설적인 의문이다. 랑그랑(Lengrand)에 따르면, 현대인은 '자율을 보장받고 있으며 자유가 의무로 규정되어 있다'는 것이므로 여기에도 평생교육의 의의가 있다는 것이다.

발달과업의 성취

발달과업의 달성에 관한 부분은 하비거스트(Robert J. Havighurst)의 발달과업에 대한 논의를 중심으로 살펴보고자 한다. 완전한 인간으로서 '어떤 양식'의 삶의 방식을 추구하기 위해서는 개방된 학습의 과업의 하나로 발달과업을 설치하는 것이 필요해진다. 평생교육이라 하는 것은 '평생에 걸쳐서 통합된 교육'이다. 다시 말하면 단순하게 평생에 걸쳐서 계속되는 교육이라는 데 지나지 않고 수직적으로, 수평적으로 통합되어 있지 않으면 안 되는 것이다. 수직적인 통합이라고 하는 것은 태어나면서부터 죽을 때까지의 생애의 각 시기에 있어서의 교육을 관련짓는 것이며, 수평적인 통합은 모든 교육기관과 교육기회를 관련짓는 것이다. 전자는 시간적 통합이요, 후자는 공간적 통합이라고 할 수 있다. 발달과제는 수직적 통합의 원리의 한 가지로서 위치를 설정해야 할 것이다.

발달과업이라고 하는 개념은 하비거스트에 의해서 체계화된 것이다. 그는 태아의 신체 각 부분의 형성 교육에는 일정한 시간과 순서가 있다고 하는 해부학에 의해서 명백히 되어 있는 사실에 착상을 얻어 출생 후에도 각각의 발달단계마다 발달과업이 있다고 상정했다. 그는 인생을 여섯 단계의 시기로 나누고 각각의 시기마다 다음과 같은 과업을 생각하였다.

첫째, 유아기(출생~6세)

보행, 딱딱한 음식섭취, 회화, 배설방법, 성 차이, 생리적 안정, 단순한 사회적 · 물리적 개념, 양친 형제 등과의 정서적인 관계, 양심, 선악의 구별이다.

둘째, 아동기(6세~12세)

보통의 놀이에 필요한 신체적 기능, 성장하는 생활체로서의 자기에 대한 건전한 태도, 친구 사이의 관계, 성 역할, 독 · 서 · 산의 기초적 기능, 일상생활에 필요한 개념, 양심 · 도덕성 · 가치판단의 척도, 인격의 독립성, 사회의 여러 기관이나 단체에 대한 사회적 태도이다.

셋째, 청년기(12세~18세)

같은 연령의 남녀와 친한 관계, 적절한 남녀의 사회적 역할, 자기의 신체적 특성, 역할의 수용, 양친이나 다른 어른으로부터의 정서적 독립, 경제적 독립에 대한 자신, 직업의 선택과 준비, 결혼과 가정생활의 준비, 공임으로서의 필요한 지식과 태도, 사회적 책임 있는 행동의 희구와 그 수행, 행동 지침으로서의 가치나 윤리의 체계다.

넷째, 장년기(18세~30세)

배우자의 선택, 배우자의 정서적 생활, 육아, 가정관리, 직업생활, 사회적 책임의 부담, 기질 있는 사회집단의 발견이다.

다섯째, 중년기(30세~50세)

성인으로서의 공민적 · 사회적 책임의 달성, 일정수준의 경제적 생활의 확보 지지, 자립하는 청소년에의 원조, 여가활동의 충실, 배우자의 인간적인 결합, 생리적 · 신체적 변화에의 적응, 늙은 나이의 양친에의 적응이다.

여섯째, 노년기(55세~)

신체와 건강 감퇴에의 적응, 은퇴와 수입감소의 적응, 배우자 사망에의 적응, 동 연령 사람들과의 정서적 관계, 사회적 · 공민적 의무, 신체쇠퇴에 대응하는 생활의 준비(Harvighurst, 52-54)다.

여기에서 중요한 것은 단순히 유아기, 아동기, 청년기에 머무르지 않고 장년기, 중년기, 노년기라는 데까지 인간의 생애에 걸쳐서 발달과업이 제시되어 있다는 것이다. 이것은 발달이 어느 일정한 연령단계에서 그치고 마는 것이 아니고, 학습을 계속함으로써 일생 동안 계속된다고 하는 점을 시사하고 있다. 그러나 인간이 학습을 일생 동안 계속하기 위해서는 연령과는 상관없이 필요로 하고 있다. 인간의 노화는 생리적인 현상만이 아니라 사회적 현상이기도 하다.

그리고 위의 발달과업에 대해서 주목해야 할 중요한 사항이 두 가지다. 첫 번째는 발달과업에는 하나의 발달 단계밖에 나타나지 않는 것과 표현을 달리하면서 반복해서 나타나는 것이 있는 것이다. 하비거스트는 전자를 비반복적 과업(non-recurrent tasks)이라 하고 후자를 반복적 과업(recurrent tasks)라고 부르고 있다. 비반복적 과업의 경우에는 일생 동안에 그 과업을 달성할 시기가 1회밖에 없다는 것을 의미하고 있다. 이처럼 많은 발달단계의 과업의 달성은 그 전의 발달단계의 과업이 이미 발달되어 있다는 것을 전제로 한다는 것이다.

두 번째는 인간의 발달이 생물학적, 심리학적 현상임과 동시에 사회학적 현상이라고 하는 것이다. 하비거스트의 발달과업도 이미 전술한 바와 같이 인간의 발달은 생물학적, 심리학적 현상임에 동시에 사회학적, 신체적, 생리적 성숙, 개인의 욕구와 가치관, 사회적 · 문화적 요인이 종합된 것으로서 설정되어 있다. 하비거스트의 발달과업 외에도 여러 가지의 발달과업이 있다. 그러나 다양한 발달과업 속에서도 하비거스트의 발달과업에 대한 논의는 사회적 · 문화적 요인을 중시하고 있는 점에서 특징을 가지고 있다. 요컨대, 사회에서 역할기대가 거기에 따른 사회화의 과정을 전제로 한 사고방식이 기초가 되어 있으며 그러한 의미에서 교육목표의 설정에 대해서 중요한 기초를 제공하는 것이라고 할 수 있을 것이다. 그러나 여기서 주목하여야 하는 것은 하비거스트가 발달과업을 생각하는데 있어서 기초가 된 사회는 미국사회이며 더욱이 특정한 시대를 반영하고 있다. 따라서 우리들은 우리들 자신의 사회문화의 기초 위에 서서 우리들 자신의 발달과제를 생각할 필요가 있고 또한 지역에 따른 지역성을 아울러 검토해서 발달과업을 설정할 필요가 있다.

4. 학습사회의 구상과 전망

기본적 성격

학습사회는 어떻게 구상이 되어야 할까? 하는 문제에 대한 기본적 성격을 살펴보면 다음과 같다.

첫째로, 국민의 일부만이 아닌 국민 전체에게 학습의 기회가 개방되어 있는 사회다. 요컨대, 열린학습사회(Open-Learning Society)인 것이다. 이러한 사회라고 하는 것은 특정한 사회적 지위에 있는 자에게만 학습의 기회가 개방되어 있던 엘리트 중심의 사회에서의 이탈을 의미하고 있다.

두 번째로, 일정한 연령에 학습을 끝마치는 것이 아니라 평생에 걸쳐 학습을 계속하는 평생교육, 즉 평생학습사회(Lifelong Learning Society)이다. 이제까지의 사회에 있어서는 학교에서 익혀 온 지식과 기술은 사회에 나가 곧 바로 유용하게 쓰이고 더군다나 평생토록 유용할 것이라고 생각되어져 왔다. 그러나 이러한 경향은 사실 아직 단서를 제공한데 불과하다. 요컨대, 사회는 소위 완성품을 만드는 장소로 여겨져 왔다. 이러한 사회에서는 학습은 평생에 걸쳐서 계속되는 것이 필요하다.

세 번째로, 다양한 학습을 시도하는 사회다. 이제까지 우리들은 학습의 중심적인 장은 어디까지나 학교이며 학습내용의 중핵은 지적인 것이라 생각하여 왔다. 그러나 현대사회는 여가사회이기도 하다. 우리들의 인생에 있어서 직업생활과 함께 여가생활이 중요한 의미를 갖는 여가사회도 미래사회요, 학습사회다. 지금까지의 사회는 말하자면 직업사회였다. 요컨대 자유로운 시간과 수면시간은 다음 날의 노동을 위한 에너지를 충전하기 위한 휴식으로 하는 시간이라고 간주되어 왔다. 여가는 노동에 종속되는 것이었다. 그러나 미래사회는 여가가 노동과 마찬가지로 지위를 부여받을 수 있는 사회다. 이러한 사회에 있어서의 학습의 내용은 직업생활에 있어서만이 아니라 여가생활에 있어서 필요로 하는 매우 다양한 지식과 기술이다. 요컨대, 학습의 내용이 한정되어 있지 않을 뿐만이 아니라 개방되어 있다고 하는 의미에서 학습(learning)은 열린학습(open learning)임에 틀림없다(Mckenzie, 1975).

네 번째로, 소위 전문직으로서의 교사만이 교육을 행하는 교육사회가 아닌, 자신이 학습을 수행하는, 즉 자기주도적 학습사회(self-directed learning society)다.

위에서 살펴본 대로 학습사회는 열린학습사회(open-learning society)이며, 평생학습사회(lifelong learning society)이기도 하며 자기주도적 학습사회(self-directed learning society)임에 틀림없다. 그러면 그와 같은 기본적 성격을 가지는 학습사회에 있어서 학교교육은 어떻게 해야만 하는가?

자기학습을 위한 조건

후기중등교육(Post-secondary education)이라는 교육의 단계에 있어서 가장 기본이 되는 것은 자기학습(self learning)이다. 따라서 이 단계의 교육체제는 자기학습을 가능하게 하는 것이어야 한다. 그렇다면 어떻게 하여야 할까? 자기학습을 위한 네트워크(network), 요컨대 학습네트워크(learning network)를 확립하는 것이다. 그것은 대학이라든가 전문대학이라고 하는 종래부터 있어온 전통적인 교육기관만이 아닌 각종의 교육기관과 지역사회의 조직과 집단을 중심부에 설정하고 그 주변에 여러 가지의 교육기회를 연결시킨 것이다. 학습자는 종래와 같이 고정화된 장소와 시간의 토대 위에서 교사에게서 강의를 받는 것은 최소한도로 줄이고 지역사회 속에 있는 여러 가지의 시설과 사람들을 이용하면서 자기학습을 하는 것이 중심으로 되어 있다. 그런데 이러한 자기학습을 가능하게 하기 위해서는 지역사회 속에 어떠한 시설과 인적 자원이 있는가가 정보로서 정리되어야 하며 나아가서는 그들의 시설과 인적 자원이 유기적으로 결합될 필요가 있다. 이러한 결합을 학습망(learning web)이라고 하며 유사한 용어를 같은 범주의 용어로 사용하고 있다. 그러나 학습네트워크(learning network)라고 한다. 탈학교론의 일리치(Ivan Illich)와 라이머(Everett Reimer)도 학습망(learning web)이라고 하는 유사한 용어를 같은 범주의 용어로 사용하고 있다. 그러나 학습네트워크(learning network)는 학교를 포함하고 있는 것이다. 그러나 학교의 역할은 학습자의 학습욕구에 맞추어서 어디에 어떠한 학습을 하는 것이 좋을까 하는 것을 지도하는 것이다. 학습사회에 있어서 학교의 역할은 진단과 처방이며 치료는 실시하지 않는다는 점이다. 학습자는 진단과 처방에 의거해서 스스로 자기치료를 행하는 것이다. 치료행위의 형태는 다양하다.

위에서 살펴본 대로 네트워크(network)를 활용하는 것을 국민에게 보장하기 위해서는 네트워크 자체가 정비되어 있을 필요도 있지만 학습자에 대한 경제적인 보장을 하는 것도 중요하다.

자주적 학습능력의 육성

학습사회에 있어서는 결국 학습 자체를 즐거움으로 여기고 즐기려고 할 수 있는 인간이 형성되지 않으면 안 된다. 이것이 학교의 기초적 단계에 있어서의 역할임에 틀림없다. 학습 자체를 즐거움으로 여기고 즐길 수 있는 인간이라고 하는 것은 다양한 욕구와 동기유발이 된 사람이다. 그러므로 교육실천에 있어서 너무 많은 지식위주의 교육과 수험체제 속에서 어린이들이 다양한 욕구를 반영시켜 주어야 하고 육성되어야 할 욕구는 단순히 지적인 것만이 아닌 신체적, 정서적인 것도 포함해야 한다. 그러면 그러한 욕구는 어떻게 하면 길러질 것인가? 그것은 지적인 욕구와 정서적 욕구 그리고 신체적 욕구를 종합해서 총체적으로 길러야 할 것이다. 그리하여 다양한 욕구가 생겨났을 경우 그것을 충족시킬 수 있는 기초를 배양하는 것이 기초적 단계의 학교의 책임이다.

학습사회의 전망

학습사회라고 하는 것은 현재의 교육제도가 부분적으로 수정된 사회는 아니다. 그것은 근본적으로 새로운 교육제도 이념이 도입이 되고 그것이 체질화된 사회다. 그러한 의미에서 학습사회는 이상주의적이라고도 할 수 있다. 허친스는 미래사회를 노동에서 해방된 여가사회라고 간주하고 여가를 교양 향상을 위하여 사용해야만 한다고 역설했다(Hutchins). 또한 그는 직업을 위한 교육은 사회의 변화, 지식과 기술의 변화에 대응하는 것이나 보다 나은 자기의 능력, 적성 등에 적합한 일을 가능케 하는 것으로 보았다. 이것은 개인에게 있어서 본래의 가능성을 확대한다고 하는 의미에서 「개방적 교육」이며 또한 그것은 넓게는 사회 전체의 발전에 기여하는 것이라고 하는 의미에 있어서도 개방적 교육이다. 요컨대 두 가지 측면의 학습사회론은 모두 사회에 개방되어 있다라고 하는 점에 있어서 공통적으로 다루어질 수도 있겠다.

그러나 최근에는 노동하고 남은 자유재량이 가능한 시간으로서 여가는 주 휴2일제의 도입이나 휴일의 증가 등에 의해서 한 사람 당 주 단위, 월 단위, 연 단위에서의 노동시간이 단축되는데 따라서 늘어나고 있다. 이러한 사실에 의해서 여가는 일찍이 소극적인 것에서 적극적인 것으로 다루어지게 된 것이다. 이제까지의 여가는 노동에 종속되는 것으로서 취급되어 왔다. 그러나 오늘날 단순히 휴식과 기분전환을 위해서가 아닌 생활과 직업 속에서 자기를 적극적으로 발휘하기 위해서, 자기개발을 꾀하기 위해서 주체적으로 사용되어야 하는 것이라는 관념이 강했었다. 또한 실제로 그러한 활동이 활발해지고 있다. 최근에 여성이나 주부들을 대상으로 하는 문화, 교양 강좌가 취미나 실용적 기술취득에서 여성의 삶의 태도를 심화시키는 내용이 깊은 것으로 조금씩 변화하기 시작하고 있는 것은 이를 나타내어 주고 있다. 또한 시민에 의한 시민대학 조성의 운동도 확산의 기미를 보이고 있는데 이것은 종래의 대학과 공공기관, 문화센터 등에 의한 시민지향의 교양강좌와는 다른 '시민의 자기학습'을 지향하는 새로운 형태의 것으로 여가의 적극적, 주체적 활용의 경향이 나타나기 시작한 것 같다. 이렇게 생각하면 학습사회는 벌써 시작되고 있다고 할 수 있다.

학습사회에 대한 논의는 다음과 같이 결론을 지울 수 있을 것이다. 즉, 학습사회의 실현은 교육에 대한 기본적 가치가 전환되는데 달려 있다. 그리고 모두가 교육기관에서 자유교양교육을 시작하고 교육기관 이외의 장소에서도 자유교양교육을 계속할 수 있는 사회가 교육적 기능을 담당할 수 있는 공간으로 학습사회이다. 인간은 자기 자신을 만든다. 인간은 환경을 만든다. 인간은 교육제도를 포함해서 여러 가지의 제도를 만든다. 교육제도는 주로 기존의 가치를 존속시키기 위해서 만들어지고 있다. 생활의 질을 높이려는 의도와 욕구에서 비로소 기존의 가치의 재음미와 교육의 새로운 가치를 향한 재검토가 촉구되고 있는 것이다. 미국과 같은 개방적인 사회구조나 거기서의 개인의 자주적인 선택을 가능하게 할 만한 풍요함을 가지지 못한 유럽제국에서도 반복화(recurrency)에의 움직임은 점차로 구체적인 형태를 취하기 시작하고 있다.

그러나 이미 다양하고 다원적인 그리고 사회의 제 변화에 예민하게 반응해서 변화하고 발전해 가는 메커니즘을 내포한 고등교육 시스템을 가진 미국을 제외하고 반복화의 최대의 장벽이 되고 있는 것은 학교교육이다. 지난 20여 년에 걸쳐서 학교교육 개혁을 끊임없이 착수하였지만 아직까지는 큰 성과를 거두었다고 말하기 어렵다. 그러나 아무리 더딘 걸음거리로라도 변혁, 즉 모델의 전환은 진행되지 않으면 안 될 것이고, 또 진행되어야 한다. 학습사회의 실현은 지역주의적이고 개방적인 교육과 노동의 시스템을 전제로 그것을 시장 메커니즘을 통해서 한층 더 열려진 것으로 만듦으로써 가능하다. 높은 고등교육의 취학률을 자랑하면서도 여전히 교육도 노동도 닫힌 소우주로 만들고 있는 우리나라는 학습사회의 실현을 위해서 어떤 길을 밟을 것인가. 그것은 21세기를 지향하는 교육에 있어서 피하기 어려운 과제인 것이다.

Journal (14)

참고 문헌

강순원(1988), **1970년대 상대적 과잉교육에 대한 비판적 연구**, 박사학위논문, 이화여대.

강희돈(1989), **한국의 사회이동과 학교교육의 효과**, 박사학위논문. 고려대.

고형일(2000), 정보주의사회와 한국, 미국, 인도에서 공교육의 역할비교, **교육사회학연구**, 11-2 : 1-28.

곽삼근(1999), "성인여성교육에 관한 여성주의 연구방법", **교육학연구**, 37(3), 323~340.

김경근(2002), 학교선택제와 교육평등. **교육사회학연구**, 12(3), 1~23.

김경근(2000). 가족내 사회적 자본과 아동의 학업성취, **교육사회학연구**, 10-1 : 21-40.

김기석(1983), "교육과정 사회학의 발전; 사회과학 파라다임의 정립과 관련하여", **한국교육문제연구** 제1집, 55~88.

김기석(1999), **교육역사사회학**, 서울 : 교육과학사.

김기홍(1999), "포스트모던 문화사회에서 문화교육의 사회적 역할에 관한 연구", **교육사회학연구**, 9(2), 31~46.

김병성 외(1981), **교육격차의 관련요인**, 서울 : 한국교육개발원.

김병성(1990), **교육사회학 관련이론**, 경기 : 양서원.

김병성(2004), **교육과 사회**, 서울 : 학지사.

김부태(1995), **한국학력사회론**, 서울 : 내일을 여는 책.

김성길(2009), **배움의 의미**, 서울 : 학지사.

김신일(1989), **한국교육의 현단계**, 서울 : 교육과학사.

김신일(1999), 학습권론의 형성과 전개, **평생교육연구**, 5(1), 1~16.

김영찬 · 이영덕 · 김신일 · 김기석(1990), **중등학교의 교직현실과 교원의식에 관한 연구**, 서울대학교교육연구소.

김영찬(1980), **생활, 문화, 교육**, 서울 : 교육과학사.

김영화(1993), **한국의 교육불평등**, 서울 : 교육과학사.

김종엽(1998), **연대와 열망 : 에밀 뒤르켐의 현대성 비판연구**, 서울 : 창작과 비평사.

김지하, 백일우(2006), 외국의 사교육현상에 대한 고찰 및 정책적 시사, **교육학연구**, 44-3 : 131-160.

김천기(2002), 평준화의 왜곡과 자립형 사립고의 문제에 대한 비판적 고찰. **교육사 회학연구**, 12(3), 55~76.

김현우(1995), "교육학문헌에 나타나는 여성관련 내용의 분석", **교육사회학연구**, 5(1), 177~194.

김희복(1992), **학부모 교육열문화 연구**, 박사학위논문, 서울대.

노상우(1999), "신자유주의적 경제논리와 민주적 교육논리", **한국교육연구**, 5(2), 1-23.

류기철(1995), "고졸근로자의 대학진학양상 및 결정요인에 관한 연구", **교육사회학 연구**, 5(1), 195~214.

박부권(1983), "신교육사회학의 비판적 고찰", **한국교육문제연구** 제1집, 89~112.

박용헌(1975), **학교사회**, 서울 : 배영사.

박주호(2008), 학교조직의 학습조직으로 변화의 논거, Andragogy Today, 1-1 : 113-144.

백승학(1998), **에밀 뒤르케임의 교육이론에 관한 연구**, 박사학위 논문, 성균관대.

손준종(1999), 정의로운 교육기회분배에 관한 논의, **교육사회학연구**, 9-2 : 121-142.

송병순(1992), 입시제도가 사회에 끼친 영향, **교육학연구**, 30-1 : 19-31.

송병순(1992), 현대사회와 교육, 서울 : 양서원.

심성보(1995), **전환시대의 교육사상**, 서울 : 학지사.

심성보(1999), "참여민주적 교육개혁과 우리 교육개혁의 방향", **한국교육연구**, 5(2), 44~84.

오욱환(2003), **교육사회학의 이해와 탐구**, 서울 : 교육과학사.

오욱환(1996), **학교교육과 불평등**, 서울 : 교육과학사.

오천석(1975a), **민주교육을 지향하여**(오천석 교육사상 문집 1). 서울 : 광명출판사.

오천석(1975b), **한국 신교육(하)**(오천석 교육사상 문집 4). 서울 : 광명출판사.

이건만(1994), **마르크스주의 교육사회학**, 서울 : 교육과학사.

이규환(1996), "교육개혁에 있어서 보수주의와 급진주의", **한국교육연구**, 3(1), 7~50.

이규환(1987), **비판적교육사회학**, 서울 : 한울.

이기범(2009), 한국의 교육문화와 아동, 청소년의 행복, **한국청소년연구**, 20-1 : 365-392.

이두휴(1993), 입시경쟁의 지역간 분화의 구조 분석. **교육사회학연구**, 3(1), 35~56.

이영호(2002), 입시경쟁체제에서의 청소년 학습문화. **교육사회학연구**, 12(1), 135~172.

이온죽 · 장지연(1999), **여성 · 가족 · 사회**, 서울 : 세영사.

이인효, 외(1991), **교육과 사회**, 서울 : 교육과학사.

이인효(1990), **인문계 고등학교 교직문화연구**, 박사학위청구논문. 서울대.

이종각(2005), **교육사회학총론**, 서울 : 동문사.

이혜영(1992), **대학입학정원 결정의 사회적 동인에 관한 연구**, 박사학위논문, 서울대.

임선희(1994), 고학력화와 여성 노동시장 분석, **학교교육 2**. 서울 : 한울.

장상호(1994), **또 하나의 교육관**. 이성진 편. 한국 교육학의 맥. 291~325. 서울 : 나남.

장하진(1993), 고학력여성의 취업의식연구, 한국여성연구회 편, **여성과 사회 제4호**. 창작과 비평사.

정범모(1991), **교육난국의 해부 : 한국교육의 진단과 전망**, 나남.

정영애(1990), **한국사회구성체의 성격과 교육구조론**, 박사학위 논문, 숙명여대.

정유성(1997), **대안교육이란 무엇인가?**, 서울 : 내일을 여는 책.

조용하(2008), **대학교육과 봉사학습**, 서울 : 학지사.

조용하(2005), **평생교육의 이해**, 서울 : 동문사.

조용하(2003), **자원봉사와 체험학습 : 쟁점과 전망**, 부산 : 동방인쇄.

조용하 외(1999), **신교육사회학, 서울 : 학지사.**

조용환(1995), 교육학에서의 문화연구, 문화에 대한 다학문적 접근, **비교문화연구소 제4회 학술심포지움 자료집**, 29~43. 서울대학교 사회과학대학 비교문화연구소.

조용환(1997), **사회화와 교육**, 서울 : 교육과학사.

조혜정(1996), **학교를 거부하는 아이, 아이를 거부하는 사회 : 입시문화의 정치경제학**, 서울 : 또 하나의 문화.

차경수 · 최충옥 · 이미나(1995), **교육사회학의 이해**, 경기 : 양서원.

최운실(1992), 여성 사회교육의 변화 양상과 주요 쟁점. **한국여자고등학교의 회고 와 전망**, 서울 : 동문당.

한국교육개발원(1992), **한국교육의 종합이해와 미래구상(Ⅲ) : 학생들의 삶과 문화**, 한국교육개발원.

한국교육개발원(1997), **한국의 교육지표**, 한국교육개발원.

한국교육사회연구회(1990), **한국사회와 교육갈등**, 경기 : 양서원.

한국여성개발원(1993), **21세기와 여성**, 한국여성개발원.

한국여성개발원(1995), **광복이후 여성의 지위변화와 전망**, 한국여성개발원.

한대동(2000). 고등학생 학업성취에 대한 학교효과와 과외효과의 비교연구, **교육사회학연구**, 11-1 : 33-54.

한만길(1992), 대학정원의 확대정책과 교육기회분배구조의 변화에 관한 연구, 박사 논문, 강원대.

한준상(1992), **한국교육의 민주화**. 서울 : 연세대학교출판부.

한준상(1996), **청소년 문제**, 서울 : 연세대학교 출판부.

한준상(1987), **사회학이론과 연구방법론**, 서울 : 문음사.

한정신(1980), **한국청소년의 교육격차연구**, 박사학위청구 논문, 숙명여대.

황기우(2000), 포스트모더니즘과 교직의 재구조화, **교육사회학연구**, 10-2 : 103-119.

허운나(1998), **정보시대와 미국의 교육혁명**, 서울 : 교육과학사.

홍두승 · 구혜근(1993), **사회계층 · 계급론**, 서울 : 다산출판사.

麻生誠(1974), 教育社會學, 東京 : 東京大學出版會.

天野郁夫(1992), 學歷の 社會史, 東京 : 新潮社.

天野郁夫(1982), 教育と選拔, 東京 : 第一法規出版.

木原孝博(1999), 學校文化の 社會學, 東京 : 福村出版.

熊谷一乘(2003), 現代の教育社會學, 東京 : 東信堂.

柴野昌山(2000), 教育社會學, 東京 : 有斐閣.

清水義弘(1978), 教育社會學, 東京 : 東京大學出版會.

日本教育社會學會(1973), 教育社會學の基本問題, 東京 : 東洋館出版社.

藤田英典(2000), 市民社會と教育, 東京 : 世織書房.

藤田英典(1991), 子とも、學校, 社會, 東京 : 東京大學出版會

黒澤英典(1987), 現代社會の教育課題, 東京 : 學文社.

新井郁男(1999), 學習社會としての學校, 東京 : 教育出版.

大久保武(2006), 地域社會へのまなざし、東京 : 博文社.

岡崎友典(2008), 地域教育の創造と展開, 東京 : 放送大學教育振興會.

岡崎友典(2004), 家庭·學校と地域社會, 東京 : 放送大學教育振興會.

新井郁男(1984), 學校教育と地域社會, 東京 : きょうせい.

住田正樹(2001), 地域社會と教育, 福岡 : 九州大學出版會.

井上英晴(2004), 福祉共同體論, 東京 : 小林出版.

阪野貢藍(2006), 福祉教育のすすめ一理論, 歷史, 實踐, 東京 : ミネルバ書房.

日本社會教育學會(2007), NPOと社會教育, 東京 : 東洋館.

江淵一公(1997), 異文化間教育研究入門, 東京 : 玉川大學出版部.

德岡秀雄(1997), 社會病理の分析視角, 東京 : 東京大學出版會.

長尾彰夫(1992), 學校文化, 東京：東信堂.
水山光春(2009), 教育の3C時代, 東京：世界思想社.
井口博充(2008), 情報, メデア,　教育の　社會學, 東京：東信堂.
海老原治善(1981), 地域教育計劃論, 東京：有斐閣.
鈴木敏正(2008), 生涯學習の教育學, 東京：北樹出版.
佐藤一子(1998), 生涯學習と社會參加, 東京：東京大學出版會.

Althusser, L.(1971). Ideology and ideological state apparatuses. In Lenin and philosophy and other essays. New York : Monthly Review Press.

Anderson, C. S.(1982). "The search for school climate : A review of the research". Review of Educational Research. 52. 368-420.

Al 'VAL Arnett, J.(1992). Reckless behavior in adolescence : A developmental perspective. Developmental Review. 12. 339-373.

Arnett, J.(1995). Broad and narrow socialization : The family in the context of a cultural theory. Journal of Marriage Family. 57. 617-628.

Arnett, J.(1998). Risk behavior and family role transitions during the twenties. Journal of Youth and Adolescence. 27(3). 301-320.

Ballantine, J. H.(1984, 2001). The sociology of education : A systematic analysis(fifth ed). Prentice Hall.

Banks, O.(1977). The sociology of education. London : B. T. Batsford. Ltd.

Barber, B.(1965). Social stratification. N.Y. : Harcourt Brace & World Inc.

Bernstein, B.(1975, 1977). Class, codes and control. Vol. 3. Toward a theory of educational transmissions(2nd ed.). Routledge and Kegan Paul.

Blackledge, D. & Hunt, B.(1985). Sociological interpretations of education. London : Croom Helm.

Blau, P. M. & Duncan, 0. D.(1967). The American occupational structure. New York : Wiley.

Blau, P. M. & Duncan, 0. D.(1967). The American occupational structure. New York : Wiley.

Boocock, S. S.(1980). Sociology of education : An introduction(2nd ed.). Houghton Mifflin Company Boston.

Bourdieu, P. & Passeron, J. C.(1977). Reproduction in education society and culture. London : Sage Publication.

Bowles, S. & Gintis, H.(1976). Schooling in capitalist America : educational reform and the contradictions of economic life. New York : Basic Books.

Brookover, W. B., Beady, C., Flood, P., Schweitzer, J., & Wisenbaker, J.(1979). School social systems and student achievement : schools can make a difference. New York : Praeger.

Brookover, W. B., Schweitzer, J. H., Schneider, J. M., Beady, C. H., Flood, P. K., Wisenbaker, J.

Burgess, R.(1986). Sociology, Education and Schools : An Introduction to the Sociology of Education, N.Y. : Batsford.

M.(1978). "Elementary school social climate and school achievement". Review of Educational Research. 15. 301- 318.

Broom, L. & Selznick, P.(1973). Sociology(5th ed). N.Y. : Harper & Row.

Bullough. R. V., et al.(1984). "Ideology, teacher role and resistance". Teachers College Record 86(2). 339-358.

Burrell, G & Morgon, G.(1979). Sociological paradigms and organizational analysis. London : Heinemann.

Centers, R.(1949). The psychology of social classes : A study of class consciousness. Princeton : Princeton University Press.

Charles, C. M., Gast, D. K., Servery, R. E., & Burnside, H. M.(1978). Schooling, teaching, and learning American education. The C. V. MOSBY Company Saintlouis.

Coleman, J. S. et al.(1966). Equality of educational opportunity. Washington D. C. : US Office of Education.

Coleman, J. S.(1968). "The concept of equality of educational opportunity". Harvard Educational Review. 38(1). 37-77.

Collins, R.(1979). Credential society. New York : Academic Press.

Cooper, B. S.(1976). Alternative schools and programs in the International encyclopedia of education, 2nd ed. vol.1, 260-266.

CRM(1973). Society today. Del Mar. Cal. : CRM Books.

Darling-Hammond, L. & McLaughlin, M. W.(1995). "Policies that support professional development in an era of reform". Phi Delta Kappan. April. 597-604.

Darling-Hammond, L.(1988). Policy and professionalism. In Lieberman, A.(ed.). Building a professional culture in school. N.Y : Teachers College Press.

Dave, R. H.(ed)(1976). Foundations of lifelong education. Oxford : Pergamon. Edwards, R. et al.(1998). Recent thinking in lifelong learning : A review of literature. London : DfEE.

Etzioni, A.(1961). A comparative analysis of complex organization. New York : Free Press.

Etzioni, A.(1989). "Twenty years of classroom climate work : progress and prospect". Journal of Curriculum Studies. 21(4). 307-327.

Etzioni, A.(1997). "Classroom environments". In H. J. Walberg & G. D. Haertel(ed.). Psychology and educational practice. McCutchan Publishing Corporation.

Farrell, J. P.(1997). "Social equality and educational planning in developing nations". In Lawrence J.

Saha(ed.). International Encyclopedia of the Sociology of Education. Pergamon, 473-479.

Faure, E. et al.(1972). Learning to be - The world of education today and tomorrow - . Paris : Unesco.

Feldmann S. S. & Elliot, G. R.(1990). Progress and promise of research on normal adolescent development. In S. S. Feldman & G. Elliott(eds.). At the threshold : The developing adolescent. Cambridge. MA : Harvard University Press.

Fields, G. S.(1980). "Education and income distribution in developing countries : A review of literature". In Timothy King(ed.), Education and Income. World Bank Working Paper. No. 402. 231-315.

Fraser, B. 1(1989). "Twenty years of classroom climate work : progress and prospect". Journal of Curriculum Studies. 1989. 21(4). 307-327.

Fraser, B. J.(1997). "Classroom environments". In H. J. Walberg & G. D. Haertel(ed.), Psychology and Educational Practice. McCutchan Publishing Corporation.

Getzels, J. W. & Guba, E. G.(1957). "Social behavior and administrative process". Social Review. 65. 423-441.

Getzels, J. W. & Thelen, H. A.(1960). "The classroom group as a unique social system". in NSSE. The Dynamics of Instructional Group. Chicago : University of Chicago. 53-82.

Giroux, H.(1983). Theory and resistance in education. Cambridge. MA. : Bergin & Gavey Pub. Inc. Glatthorn, A. A.(1975). Alternatives in Education : Schools and Programs. Dodd, Mead & Company, Inc.

Good, T. L., & Brophy, J. E.(1986). "School effects". In M. C. Wittrock(ed.). Handbook of Research in Teaching(3rd ed., 570-604). New York Macmillan.

Goodman, P.(1962). Compulsory mis-education and community of schools. New York : Vintage Books.

Gordon, D(1997). "Neo-Marxist approaches to curriculum". In Lawrence J. Saha(ed.). International Encyclopedia of the Sociology of Education. Pergamon. 135-138.

Haertel, G. D., Walberg, H. J., & Haertel, E. H.(1981). "Socio-psychological environments and learning : A quantitative synthesis". British Educational Research Journal. 7. 27-36.

Hall, S. & Jefferson, T.(1976). Resistance through rituals : youth subcultures in post-war Britain. London : Hutchinson.

Hallinan, M. T.(2000). Handbook of the sociology of education. New York : Kluwer Academic/Plenum Pulishers.

Halsey, A. H.(1977). Trends in access and equity in higher education. In A. H. Halsey et al.. Education : culture, economy and society. Oxford University Press. 638-645.

Hamburg, D. A.(1993). The opportunities of early adolescence. In R. Takanishi(ed.). Adolescence in the 1990s. New York : Teachers College Press.

Hurn, C. J.(1985). The limits and possibilities of schooling : An introduction to the sociology of education. Boston : Allen and Bacon, Inc.

Husen, T.(1975). Social influences on educational attainment : research perspectives on educational equality. Center for Educational Research and Innovation. OECD.

Hutchins, R. M.(1968). The Learning Society. New York : Frederick.

Jencks, C. et al.(1972). Inequality : A reassessment of the effect of family and schooling in American. New York : Basic Books.

Karabel, J. & Halsey(ed.)(1977). Power and ideology in education. Oxford University Press.

Keddie. N(1971). "Classroom Knowledge". In M. F. D. Young(ed.). Knowledge and Control. 133-160.

Koetzsch, R.(1997). The parents' guide to alternatives in education. Shambhala Publications, Inc. Boston.

Kreft, I. G. G. (1993). "Using multilevel analysis to assess school effectiveness : A study of Dutch secondary schools". Sociology of Education. 66. 104-129.

Lawton, D.(1975). Class, culture and curriculum. London : Routledge and Kegan Paul.

Lengrand, Paul(1975). An introduction to lifelong education. London : Croom Helm; Paris : UNESCO.

Lenski, G.(1966). Power and privilege. New York : McGraw-Hill.

Levin, H. M.(1972). The costs to the nation of inadequate education, Study prepared for the select committee on equal educational opportunity. U.S. Sneate, ashington, DC. : U.S. Government Printing Office.

Levine, D. U. & Levine, R. F.(1996). Society and education(9th ed.). Boston : Allyn and Bacon.

Lieberman, A. & Miller, L.(1990). "Teacher development in professional practice school". Teachers College Record 92(2). 105-122.

Light, D. Jr. & Keller, S.(1979). Sociology. New York : Alfred A. Knopf.

Little, J. W.(1990). "The persistence of privacy : autonomy and initiative in teachers' professional relations". Teachers College Record 91(4). 509-32.

McDill, E. L. & Rigsby, L. C.(1973). The academic impact of educational climates structure and process in secondary schools. Baltimore; The Johns Hopkins University Press.

Moos, R. H.(1973). "Conceptualizations of human environments". American Psychologist. 652-665. Moos, R. H.(1979). Evaluating educational environment. Sanfrancisco. Jossey-Bass

Publishers. Morrow, R. A. & Torres, C. A.(1995). Social theory and education : a critique of theories of social and cultural reproduction. Albany : State University of New York Press.

Murray, R.(1938). Explorations in personality. N.Y. : Oxford University Press.

OECD(1973). Recurrent education : A strategy for lifelong learning. Paris : OECD.

OECD(1996a). Employment and growth in the knowledge-based economy. Paris : OECD. OECD(1996b). Lifelong learning for all. Meeting of the Education Committee at Ministerial Level, 16-17 January 1996. Paris : OECD.

OECD(2001). Investing in competencies for all Communique. Meeting of the OECD Education Ministers Paris.

Offer, D., & Church, R. B.(1991). Generation gap. In R. M. Lerner, A. C. Petersen, & J. Brooks-Gunn(eds.). Encyclopedia of adolescence(Vol. I). New York :

Garland.

Olweus(1994). "Annotation : bulling at school based intervention program". Journal of Child Psychology and Psychiatry. 35. 1171-1190.

Ornstein, A. C. & Levine D. U.(2000). Foundations of education(7th ed.). Boston : Houghton Mifflin Company.

Osborn, M., et al.(1992). "The impact of Current Changes in English Primary Schools on Teacher Professionalism". Teachers College Record. 94(1), 138-151

Parelius, A. P. & Parelius, R. J.(1978). The sociology of education. New Jersey : Prentice-Hall. Parsons, T.(1951). Toward a generalized theory of action. New York : Harper & Row.

Parsons, T.(1971). The system of modern societies. Prentice-Hall.

Persell, C. H.(1977). Education and inequality. New York : The Free Press.

Prichard, K. W. & Boxton, T. H.(1973). Concepts and theories in sociology of education. Professional Educators Publications. Inc.

Randle, D.(1989). Teaching green : A parent's guide to education for life on earth. London : Green Print.

Roenshine. B & Furst. N. F., "Research on teacher performance criteria". In Smith. B. 0.(1971). Research in teacher education : A symposium. N.J : Prentice-Hall.

Rutter, M., Maugham, B., Motimore, P., Ouston, J., & Smith, A.(1979). Fifteen thousand hours : secondary schools and their effects on children. Cambridge. MA : Harvard University Press.

Sanders, W. B.(1981). Juvenile Delinquency : Causes, Patterns, and reactions. New Yor k : Holt Reinhardt and Winston.

Santrock, J. W.(1996). Adolescence(6th ed). Brown & Benchmark.

Selman, R. L., Schultz, L. H., & Yeates, K. 0.(1996). Interpersonal understanding and action : A developmental perspective. In D. Cicchetti & S. L. Toth(eds.). Rochester Symposium on Developmental Psychopathology. Vol.3. Hillsdale. NJ : Erlbaum, 289-329.

Sewell, W. H. & Hauser, R. M.(1975). Education, occupation, and earnings : achievement in the early career. New York : Academic Press.

Sewell, W. H.(1971). Inequality of opportunity for higher education. American Sociological Review. 36(October). 793-809.

Simon, T. R, Kipke, M. D., Ungel, J. B., & Montegomery, S.(1996). Homeless youth in Hollywood : The lives left behind. American Public Health Association annual meeting. New York. Skager & Dave(1977). Curriculum evaluation for lifelong education. Oxford : Pergamon Press.

Skager, R. & Dave, R. H.(1977). Curriculum Evaluation for Lifelong Education. Oxford : Pergamon.

Spring, J.(1978). American education. New York Longman. The Carnegie Commission on Higher Education(1973). Toward a Learning Society; alternative channels to life, work and service. New York : The Carnegie Foundation.

Trickett, E. J. & Moos, R. H.(1973). "The social environment of junior high and high school classrooms". Journal of Educational Psychology. 65. 93-102.

Turner, J. H. & Mitchell D. E.(1997). "Contemporary sociological theories of education". In Lawrence J. Saha(ed.). International encyclopedia of the sociology of education. Pergamon, 21-31.

Tyler, W.(1978). The Sociology of Educational Inequality, London : Methuen.

Unger, J. B., Kipke, M. D., Simon, T. R., Montgomery, S. B., & Iversion, E.(1998). Stress, coping, and social support among homeless youth. Journal of Adolescent Research, 13(2). 134-157.

Vulliamy, G.(1976). "Culture Clash and School Music : A Sociological Analysis". In L. Barton arid R. Meighan(eds), Sociological Interpretations of Schooling and Classrooms. Driffield : Nafferton Books.

Wang, M. C., Haertel, G. D., & Walberg, H. J.(1990). What influences learning? A content analysis of review literature. Journal of Educational Research. 84(1), 30-43.

Warner, W. L. et al.(1949). Social class in America : A model for procedure for measure of social status. Chicago : Science Research Associates.

Warshay, L. H.(1975). The current state of sociological theory. David McKay.

Weber, M.(1968). Economy and society. New York : Bedminster Press.

Willis, P.0990). Common culture : symbolic work at play in the everyday cultures of the young. Milton Keynes : Open Univ. Press.

Woods, P.(1983). Sociology and the school : An interact view point. London : Routledge & Kegan Paul.

Young, T. W.(1990). Public alternative education : options and choice for today's schools. New York, NY : Teachers College Press.

Zeichner, K. M.(1991). "Contradictions and tensions in the professionalization of teaching and the democratization of schools". Teachers College Record. 92.

찾아 보기

주제명

인 명

조용하(교육학박사/사회학박사)
joh0691@hanmail.net

연세대, 포틀랜드주립대, 오레곤주립대에서 지역사회교육학, 평생교육학, 교육사회학을 전공하였으며 하바드대학교 평생교육경영전문가과정과 콜로라도주립대학(불더)의 자원봉사관리사전문과정을 수료하였고, 고려대에서는 노년사회학과 여성사회학을 전공했다. 또한 일본 큐슈대학 비교교육문화연구소와 한국청소년정책연구원의 객원연구원으로 연구했다.

주요경력으로는 국무총리 국무조정실, 국책연구기관 평가위원, 교육인적자원부 학생봉사활동제도개선위원장, 문화도시부산네트워크, 문화자원봉사위원장, 국무총리실 청소년보호위원회 정책기획위원, 국가청소년위원회, 정책자문위원, 한국자원봉사연합회 자문위원장, Volunteer21 운영위원, 한국자원봉사단체협의회 봉사학습프로젝트 심사위원, 자원봉사관리사 양성과정 자문위원, 교육인적자원부, 교육과정심의위원과 원격대학 종합평가위원, 부산광역시 여성정책자문위원회 자문위원, 부산광역시 여성센터 이사 및 자문위원, 부산광역시 문화존사업 운영 및 심사위원장, 한국성인교육학회 회장을 역임하였고, 한국청소년학회 부회장 및 이사, 부산광역시 청소년육성위원회 부회장, 사하구 평생학습협의회 운영위원, 한국성인교육학회 공동대표, Andragogy Today 편집위원, 한국평생교육총연합회 이사, 부산지역평생교육연합회 공동대표로 활동하고 있고 1984년 이후 현재까지, 동아대 교육학과, 책임교수와 교육대학원 청소년사회교육전공에서 평생교육사양성과정과 청소년지도사양성과정 책임교수, 일반대학원 교육사회복지전공 책임교수로 봉직하고 있다.

최근의 연구업적으로는 여성노인의 사회적 관계망과 사회적 활동에 따른 삶의 만족에 관한 연구, 여성결혼이민자 cultural literacy습득의 평생교육적 함의, 여성성인학습자의 평생학습 참여성과 및 영향요인에 관한 구조모형, 지역사회차원에서의 자원봉사프로그램개발에 관한 연구, 청소년활동프로그램평가시스템 운영방안 연구, 부산광역시 청소년문화존사업평가연구, 여성센터종합평가연구, 부산광역시 사하구평생학습중장기발전계획 등이 있으며, 단행본으로는 평생교육의 이해, 사회교육방법론, 사회교육의 의미(역), 청소년수련활동론, 일본 평생학습볼런티어활동의 원리와 실천과제, 연수와 교육훈련에 있어서 성인지도의 방법, 신교육사회학, 사회교육과 여가, 야외교육활동론, 자원봉사와 체험학습 : 쟁점과 전망, 대학봉사학습의 과제와 전망, 성인교육의 의미(역), 대학교육과 봉사학습(역), 교육사회 : 교육의 사회적 기초 등의 저, 공저, 역서가 있다.

교육사회-교육의 사회적 기초-

초판발행 2010년 3월 25일
재판발행 2012년 8월 25일

저 자 조 용 하
발행인 김 현 태
발행처 태영출판사

주 소 (152-705) 서울 구로구 구로동 104-10 동남오피스텔 201호
전 화 02 · 839-3757, 839-3752
팩 스 02 · 837-3754
등 록 2005년 5월 30일 제12-421호
http : //www.taeyeongbook.co.kr
E-mail tys2005@paran.com
ISBN 978-89-6302-026-6 93370
정 가 15,000원

NAVER 태영출판사

* 잘못 만들어진 책은 교환해 드립니다.